쉽게 배우는
내 운명의 별자리

쉽게 배우는
내 운명의 별자리

박은영 지음

| 혜안파 별자리 자미두수 |

좋은땅

역학계에 입문하면서 많은 종류의 역학서를 접했지만 결국, 필자에게는 자미두수가 가장 재미와 매력이 있는 운세학이었다. 한눈에 다 보이는 세계지도와 같은 자미두수 명반을 보면서 필자와 주변인들의 과거를 대입해 보니 겪었던 많은 일이 어떤 작용으로 인해 생겨난 것인지를 깨달아 가면서 매료되었다. 수많은 손님을 상담하면서 나눈 그들의 인생이 명반 그대로 드러날 때 경이로움이 느껴졌다. 단골손님들과 오랜 세월 상담을 통해서 명반의 어떤 궁에 들어가는 시간대에는 과거 그 궁에서 있었던 일들을 생각하며 기뻐하거나 슬퍼하는 것을 보면서 자미두수의 성과 궁과 사화의 작용에 대한 이해가 깊어지게 되었다.

필자는 실전 상담사이기에 상담에 유익한 이론을 찾고자 국내에 소개된 다양한 자미두수 책들과 인터넷상에 올라와 있는 각 학파에 대한 이론, 외국 서적들도 구독하였다. 이론의 검증을 위하여 수많은 역사적 인물들이나 현존하는 유명인들의 생애를 명반으로 세밀하게 확인하고, 십수 년의 세월 동안 쌓아 온 상담 경험을 통해 각 학파 이론의 장단점을 찾을 수 있었고, 새로운 이론도 찾을 수 있었기에 상담사로서 사용하기 가장 좋은 이론을 정립하게 되었다.

필자는 개창파 칠살 명궁자이다. 열정이 많고 공과 업을 위해서 열심히 사는 타입이라 한번 세운 목표를 달성하기 위해 꾸준히 노력하며 살아온 덕에 현재는 강의와 상담을 병행하며 일하고 있다. 상담실에서 상담자에게 대형모니터로 자미두수 명반을 보여 주며 운세를 설명한다. 눈에 보이는 자세한 설명에 공감하고 만족하는 고객들이 늘어 가는 것을 보면서 앞으로 자미두수의 발전이 크게 될 것이라는 믿음이 생겼다.

과거에 필자는 학원장으로 학원을 운영하면서 강의도 하였는데 수업용 교재를 직접 만들어서 가르쳤다. 이런 수고로 인해서 결국 건강상 부담이 와서 학원을 접고 새로운 직업으로 역학상담사를 선택하여 역학계에 입문하였다. 혜안이라는 필명이 말해 주듯이 인생에 대해서 알고 싶고 운세를 꿰뚫어 보는 안목과 식견을 갖고 싶은 열망 하나로 힘들고 어려운 시간을 참고 노력하다 보니 이제는 고객들이 자미두수를 배워 보고 싶다고 하여 책을 집필하게 되었다. 시대에 맞게 이론을 현대적으로 바꾸어 초보자도 이해하기 쉽고 활용하기 쉬운 자미두수 책을 출간하고자 준비하게 되었으며 이 책은 상담을 통해 검증된 이론서로 기존 번역서들과 차별화가 될 것으로 생각된다.

혜안파 자미두수는 초보자부터 실전 상담사까지 자미두수를 알고자 하는 이들에게도 도움이 되는 실용적인 이론이다.

끝으로 한국의 자미두수 발전을 위해서 노력하시는 분들과 책의 기획부터 출판 과정의 모든 단계에 많은 도움을 주신 이진호 사장님과 혜안파 자미두수 이론에 관심을 가지고 수강하고 계시는 현직 상담사님들과 예비 상담사님들께 감사의 말씀을 전한다.

2024년 2월 박은영

자미두수의 새로운 지평을 열 혜안파 자미두수

자미두수는 태어날 때 하늘의 별(가상의 별) 상태를 이용하여 운명의 길흉을 예측한 고대인의 신술이다. 현묘하고 정확하기에 "천하제일의 신술"로 불린다. 사주팔자만큼 널리 퍼지지 않은 이유는 자미두수는 줄곧 도교에서 비밀리에 전해져 명나라에 이르러서야 민간에 유출되었기 때문이다. 자미두수는 형상적이고 직관적이며 구체적이며, 팔자처럼 파악하기 어려운 용신의 결정 과정이 없고, 직접 별에 따라 운명에 대해 논하니 성격과 인생 패턴 분석에 정확도가 뛰어나다. 명반 체계는 서양 별자리 논명과 더 유사하며, 현대인의 복잡한 생활을 추단하기에 적합하다. 자미두수를 배우면 사람의 마음을 꿰뚫어 보는 신비로운 열쇠를 얻게 된다.

자미두수는 성학(星學)으로 14 주성과 100여 가지 소성으로 이루어져 있으며, 12궁을 통해 배치된 주성과 소성의 움직임을 사화를 통해서 읽는 운세학이다. 세계지도로 비유를 해 보자면 오대양 육대주가 있듯이 자미두수에는 12궁이 있으며 각 대륙에는 크기와 문명이 다른 도시와 사람들이 있듯이 자미두수에는 많은 주성과 소성들이 있다. 사람이 사는 공간에는 날씨가 좌지우지하는 게 큰데 이 날씨와 같은 4가지 사화의 에너지가 존재한다. 지도를 보는 법을 익히면 길을 쉽게 찾고, 그 나라 문명을 알면 그 지역 사람들의 특성을 쉽게 이해하고, 일기기호를 볼 줄 알면 어떤 날씨가 되는지 알듯이 자미두수에서 궁과 성의 특성을 알고 그 움직임을 사화로 읽어 낼 수 있으면 인생길을 찾을 수 있다.

자미두수 명반을 처음 접하면 많은 궁과 성들로 인해서 혼잡스러움을 느끼게 된다. 어떻게 접근해야 할지 어렵게 느껴지는 이유이기도 하다. 이것은 많은 부품을 가지고 있는 기계들처럼 처음에만 어렵게 보일 뿐 오히려 각 부품의 역할과 작동원리를 배우고 나면 평생 기계의 원리에 대한 자신감이 생기는 것처럼, 성과 궁의 의미 파악만 제대로 하고 사화와 궁간 움직임에 대한 기법을 익히면 오히려 한눈에 펼쳐져 있는 명반이 오히려 잘 정리해 놓은 지도책과 같이 편리하며 사람의 성격이나 운을 보는 방법에 대한 자신감을 얻을 수 있게 된다.

◆ 초보자들이 자미두수를 쉽게 배우는 방법

1. 주성을 5개 파로 구분하고 인·사·물로 나누어 해석하라

- 십사주성을 존귀파, 수성파, 개창파, 밝음파, 어둠파로 구분하라. 명궁에 존귀파가 있다면 육내궁에 수성파와 개창파가 좌하게 되고, 육외궁에 밝음파와 어둠파가 좌하게 된다. 반대로 명궁에 밝음파가 있다면 육내궁에 어둠파가 좌하고 육외궁에 존귀파, 개창파, 수성파가 좌하게 된다. 이분법을 활용하다 보면 사화의 움직임이 쉽게 보인다.
- 십사주성이 좌한 궁의 특성에 맞게 인·사·물로 구분하여 해석하라. 주성이 육친궁(명·형·부·자·노·부)에 있으면 인물의 특성으로, 관록궁·천이궁·질액궁에 있으면 사(事)인 일이나 행위적으로, 복덕궁·재백궁·전택궁에 있으면 물질적으로 해석하는 역량을 키우면 자미두수를 해석하는 방법이 쉬워진다.

2. 소성은 그룹화하여 사용하라

- 100여 개의 소성은 조성(助星)으로 보좌성, 육살성, 백관조공성, 사선성, 삼덕성, 소길성, 형요성, 도화성, 공망성, 고독손모성, 장박세장생 십이신으로 나뉘어서 각각의 역할에 맞게 주성이 좌하는 궁의 환경을 만들고 주성의 기능을 작동시키는 데 중요한 역할을 한다. 자미두수로 다양한 인생을 디테일하게 읽을 수 있는 것은 이런 소성들의 세밀한 활동들에 있다. 소성을 그룹화하여 살펴보는 것이 명반 읽기를 수월하게 한다.
- 소성은 48개의 장박세장생 십이신, 대략 30개의 연성(年星), 8개의 월성(月星), 4개의 일성(日星), 8개의 시성(時星)이 있으며 연월일시에 의한 규칙적인 배열에 따라 12개 궁에 나누어 들어간다. 이것을 그룹화하여 나에게 어떤 그룹이 많이 모여 있는지를 살펴서 운의 향방을 가늠한다. 보좌성, 백관조공성, 사선성, 삼덕성, 소길성이 명재관 삼합에 많으면 나에게 편하고 유리한 인생이 펼쳐지고 육살성, 형요성, 공망성, 고독손모성이 많으면 불리하고 힘든 고독한 인생이 만들어진다.

3. 십이궁 중에서 연간궁 세건궁과 장성십이신을 찾는다

- 십이궁 중에서 명궁이 최우선이지만 명궁 역시 연간궁과 세건궁의 영향을 받기에 이들의 관계를 살펴서 자립격인지, 타립격인지를 찾는다. 연간궁에서 발생하는 생년사화가 인생에 미치는 영향이 지대하며 그로 인한 자립격 운명과 타립격의 운명이 다르기 때문이다. 명궁 삼합(명·재·관), 부처궁 삼합(부·천·복), 부모궁 삼합(부·자·노), 형제궁 삼합(형·질·전)으로 나누어 명궁 삼합이 장성십이신의 어느 그룹에 속하는지를 본다. 사람의 의식 구조에는 보이지 않는 계층 구조가 있다. 이 구조는 살아가면서 자신의 인생 궤도와 역량을 만드는 데 큰 역할을 한다.

4. 사화의 움직임을 살핀다

- 생년사화 이외에 12궁의 비궁사화가 있다. 비궁사화가 어느 궁에서 어떤 작용력을 펼칠지를 마치 각 나라 사람들이 상호 교류하는 작용처럼 서로에게 미치는 영향력을 화록, 화권, 화과, 화기에 맞춰 해석하는 역량을 키운다. 예를 들면 상대방이 화록, 화권, 화과를 들고 나(명재관)에게 오는 상이라면 나와 교류를 즐겁게 하는 게 되고, 화기를 들고 나에게 온다면 인연이 나빠지거나 실패를 부르는 일이 된다.

5. 운세 스토리텔링을 만든다

- 1번부터 4번까지 살펴본 후 소설을 쓰듯이 명궁을 주인공으로 놓고 어떤 운명의 이벤트가 생기는지를 만들어 가다 보면 운명의 길이 보이게 된다.

이 책은 주성, 소성, 궁, 사화의 4가지 핵심 파트를 모두 실어서 초급자도 한 권으로 자미두수를 이해하고 활용할 수 있게 하였고 나아가 실전 상담가가 되고자 하는 이들에게 학습의 기초 단계를 튼튼하게 만들어 주는 교재가 되도록 구성하였다.

혜안과 별자리 자미두수 연구소

◆ 자미두수 성

1. 십사주성(14개)

자미성계	자미, 천기, 태양, 무곡, 천동, 염정
천부성계	천부, 태음, 탐랑, 거문, 천상, 천량, 칠살, 파군

2. 연간 기준으로 찾는 소성(23개, 사화 제외)

길성	녹존, 천괴, 천월
흉성	경양, 타라, 절공, 순공
특의성	천관, 천복, 천주, 년해, 사화

박사십이신	박사, 역사, 청룡, 소모, 장군, 주서, 비렴, 희신, 병부, 대모, 복병, 관부

3. 연지 기준으로 찾는 소성(44개)

길성	천덕, 월덕, 용덕, 홍란, 천희
흉성	고진, 과숙, 천곡, 천허, 天傷, 천사, 천공, 대모, 파쇄, 비렴
특의성	천마, 용지, 봉각, 천재, 천수

세건십이신	세건, 회기, 상문, 관삭, 관부, 소모, 대모, 용덕, 백호, 천덕, 조객, 병부
장성십이신	장성, 반안, 세역, 식신, 화개, 겁살, 재살, 천살, 지배, 함지, 월살, 망신

4. 생월 기준으로 찾는 소성(8개)

길성	좌보, 우필
흉성	천형, 천요, 음살, 天月
특의성	천무, 월해

5. 생일 기준으로 찾는 소성(4개)

길성	삼태, 팔좌, 은광, 천귀

6. 생시 기준으로 찾는 소성(8개)

길성	문창, 문곡
흉성	지겁, 지공, 화성, 영성
특의성	태보, 봉고

7. 장생십이신 (12개)

장생, 목욕, 관대, 임관, 제왕, 쇠, 병, 사, 묘, 절, 태, 양

- 소성은 기억하기 편하게 길성과 흉성, 특의성(特意星)으로 분류하였으며, 특의성은 특별한 의미가 있는 성이다.
- 문창과 문곡은 흉을 불러올 수 있는 화기작용이 있지만 육길성에 해당되는 소성이라 길성으로 분류하였다.
- 천상은 天相과 天傷이 있어서 天傷은 한자 그대로 사용한다.
- 천월은 天鉞과 天月이 있어서 天月은 한자 그대로 사용한다.

◆ 기본 용어

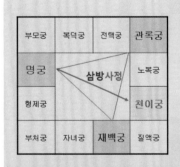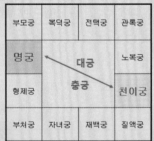

① 삼방사정(三方四正)
명궁을 중심으로 명궁·재백궁·관록궁을 삼방이라 하고 천이궁을 사정이라고 한다. 삼방을 다른 표현으로 삼합(三合)이라고 하고, 사정은 대궁이라고 한다. 부처궁을 중심으로 부처궁·천이궁·복덕궁·관록궁이 삼방사정에 속한다.

② 대궁(對宮)

명궁에서 천이궁이 대궁이 된다. 형제궁에서는 노복궁이 대궁이 된다. 대궁은 충궁(沖宮)이라고도 한다.

③ 협궁(夾宮)

양옆의 궁으로, 명궁을 중심으로 보면 부모궁과 형제궁이 협궁이 된다.

④ 사화(四化)

주성에 발생되는 에너지로 화록(化祿), 화권(化權), 화과(化科), 화기(化忌) 4가지가 있으며 궁과 성을 인동시키면서 운세에 크게 영향을 준다.

⑤ 조한다(照)

사화 중에서 화록·화권·화과로 길하게 들어올 때는 '조한다'라고 한다.

⑥ 충한다(沖)

화기가 동궁하거나 대궁에서 들어오는 것을 '충한다'라고 한다. 록기, 권기, 과기, 기기 조합이 되어 흉을 부를 때에도 '충한다'라고 표현한다.

⑦ 동회(同會), 동충(同沖)

동은 같은 궁에 있다는 뜻이고 동회는 동궁하여 회조한다는 의미이다. 동충은 동궁하거나 대궁에 좌한다는 것이다. 성과 사화의 움직임을 표현할 때 사용한다.

⑧ 길화(吉化), 흉화(凶化)

길화는 어떤 일의 결과가 좋은 쪽으로 바뀐다는 것이고, 흉화는 결과가 나쁜 쪽으로 바뀐다는 것이다.

⑨ 입한다(入)

비궁사화가 타궁으로 들어갈 때 '입한다'라고 한다.

⑩ 좌한다(坐)

어떤 궁에 앉아 있는 경우를 '좌한다'라고 한다.

⑪ ○○ 입명자(入命者), ○○ 좌명자(坐命者)

○○이 명궁에 동궁하여 있는 사람으로 입명자와 좌명자는 동의어이다.

⑫ 정신향수(精神享受)

정신적으로 어떤 혜택을 받아 누리며, 예술적인 아름다움이나 감동 등을 음미하고 즐기는 것

⑬ 살기형(煞忌刑)

육살성과 화기(化忌)와 형요성을 줄인 말이나, 소성 중 살성을 대표하는 단어이다. 육살성과 화기, 형요성 중 한두 개만 있어도 살기형이라 표현한다. 살기형이 많이 동회할수록 관재구설, 파재, 사고, 사망, 등의 흉함의 정도가 커진다.

⑭ 살기운(殺氣運)

칠살, 파군, 탐랑, 무곡, 염정, 태양처럼 주성이 가지고 있는 외향적, 활동적, 탐욕적, 쟁취적인 강한 기운이 역동성을 발생시키거나, 거문처럼 의문스러운 일이나, 주성이 부정적인 행동 성향으로 변질되어 형극적 고극적인 일을 발생시키는 기운을 의미한다. 강한 주성이 동충하면 살기운이 강화된다.

목차

3. 자미두수와 음양오행

4. 십이궁

5. 자미성계와 천부성계

6. 쌍성조합

7. 장박세장생 십이신

8. 보좌살성

9. 기타 소성

10. 사화

1

자미두수 명반 사용법

1) 명반 작성을 위해 알아야 하는 것

(1) 유료 명반 다운받아 사용하기

① 도사폰(만세력 역학 도구)에 있는 자미두수 구매

② 十三行紫微斗數 for iPad 구매(대만제, 아이패드로 사용 가능)

　　http://itunes.apple.com/kr/app/zi-wei-dou-shu-hd-shi-san-xing/id489210457?mt=8

(2) 자미두수 명반 작성법

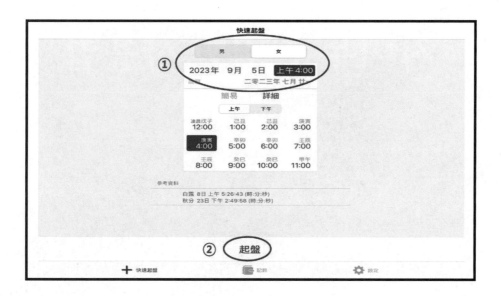

①번에는 음력 또는 양력 생년월일시와 성별을 입력한다. 2023년 양력 9월 5일 인시(음력 7월 21일)를 예시로 들어 보겠다.

② 입력을 마쳤으면 起盤을 누른다.

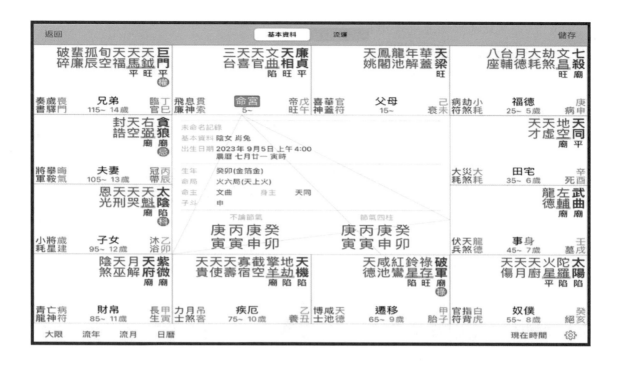

자미두수 명반에는 12궁과 14 주성과 100여 가지 소성과 사화 이외에도 여러 가지가 표기되어 있다. 명반에 표시한 붉은 숫자는 명반 보기를 위해 알아야 하는 것들로 번호순으로 무엇을 알아야 하는지 살펴보자.

③ 생년 납음을 의미한다. 2023년생이므로 계묘는 납음으로 금박금이 된다.

④ 명국은 명궁이 무오궁이므로 납음이 천상화이며 화6국에 속한다.

⑤ 명주는 계묘년생이므로 문곡이다.

⑥ 신주는 계묘년생이므로 천동이다.

⑦은 부론절기로 음력월을 의미한다.

⑧은 절기사주로 24절기에 맞는 월주에 해당된다. 음력월과 절기가 다른 경우 다르게 표시된다.

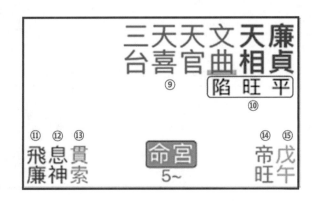

⑨ 명궁에 속하는 주성과 소성이다. 12궁에는 생년월일시로 인한 주성과 소성이 배치되게 된다.

⑩ 평·왕·함은 별의 밝기를 의미한다. 주성이나 일부 소성에는 별의 밝기가 표시된다.

⑪⑫⑬⑭⑮번은 장박세장생 십이신과 월두 간지로 12궁에 규칙적으로 배열되어 있다.

⑪ 연간으로 만들어지는 박사십이신에 속한다.

⑫ 연지 삼합띠의 장성지부터 발생하는 장성십이신에 속한다.

⑬ 연지 세건궁부터 시작하는 세건십이신에 속한다.

⑭ 명궁 오행국에 따른 장생십이신에 속한다. 화에 속하므로 장생지는 갑인궁이 되고 음녀이
   므로 갑오궁은 제왕지에 속한다.

⑮ 월두법에 의해서 만들어지는 간지로 명국과 대한수에 영향을 준다. 명궁이 화6국이므로
   대한수가 "6~"으로 표시가 되어야 하는데, 2023년부터 나이 통일법에 의해서 만 나이를 사
   용하게 되므로 "5~"로 표시가 되었을 뿐 화6국에 해당된다.

2) 생년 간지와 생시 찾기

태어난 시간을 정확하게 알아야 명반을 작성할 수 있다.

(1) 생년 간지

생년과 육십갑자의 배치는 다음과 같다.

생년별 간지 조견표

생년	생년	간지	생년	생년	간지	생년	생년	간지
2030	1970	경술	2010	1950	경인	1990	1930	경오
2029	1969	기유	2009	1949	기축	1989	1929	기사
2028	1968	무신	2008	1948	무자	1988	1928	무진
2027	1967	정미	2007	1947	정해	1987	1927	정묘
2026	1966	병오	2006	1946	병술	1986	1926	병인
2025	1965	을사	2005	1945	을유	1985	1925	을축
2024	1964	갑진	2004	1944	갑신	1984	1924	갑자
2023	1963	계묘	2003	1943	계미	1983	1923	계해
2022	1962	임인	2002	1942	임오	1982	1922	임술
2021	1961	신축	2001	1941	신사	1981	1921	신유
2020	1960	경자	2000	1940	경진	1980	1920	경신
2019	1959	기해	1999	1939	기묘	1979	1919	기미
2018	1958	무술	1998	1938	무인	1978	1918	무오
2017	1957	정유	1997	1937	정축	1977	1917	정사
2016	1956	병신	1996	1936	병자	1976	1916	병진
2015	1955	을미	1995	1935	을해	1975	1915	을묘
2014	1954	갑오	1994	1934	갑술	1974	1914	갑인
2013	1953	계사	1993	1933	계유	1973	1913	계축
2012	1952	임진	1992	1932	임신	1972	1912	임자
2011	1951	신묘	1991	1931	신미	1971	1911	신해

(2) 생시 찾기

① 우리나라 표준시의 기준점과 기간(양력 기준)

표준시 기준 경선	기간(양력 기준)
동경 135도	한일 합방 직후~1954년 03월 20일
동경 127도 30분	1954년 03월 21일~1961년 08월 09일
동경 135도	1961년 08월 10일~현재

• 동경 127도 30분을 사용하던 1954년~1961년에 태어난 사람들은 예전에 사용하던 방식 그대로 사용하면 된다.

자시	23시~01시	진시	07시~09시	신시	15시~17시
축시	01시~03시	사시	09시~11시	유시	17시~19시
인시	03시~05시	오시	11시~13시	술시	19시~21시
묘시	05시~07시	미시	13시~15시	해시	21시~23시

• 동경 135도로 표준시를 정했을 때, 135도에서 127도 30분을 빼면 7도 30분의 차이가 난다. 경도가 1도씩 커질 때마다 4분의 시차가 생기므로 한국과 일본은 30분 정도 차이가 발생한다. 그래서 기존에 알고 있는 시간에서 30분을 더해야 한다. 예를 들면, 축시는 01~03시가 아니라 01시 30분~03시 30분이 된다.

자시	23시 30분~01시 30분	오시	11시 30분~13시 30분
축시	01시 30분~03시 30분	미시	13시 30분~15시 30분
인시	03시 30분~05시 30분	신시	15시 30분~17시 30분
묘시	05시 30분~07시 30분	유시	17시 30분~19시 30분
진시	07시 30분~09시 30분	술시	19시 30분~21시 30분
사시	09시 30분~11시 30분	해시	21시 30분~23시 30분

② 서머타임 문제

서머타임은 여름의 긴 낮 시간을 좀 더 효율적으로 이용하기 위해서 도입된 제도로 인위적으로 시간을 한 시간씩 빠르게 돌려놓고 생활하였다. 가령 06시라면 서머타임 기간에는 07시로 돌려놓았다. 그래서 서머타임 기간에 태어난 사람들은 한 시간을 빼고 계산해야 한다.

우리나라에서 서머타임이 실시된 시기(양력 기준)

1	1948년 05월 31일~09월 22일	7	1957년 05월 05일~09월 21일
2	1949년 04월 03일~09월 30일	8	1958년 05월 04일~09월 21일
3	1950년 04월 01일~09월 10일	9	1959년 05월 04일~09월 19일
4	1951년 05월 06일~09월 09일	10	1960년 05월 01일~09월 18일
5	1955년 04월 06일~09월 21일	11	1987년 05월 10일~10월 11일
6	1956년 05월 20일~09월 29일	12	1988년 05월 08일~10월 09일

(3) 윤월을 보는 방법

윤월 15일까지는 그 월을 기준으로 하고 16일부터는 다음 월을 기준으로 한다. 예를 들면, 2023년 윤2월은 15일까지는 음2월 속하여 45일간이 을묘월에 해당되며, 16일부터는 음3월에 속하여 45일간이 병진월에 해당된다.

(4) 한국과 중국의 음력월 차이

한국과 중국·대만과는 음력 하루가 차이 나는 연도가 있다. 날짜는 음력 기준으로 차이 나는 연도와 월을 표시하였다.

연도	한국	중국	연도	한국	중국
1931	3.30 / 4.29	3.29 / 4.30	1934	8.30 / 9.29	8.29 / 9.30
1936	5.30 / 6.29	5.29 / 6.30	1942	7.30 / 8.29	7.29 / 8.30
1943	10.30 / 11.29	10.29 / 11.30	1949	2.30 / 3.29	2.29 / 3.30
1950	1.30 / 2.29	1.29 / 2.30	1952	6.30 / 7.29	6.29 / 7.30
1953	12.30 / 54.1.29	12.29 / 54.1.30	1955	1.30 / 2.29	1.29 / 2.30

1957	12.30 / 58.1.29	12.29 / 58.1.30	1965	12.30 / 66.1.29	12.29 / 66.1.30
1968	3.30 / 4.29	3.29 / 4.30	1970	5.30 / 6.29	5.29 / 6.30
1973	11.30 / 12.29	11.29 / 12.30	1976	9.30 / 10.29	9.29 / 10.30
1978	2.30 / 3.29	2.29 / 3.30	1982	9.30 / 10.29	9.29 / 10.30
1987	4.30 / 5.29	4.29 / 5.30	1989	9.30 / 10.29	9.29 / 10.30
1990	8.30 / 9.29	8.29 / 9.30	1995	6.30 / 7.29	6.29 / 7.30
1996	12.30 / 97.1.29	12.29 / 97.1.30	1998	11.30 / 12.29	11.29 / 12.30
2001	3.30 / 4.29	3.2 / 4.30	2005	10.30 / 11.29	10.29 / 11.30
2012	4.30 / 5.29 한국은 윤3월, 중국은 윤4월	윤4.29 / 5.30	2013	4.30 / 5.29	4.29 / 5.30
2019	10.30 / 11.29	10.29 / 11.30	2020	1.30 / 2.29	1.29 / 2.30
2023	3.30 / 4.29	3.29 / 4.30	2026	8.30 / 9.29	8.29 / 9.30
2029	5.30 / 6.29	5.29 / 6.30	2031	1.30 / 2.29	1.29 / 2.30

- 1931년 양력 5월 17일은 한국에서 음력 3월 30일이고, 중국에서는 음력 4월 1일이 된다. 양력 6월 15일은 한국에서 음력 4월 29일이지만, 중국에서는 음력 4월 30일이 된다. 즉 음력 4월 한 달은 한국과 중국이 하루씩 차이가 나게 되어 있다.

- 이 차이로 명반에서 자미성의 위치가 달라진다. 예를 들면, 1990년 양력 11월 16일 오전 6시경에 태어난 사람은 한국식 음력으로는 9월 29일이 되어 명궁이 미궁 태양·태음이 되나, 중국식 음력으로는 9월 30일이 되어 미궁 무곡·탐랑이 된다.

3) 명반 읽기

자미두수 명반에는 많은 궁과 성이 있기에 처음에는 복잡해 보이나 지도를 읽는 법을 배우면 복잡해 보이는 길도 쉽게 찾을 수 있듯이 명반 구성을 알게 되면 쉽게 명반을 읽을 수 있다.

(1) 십이궁

- 12띠가 있듯이 자미두수에는 12궁이 있다. 명궁을 기준으로 역행으로 형제궁, 부처궁, 자녀궁, 재백궁, 질액궁, 천이궁, 노복궁, 관록궁, 전택궁, 복덕궁, 부모궁이 있다.
- 명반을 볼 때 삼방사정궁을 중요하게 보게 되는데, 명궁의 삼방사정을 예를 든다면, 명궁 중심으로 삼방에 관록궁, 재백궁이 있고, 사정에는 천이궁이 있다.

(2) 명궁과 신궁

부모궁	복덕궁 축·미시생 신궁	전택궁	관록궁 인·신시생 신궁
명궁 자·오시생 신궁			노복궁
형제궁			천이궁 묘·유시생 신궁
부처궁 사·해시생 신궁	자녀궁	재백궁 진·술시생 신궁	질액궁

- 명궁(命宮)과 신궁(身宮)은 자기 생일의 음력 생월과 생시를 배합하여 만들어졌다. 생년과

생일과 상관없이 음력 생월과 생시로 명신궁을 찾는 것이므로 같은 월과 시를 갖고 태어난 사람은 명신궁이 일치한다.

- 명신궁은 일률적으로 자·오시생은 명신궁이 동궁하고, 신궁은 축·미시생은 복덕궁, 인·신시생은 관록궁, 묘·유시생은 천이궁, 진·술시생은 재백궁, 사·해시생은 부처궁에 좌한다.

(3) 생년 월두법과 납음

- 십이궁에는 생년에 의한 월두법(月斗法)에 따른 12궁 간지가 있다. 이 월두법에 따른 간지로 대한, 유년, 유월의 운세에 영향을 주는 사화가 정해진다.
- 인궁이 월두가 시작되는 궁으로 갑진년이면 음력 1월은 병인월부터 시작한다.
- 명궁에 좌한 간지의 납음으로 오행국을 정하게 되고, 대한수(大限數)를 알 수 있게 된다.
- 명궁 간지의 납음오행에 따라 납음이 목이면 목3국, 화이면 화6국, 토이면 토5국, 금이면 금4국, 수이면 수2국이 된다.
- 생년 납음은 각자 태어난 연도의 간지에 따라 결정된다. 1990년생이라면 생년 납음은 노방토이다.
- 명국은 명궁이 좌하는 궁의 간지이다. 명궁이 병진이라면 납음은 사중토이며 토5국이 된다.

월두법에 의한 12궁 간지

연간	12궁 간지
갑·기년생	병인, 정묘, 무진, 기사, 경오, 신미, 임신, 계유, 갑술, 을해, 병자, 정축
을·경년생	무인, 기묘, 경진, 신사, 임오, 계미, 갑신, 을유, 병술, 정해, 무자, 기축
병·신년생	경인, 신묘, 임진, 계사, 갑오, 을미, 병신, 정유, 무술, 기해, 경자, 신축
정·임년생	임인, 계묘, 갑진, 을사, 병오, 정미, 무신, 기유, 경술, 신해, 임자, 계축
무·계년생	갑인, 을묘, 병진, 정사, 무오, 기미, 경신, 신유, 임술, 계해, 갑자, 을축

육십갑자 납음표

갑자 을축	병인 정묘	무진 기사	경오 신미	임신 계유
해중금	노중화	대림목	노방토	검봉금
갑술 을해	병자 정축	무인 기묘	경진 신사	임오 계미
산두화	윤하수	성두토	백랍금	양류목
갑신 을유	병술 정해	무자 기축	경인 신묘	임진 계사
정천수	옥상토	벽력화	송백목	장류수
갑오 을미	병신 정유	무술 기해	경자 신축	임인 계묘
사중금	산하화	평지목	벽상토	금박금
갑진 을사	병오 정미	무신 기유	경술 신해	임자 계축
복등화	천하수	대역토	차천금	상자목
갑인 을묘	병진 정사	무오 기미	경신 신유	임술 계해
대계수	사중토	천상화	석류목	대해수

4) 대한, 동한, 유년, 유월, 유일, 유시 찾는 법

(1) 대한 찾는 법

- 대한(大限)은 명궁부터 '제1 대한'이 된다. 대한은 10년씩이다.
- 대한의 수는 오행수가 된다. 목3국은 3세부터, 화6국은 6세부터, 토5국은 5세부터, 금4국은 4세부터, 수2국은 2세부터 적용이 되며, 태어난 연도부터 1세 시작인 한국식 나이 표기법에 따른다.
- 대한은 양남음녀는 순행으로, 음남양녀는 역행으로 진행된다.

15~24 부모	25~34 복덕	35~44 전택	45~54 관록
순행 1대한 → / 5~14 命	양남음녀 토5국		55~64 노복
115~124 형제			65~74 천이
105~114 부처	95~104 자녀	85~94 재백	75~84 질액

113~122 부모	103~112 복덕	93~102 전택	83~92 관록
1대한 역행 ↓ / 3~12 命	음남양녀 목3국		73~82 노복
13~22 兄弟			63~72 천이
23~32 부처	33~42 자녀	43~52 재백	53~62 질액

- 선천의 명신궁이 인생 전반을 주관한다고 하면 대한의 명궁은 그 명의 십 년 운세의 향방을 주관하는 잣대가 된다. 선천의 명격도 중요하지만, 운세가 좋아야 그것을 부릴 수가 있다. 선천의 명신궁이 아무리 길격이라고 해도 대한의 운이 흉하다면 그 운에는 난관에 부딪히는 것과 같다. 반대로 선천의 명격이 흉할지라도 운세가 길하다고 하면 좋은 기회를 맞이하게 된다. 현재 체감하는 운세의 향방이 실질적인 행복의 척도가 되므로 대한이나 유년운의 길흉의 판단을 중요하게 여기게 된다.
- 명반에는 12궁과 다양한 성들로 인해서 복잡한 미로 같아 보이지만 대한에서 영향을 주는 궁과 성들만이 움직여서 이벤트가 발생하게 되는 것이므로 대한은 운세 추론에 중요하게 된다.

(2) 동한 찾는 법

• 동한(童限)은 대한이 시작되기 전 유아 시기에 사용한다.

• 대한은 대한수로부터 시작하므로 대한수 이전의 나이를 판단할 때 동한을 사용한다.

• 국수는 수2국~화6국까지만 있으니 동한이 필요한 시기는 1세~5세까지이다. 예를 들면 토5국인 유아는 1세~4세까지만 동한으로 보고 5세부터 '제1 대한'으로 운을 본다.

• 동한 시기에는 절대적으로 부모의 돌봄을 받아야 하는데, 육길성이 좌하는 궁이 동한에 속하면 좋은 혜택을 입고 성장하나, 육살성이 좌하는 궁이면 그 시기에 돌봄이 부족한 상황에 놓이거나, 사건 사고 상해 등의 일로 인한 고통을 겪게 된다. 이는 유아기 발달에 커다란 영향을 준다.

나이	1세	2세	3세	4세	5세
동한궁	명궁	재백궁	질액궁	부처궁	복덕궁

(3) 유년 찾는 법

• 유년(流年)은 해당 유년의 지지에 해당되는 궁이다.

• 예를 들면, 2024년 갑진년은 진궁이 유년 명궁이 된다.

(4) 두군과 유월 찾는 법

• 두군(斗君)은 음1월이 시작되는 궁이다. 두군을 찾는 방법은 인궁(寅宮)이 무슨 궁인지 보고, 유년에서 그 궁부터 음1월로 잡는다. 예를 들면 인궁이 부처궁이면 유년 부처궁이 음1월이 된다.

• 두군을 정한 다음에는 11개의 달을 정해야 하는데 두군을 기점으로 순행한다. 예를 들면 인궁이 부처궁이면 매년 음1월은 유년 부처궁(年夫)부터 시작하여 음2월 년형, 음3월 년명

로 진행이 되어 음12월 년자(年子)에서 마치게 된다.

부모 巳	복덕 午	전택 未	관록 申
명 辰			노복 酉
형제 卯			천이 戌
두군 부처 寅	자녀 丑	재백 子	질액 亥

年福 부모 巳	年田 복덕 午	年官 전택 未	年奴 관록 申
年父 명 辰	2023년 음1월		年賤 노복 酉
年命 형제 卯	↑ 순행		年疾 천이 戌
年兄 부처 寅	年夫 음1월 자녀 丑	年子 재백 子	年財 질액 亥

⑸ 유일 찾는 법

• 유일(流日)은 유월의 궁에서부터 초하루가 시작되어 순행으로 하루씩 지나간다. 음5월은 사궁이 되고 음3일은 3칸 순행하니 미궁이 된다. 음5월은 선천 부모궁과 유년 복덕궁에 해당되며, 3일은 선천 전택궁과 유년 관록궁에 좌하게 된다.

⑹ 유시 찾는 법

• 유시(流時)는 유일궁에서 자시가 시작하여 순행으로 한 시진씩 지나간다. 음5월은 사궁이 되고, 음3일은 미궁이며, 진시는 미궁으로부터 5칸 전진해서 해궁이 된다. 진시는 선천 질 액궁과 유년 재백궁에 해당된다.

순행

년복 **음5월** 부모 巳	년전 복덕 午	년관 **3일** 전택 未	년노 관록 申
년부 命 辰	**2023년 음5월 3일** **진시**		년천 노복 酉
년명 형제 卯			년질 천이 戌
년형 부처 寅	년부 자녀 丑	년자 재백 子	년재 질액 亥

진시

2

십사주성

1) 십사주성의 신화

중국의 고전소설로 명나라 때 지어진『봉신연의』에 자미두수 십사주성의 신화에 대해 나온다. 중국 최초의 고대 국가인 은나라 폭군 주왕(紂王)과 그를 타도하기 위해 봉기한 주나라 무왕(武王)의 전쟁을 그린 신마(神魔)소설에 속하며 봉신전, 상주열국, 봉신방, 서주연의 등으로도 불린다. 은나라 후반을 배경으로 실제 역사가 아닌 전해져 내려오는 민담을 바탕으로 만들어진 소설로 인물 묘사가 인간의 심리나 행동 패턴에 아주 정확하며 운세에도 그 인물의 일생이 반영되어 자미두수 주성을 이해하는 데 좋은 작품이다.

은나라에 조공을 바치던 주나라의 문왕은 역(易)과 점복(占卜)에 능통하였고 농업사회 생활의 기반으로 문화가 번성하니, 은나라 주왕은 자연히 문왕의 존재에 대한 두려움과 미움을 갖게 되었다. 주나라에 대해 견제하며 멸망시켜야겠다고 생각하고, 문왕을 은나라로 불러서 가두게 되었다. 아버지 문왕이 은나라에 오랜 세월 갇혀 있게 되자 장남 백읍고가 부친을 구하러 갔다가 죽임을 당하였고, 이로 인해서 은나라와 주나라가 전쟁하게 되었으며 그 사이에서 주왕을 멸망시키고 싶었던 구천현녀가 보낸 달기가 두 나라의 전쟁에 중요한 역할을 하면서 이야기는 전개가 된다. 결국, 은나라는 멸망하고 주나라가 승리하게 되었으며 그 전쟁으로 인한 14인의 신들이 만들어지게 되는 이야기이다. 이 신들의 이야기는 자미두수에 있는 십사주성의 성향과 행동, 운세에 대한 것들로 잘 이해하고 파악을 하게 되면 자미두수 십사주성에 대한 분석에 크게 도움이 된다.

주나라 인물도

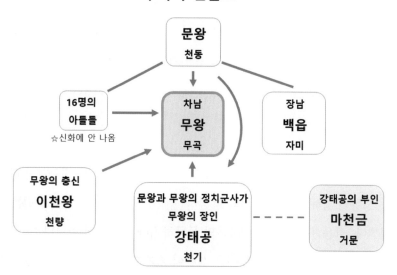

은나라 인물도

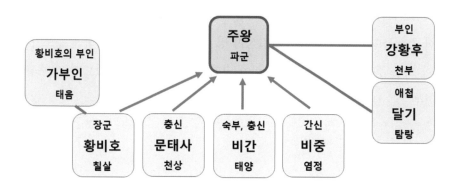

2) 십사주성의 조직도

십사주성은 크게 자미성계와 천부성계로 나눌 수 있으며 12궁은 자미성계의 역행과 천부성계의 순행에 의한 배치로 인한 12개의 명반 배열이 생기게 되는데, 자미성계에는 자미, 천기, 태양, 무곡, 천동, 염정이 있고 또한 이들을 존귀파와 밝음파로 나눌 수 있다. 천부성계에는 천부, 태음, 탐랑, 거문, 천상, 천량, 칠살, 파군이 있고 이들을 수성파, 개창파, 어둠파로 나눌 수 있다.

존귀파는 반드시 개창파나 수성파와 동궁하거나 대궁에서 만난다. 개창파와 동궁하는 경우 주동적 행동 성향이 강해지고, 수성파와 동궁하는 경우에는 안정을 추구하려는 기질로 수동 성향이 강해진다. 밝음파는 반드시 어둠파와 동궁하거나 대궁에서 만난다. 동궁하는 경우 한 궁에 밝음과 어둠이 공존하게 되므로 이중 성향이 있게 된다. 명궁에 좌한 주성에 의해서 무슨 파의 영향이 크게 되는지가 결정이 된다. 또한, 쌍성이 되는 궁에서는 성의 밝기와 사화의 영향에 의해서 어느 파가 득세하는지에 따라 기질과 운세에 영향이 미친다.

12궁에는 주성 이외에 100여 개가 넘는 소성들이 분포되어 있다. 장박세장생 십이신과 길한 소성과 흉한 소성들이 나뉘어 좌하므로 길성이 명궁과 삼방사정에 유리하게 분포가 되어 있으면 그 위에 좌한 주성은 길한 쪽으로 발현이 되고, 흉하게 분포되어 있으면 그 주성은 힘들고 고생스러운 쪽으로 발현이 된다.

두수성계 해부도

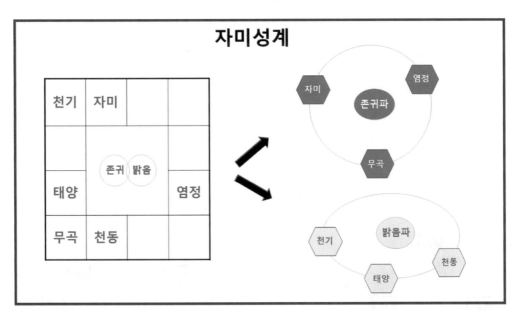

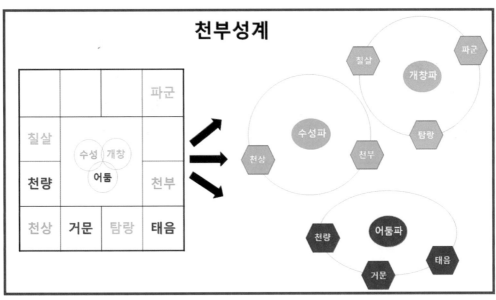

3) 십사주성의 삼합 구조

존귀파, 밝음파, 개창파, 수성파, 어둠파는 십사주성을 삼합 구조로 분해를 해서 5개의 파로 나누어 놓은 것이다. 이것은 자미성계 별과 천부성계 별의 배열 규칙을 통해 분류된 조합이다. 자미두수에서 중요하게 살피는 삼방은 명리학의 삼합과 같은 의미이며, 자미두수의 삼방에는 명궁, 재백궁, 관록궁이 배치된다. 나를 주체로 '나의 일'과 '나의 재물'의 운용이 명격과 인생을 나타내기 때문이다.

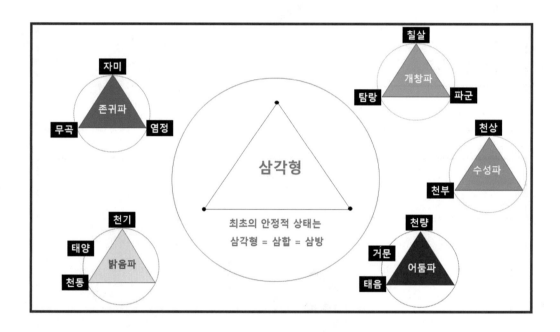

- 삼각형은 최초의 안정적 상태를 의미한다. 하나의 점은 정적인 상태이고, 두 개의 점은 하나의 직선을 만들 뿐 안정화를 이루지는 못했다. 세 개의 점은 각 선을 이어서 하나의 안정된 상태를 만들어 최초의 안정상태가 된다. 이는 운명에서 명·재·관이라는 완전한 삼합 구조를 만든다. 이 삼합 구조는 존귀파와 개창파에서만 이루어진다.

① 삼합 구조인 존귀파

- 존귀파는 자미를 필두로 하여 보면 관록궁에 염정이, 재백궁에는 무곡이 있다. 자미는 제왕의 성이라 존귀함을 주관한다. 관록궁 염정은 집중과 욕망의 성이라 자신이 하는 일에서 자미는 집중받고 최고의 자리에 있길 바라며, 재백궁 무곡은 재부(財富)의 성이니 큰 단위의 돈이 된다. 제왕은 최고의 자리에서 최상의 품위를 유지할 수 있는 큰 단위의 일들을 주관하고자 하며, 길성이 잘 회조하면 큰 부자가 될 수 있는 격이 된다.

② 삼합 구조인 개창파

- 개창파는 칠살을 필두로 하여 보면 관록궁에는 파군이 재백궁에는 탐랑이 있다. 칠살은 공과 업을 주관하며 자신이 하는 일에 열과 성을 다해 성과를 만들어 내고자 한다. 관록궁 파

군은 소모를 주관하여 파구창신이 발생하게 되며, 재백궁 탐랑은 자신이 좋아하는 취향의 소모를 하면서 즐기고자 하는 성향이 있으니 인생 전반적인 면에서 부귀를 주관하기보다 변화와 열정과 성취를 주관한다.

존귀파와 개창파는 삼방에서 명재관으로 꽉찬 삼합 구조이니 자신의 행위에 대해서 시작과 결과에 대한 책임을 스스로 지고 가는 인생을 살아간다. 그래서 주동적이고, 외향적이며, 활동적, 쟁취적이다.

주동적인 행동가로 일처리에 명확성이 있어 의존성이 있는 사람들이 따른다. 기반이 확실하고 앞날에 대한 발전이 있는 경우에는 확실한 심복들을 두고 발전지상으로 가지만, 불투명한 미래를 향해 전진하는 경우에는 기복에 대한 불안감으로 심복이 적거나 변동이 많은 상황이 발생한다. 일처리를 잘하는 사람들이 많은 파이므로 집안에서는 부모나 형제의 문제를 해결해 주는 경우가 많고, 부모·형제 덕이 없어서 자립한 경우에는 사회적 관계에서 활동적 성향으로 주도권을 잡는다.

③ 비삼합 구조인 수성파

- 수성파에 속하는 천부와 천상은 하나의 궁이 비어서 천부를 명궁으로 보면, 재백궁이 공궁이 되고, 천상을 명궁으로 보면 관록궁이 공궁이 된다. 일생 개창파를 상대를 하니 스스로 안정을 추구하기 위한 수성에 집중하게 된다. 실제 상담에서 명궁이 수성파인 사람들은 "가화만사성을 중시한다"는 말을 하는 경우가 많다.

④ 비삼합 구조인 밝음파

- 밝음파에는 천기, 태양, 천동이 있는데, 이 별들은 삼합 구조가 완벽하질 못하여 관록궁이나 재백궁이 완전하지 못하고 존귀파의 영향을 받게 된다. 그래서 2인자의 별들이라 불린다. 그중 태양은 밝음파의 대장으로 유일하게 밝은 빛을 내뿜는 성이라 교육, 문화, 공익, 자선, 정치와 같은 대중에게 어필되는 일로 부각이 되며 독자적으로 행동할 수 있다. 천기와 천동 역시 태양의 영향을 받는 밝음파에 속하며 선성(善星)으로 긍정, 공명, 온화, 융화, 자상함을 인생의 업으로 삼는다. 밝음파는 항상 어둠파와 동충하므로 마냥 밝은 성향만 있지는 않고, 어둠파가 득세하는 경우 밝음파의 장점은 감춰지고 어둠파의 기질에 지배당한다.

⑤ 비삼합 구조인 어둠파

- 어둠파에는 천량, 거문, 태음이 있는데, 이 별들 역시 삼합 구조가 완벽하질 못하고 수성파와 개창파 사이에 끼어서 그들과 영향을 주고받는다. 태음은 태양의 빛에 의해서 빛을 내는 의존성이면서 어둠 속의 한 줄기 빛이 되는 특성이 있다. 이처럼 어둠파는 이면의 빛을 받는 파로 본성에는 어둠이 있다. 거문은 암성으로 어둠을 주관하며 시비, 구설뿐만 아니

라 밝지 못한 것, 숨겨진 것, 알 수 없고 볼 수 없는 것, 말할 수 없는 것, 미스터리, 음모, 암중 진행 등의 상황이 만들어진다. 이러한 특성이 존재하기에 어둠파는 심려하는 면이 있어 신중한 처세와 안정을 추구하는 면이 있어 함부로 앞에 나서려 하지 않는다. 어둠파는 항상 밝음파와 동궁하거나 대궁에서 만난다. 해서 자연히 어둠파는 밝음파의 빛의 밝기 영향을 받게 된다. 그 영향이 길하게 되면 어둠의 성질이 약하게 되고, 살성을 많이 보면 밝음파의 기운이 약하니 어둠의 성질이 강화된다.

수성파, 밝음파, 어둠파는 무리하지 않는 안정적인 삶을 희구한다. 삼합 구조의 완전하지 못함은 결국 의존적인 면으로 나타나게 되는데 의존을 하려는 존재는 일단 내가 의존할 수 있는 상대가 믿고 따를 만큼 안정적인지, 믿고 쭉 갈 수 있을 만큼 확실한 상황인지를 확인하고자 한다. 그렇지 않으면 움직이려 하지 않는다. 그래서 내향적이고, 보수적이며, 수구적이다. 의존이란 다른 면으로는 타인을 통해 일을 이루려는 것을 의미하니 젊은 시절에는 자신이 따를 만한 유능한 존재를 찾고, 나이가 들어서는 자신이 기댈 만한 존재로 본인의 일을 대신 맡아 처리해 줄 믿음직한 존재를 찾는다.

천기, 태음, 천동, 천량은 기월동량으로 묶어서 유약하고 의존력이 강한 성으로 2인자의 별이라 칭한다. 하급관리 유형에 속하는 주성들로 기댈 만한 곳에 뿌리를 내리고 안전하게 살아가고자 하는 측면이 많아서 주로 직장 생활을 선호하는 경향이 많으며 실무 관리능력이 뛰어나다. 개인 사업을 한다면 대리점이나 지점 등 상급 기관이 있어서 관리받는 쪽이거나 가족 사업, 소규모 자영업에 종사하는 사람이 많다. 요행을 바라기보다 꾸준히 오랫동안 안정적으로 지속하는 것을 선호한다.

4) 십사주성을 이해하기 위한 바탕

자미두수에서 운세를 볼 때 길한 쪽이냐 흉한 쪽이냐는 주성만으로는 온전히 판단할 수 없다. 반드시 동회하는 소성과 함께 이야기해야 한다. 소성 중에서 특히 육길성과 녹존은 길한 운을 만들고, 육살성과 형요성은 고달픈 운을 만든다.

명궁 중심으로 살성보다 길성이 많은 경우, 그 명주의 인품과 운세가 함께 좋은 경우가 있지만, 인품은 아니지만 운세가 좋은 경우도 있다. 예를 들면, 나쁜 짓을 하는데 법에 걸리지도 않고 돈을 잘 버는 사람들이 있는 거처럼 운세가 좋은 경우도 있다.

명궁 중심으로 길성보다 살성이 많은 경우, 살성이란 '고생, 불안, 단련, 멸시'를 의미하므로 힘든 일을 견뎌야 하는 시련의 시기를 의미하지 인품의 높고 낮음을 의미하지 않는다. 살성이 지나치게 많으면 흉한 인생길이 되므로 인품이 보잘것없어 멸시를 받고, 외롭고 고독할 수 있고 운세도 나쁜 경우가 있다.

십사주성이 길성을 삼방사정에서 많이 만나게 되면 길한 쪽으로 해석을 할 수 있으며, 흉성을 많이 만나게 되면 흉한 쪽으로 해석을 할 수 있다. 즉, 아래 설명되는 십사주성의 성향과 운세에 이 소성들의 길흉의 영향이 존재함을 바탕을 쓰였음을 기억해야 한다. 십사주성의 장점으로 쓰인 부분에는 길성이 많이 있을 것으로 여기면 되고, 단점으로 쓰인 부분에는 흉성이 많을 것으로 여기면 해석에 어려움이 줄어든다.

명궁에 있는 주성이나 명궁이 공궁일 때 삼합으로 만나는 주성이 개인의 성향과 운세에 크게 영향을 미치지만, 인생은 10년씩 대한이 움직이므로 그 대한에는 그 주성이 명궁의 성향처럼 쓰이고 운세를 좌우하므로 결국 십사주성을 운에 의해서 돌아가며 사용하게 된다. 단지 개인의 선천 기질에 의해서 강하게도 약하게도 사용할 뿐이다.

5) 십사주성의 파별 특징

(1) 존귀파

존귀파는 제왕성인 자미를 중심으로 무곡과 염정이 삼방에서 만난다. 제왕의 자리에 있게 되므로 존귀와 재부에 대한 욕망이 다른 파에 비해 강하며 운세에서도 그럴 기회를 얻기 쉽다.

만약 명궁이 자미라면 반드시 관록궁에 염정, 재백궁에 무곡이 좌하게 되므로 존귀파의 특성에서 자미는 인물의 특성으로, 염정은 직업적 특성으로, 무곡은 물질적 특성으로 해석하며, 명궁이 염정이라면 무곡은 직업적, 자미는 물질적으로 해석하고, 무곡이 명궁이라면 자미는 직업적, 염정은 물질적으로 해석하는 것이 삼합식 해석방법이다. 이와 같은 방법으로 개창파, 수성파, 밝음파, 어둠파의 삼합식 해석이 가능하다.

> 육길성과 녹존과 록권과 사화를 포함한 길성을 만난 존귀파는 길한 운으로 흐르게 되어 주성의 장점이 부각이 되면서 부와 명예를 얻는 힘이 크며, 육살성과 형요성과 화기를 포함한 살성을 만난 존귀파는 주성의 단점이나 약점이 부각이 되며, 성공하더라도 험난한 운로로 인한 고통과 어려움이 따르는 시련을 겪은 후 성공하게 되며, 아니면 초년부터 잘 성장하기 어려운 환경으로 불행한 인생을 살 수 있다. 나머지 4개의 파에도 이런 논리가 적용된다.

존귀파 핵심 요약표

주성	오행	신화	관장	주관	특징
자미	음토	백읍고	제왕, 존귀	관록, 고상	중앙, 지도력, 해액 능력
염정	음화	비중	囚, 刑, 血	관록, 왜곡, 사악	학연·지연·혈연, 목표지향적
무곡	음금	무왕	財富	행동, 무예, 용맹	경영주, 실용 중시, 무정, 고독

1] 자미성

[1] 신화

백읍고는 주나라 문왕의 장남으로 성은 희(姬), 이름은 고(考)이며 '백(伯)'은 아버지 희창의 작위이며, '읍(邑)'은 장자, 후계자임을 나타낸다. 즉 '희백(姬伯)의 장자 고'라는 뜻이다. 문왕의 자식 중에서 **가장 뛰어난 능력을 지녔으며**, 음악과 예술에 능하고 준수한 외모를 보유했으며 효성이 깊었다. 문왕은 백읍을 장차 주나라의 차기 왕으로 생각하였다.

7년간 은나라에 잡혀 있는 부친 문왕의 무죄를 주장하고 석방을 간청하러 은나라 주왕의 궁궐에 가서도 **품위를 잃지 않았으며**, 흔들림 없는 모습으로 백읍의 존귀함을 드러낸다. 그러나 백읍고의 거문고 소리에 반한 달기를 외면하자 **달기의 음모에 빠져서 '달기를 겁탈하려 했다'는 죄목으로 주왕에게 능지형의 죽임을 당하게 된다.** 주왕은 백읍의 시체로 고기만두를 만들어서 문왕에게 보내어 먹게 하였다. 문왕이 그걸 먹었다는 소리를 듣고 주왕은 문왕을 자신이 견제할 만한 인물이 아니라고 생각하고 석방해 버렸다. 문왕은 집으로 돌아가는 길에 삼킨 만두를 토해 내서 토끼로 변해 초원으로 사라지는 것을 보았고, **백읍의 죽음을 통해서 은나라와 전쟁을 결심하게 된다.**

자미는 품위를 지키며 죽음을 맞이한 것처럼 **강한 것에도 무너지지 않고 죽음으로 자신을 지키는 것처럼 위엄과 제왕의 기질**이 있지만, 죽은 후 고기만두가 되어 아버지의 배 속에 있다가 토해져서 토끼로 변한 것처럼, 굽힐 줄 모르는 백읍이 토끼처럼 여리고 온순한 사람으로 변할 수 있고, **자존심에 상처를 입을 때, 자신만의 이상세계인 '초원'으로 피해 버리는 경향이 있다.** 자미의 죽음에는 달기가 관여되었듯이 탐랑을 만나면 어려움에 빠진다. 사후에 태백금성(옥황상제의 측근)은 백읍고의 영혼을 자미성에 영주시키고 '존귀'를 관장하게 하였다.

[2] 자미성의 특성
① 존귀의 성으로 중앙과 핵심을 의미한다
- 자미는 다른 별들의 머리가 되므로 타고난 본성이나 능력을 불문하고 다른 주성에 비해 강

하여 지배적인 위치에서 있게 되므로 지시하며 명령하기를 원하고 지배를 받거나 낮은 데 있기를 싫어한다.

- 어린 시절에 어른의 총애를 받고 자라 자기중심적으로 행동하며, 자기 생각대로 단정적으로 판단한다.
- 자미는 백관조공성을 보는 것이 중요한데, 창곡과 같이 노력에 의지하는 성보다는 괴월·보필과 같이 노력과는 상관없는 발탁과 기회, 조력에 의해야 성공하고 높은 지위를 가질 수 있다.

② 관록의 성이며 리더십이 있다

- 관록을 주관하는 별들(자미, 태양, 염정, 천상)의 특징은 관리 능력이나 조직능력이 뛰어나고, 특히 행정 관리나 리더십이 발휘되는 분야에서 자기 재능을 쉽게 발휘할 수 있다. 그래서 공직이나 공공계통에서 능력을 발휘하는 경우가 많다.

③ 특권의식이 있으며 '최고'를 선호한다

- 고상하고 우아하고 품위가 있는 것을 선호하며, 직장도 남들에게 내세울 만한 크고 좋은 회사를 원한다. 대기업, 최고급 호텔, 백화점과 같은 크고 화려한 것을 선호하며, 명품, 예술품 등 고급스러운 것을 좋아한다.

④ 성공과 출세에 대한 의욕이 강하다

- 제왕의 면모를 갖추기 위한 실력 향상을 위한 노력을 하니 능력이 좋은 경우가 많으며, 자신을 중심으로 팀을 조직하는 힘이 있으니 직접 창업하거나 기업의 대표가 될 수 있다.
- 자미운에 들어가게 되면 특별한 기회가 주어지는데 길성 포진된 자미궁이냐, 살성이 포진된 자미궁이냐에 따라 상황이 다를 수 있지만, 일반적으로 자미의 제왕적 특성에 맞는 기회가 주어진다. 예를 들면 언론, 방송에 출연하게 되면서 금전 활동에 좋은 기회를 얻거나 수상의 기회로 인해서 명예가 높아지는 상황을 얻게 되는 식이다.

⑤ 대인관계를 원만히 하며 포용력이 있다

- 오행이 토이므로 넓은 대지와 같아서 포용력이 있고 부드러운 풍모가 있다. 사리판단이 명

확하며 도리에 맞게 행동한다.

- 제왕성이라 강자에겐 강하고 약자에게 약한 특성이 있다. 맞수가 강할수록 이기려는 투지가 강해지며, 약한 자에게는 여려지며 자신을 추종하는 사람을 믿고 따르는 경향이 있다.

⑥ 명분이나 체통, 타인의 관심을 중시한다

- 체면을 중시하여 마음에 품고 있는 것을 잘 드러내지 않는 성향이 있다. 그래서 다른 사람의 눈에는 자기주장이 없는 것처럼 보인다.
- 명분을 중시하여 타인의 관심과 비평에 신경 쓰고, 분위기에 민감하다.

⑦ 현실에서 뜻이 안 맞으면, 이상 세계로 도피를 한다

- 현실에서 자신의 뜻과 안 맞는 일에 타협하기보다는 회피하려는 본성이 있다. 예를 들면, 이상적인 배우자를 만나지 못하면 혼자 살고, 눈높이에 안 맞는 직업이면 백수 세월을 보낼지라도 절대로 일하지 않는다. 더 나은 세계를 찾고자 학업이나 관심사에 몰두한다.

⑧ 자미는 해액의 능력이 있다

- 십사주성 중에서 자미가 나쁜 기운(煞)을 제어하는 능력이 가장 높다. 운에서 자미궁에 입하게 되면 자미의 악의를 억제하고, 인지도의 상승 가능성을 주는 이점을 얻는다.

2] 염정성

[1] 신화

은나라 비중은 주왕이 성군일 때부터 주왕을 보필하였는데, 주왕이 폭군이 되어 갈수록 자신의 사리사욕을 채우기 위해서 수단과 방법을 가리지 않고 주왕의 포악한 정치를 부채질한 간신이었다. **비중은 자신의 자리 보존과 권력에 대한 집착 때문에 많은 충신과 현사들을 무고하여 죽게 하고 주왕에게 아부하여 전횡을 일삼았다.** 비중은 대가족을 이끄는 가장이었다. 비중이 가족의 안위를 위해서 간신의 역할로 아부를 하고 전횡을 저지르게 된 것도 종족 보존을 위한 자신만의 방식의 노력이었다. 그만큼 **염정에게는 혈연에 의한 유대관계가 중요하다.**

은나라가 멸망한 후에 비중은 강태공에게 잡혔는데, 비중의 간사한 행위를 잘 알고 있는 강태공은 그를 참수시켜 버렸다. 사후에 태백금성은 비중의 영혼을 염정성에 영주시켰는데 <u>죽어서도 '사악의 신'에 봉해져 '왜곡'을 관장하는 신이 되었다.</u>

[2] 염정성 특성

① 권위와 리더십이 있는 행동력 좋은 수완가

- 권위와 특권을 확보하려고 노력하며, 신념이 강하고 집중력이 뛰어나고, 패기와 야망으로 원하는 것은 어떻게 해서든 이루어 낸다.
- 대인관계에서 자신의 매력적인 자질을 어필하는 센스가 뛰어나며, 이를 잘 활용할 줄 아는 수완가이다.
- 뛰어난 감지력으로 상황 판단 능력이 우수하여 대인관계에서 재력과 권위에 대한 서열 관계를 예리하게 알아차리며 자신과 타인의 등급을 예리하게 분석하고, 주도권을 쥐려는 성향이 강하다.
- 염정은 관록을 주관하는 성으로 경영 기획과 행정 처리 능력이 뛰어나고, 刑을 주관하므로 규율이나 법률을 집행하는 능력이 뛰어나며 정치적인 수완과 리더십이 있다.

② 차도화성, 예술·사교성·매력 어필의 수단이 있다

- 감정이 풍부하고 교제를 잘하고 로맨틱한 기질이 있다.
- 사교성이 뛰어나서 교섭, 홍보, 영업 마케팅에 재능이 있다.
- 도화성으로 문학과 예술에 대한 재능이 있다. 귀적인 것을 선호하여 주로 명품, 고가품을 좋아하는 경향이 있다.
- 도화성이다 보니 성공에 대한 목적달성 후 방탕하며 색정사 문제로 망신당할 수 있다.

③ 囚, 울타리 안에 사람을 가두다

- 囚는 '울타리 안에 사람을 가둔다'는 의미로 첫 번째로 '구속과 억압'으로 타인에게 강제적 힘을 행하고, 권세를 혼자 쥐고 제 마음대로 하다 관재구설이 발생하거나 교도소에 갇힌 형상으로 볼 수 있다. 정서적인 불안정, 압박감을 가지고 있다.

- 두 번째로 囚의 형상을 성(城)으로 보아 '자신이 다른 사람들과 더불어 살아가는 공간'으로 쓰여 함께 살아갈 인간관계를 형성하는 것을 중시한다. 성 안에서는 본인이 우뚝 솟아 있는 상이니 사람들의 시선을 독차지할 만한 매력이 있고, 변화보다는 유지 보수적 성향이다.

④ 선악을 겸비한 이중성이 있다

- 겉으로는 다정하고 성실하나 이면에서는 계책을 꾸밀 줄 안다.
- 염정은 모순의 별로 낮에는 화류계를 단속하는 관리로 매우 엄격하지만, 밤이 되면 그 화류계를 드나드는 이중적 속성이 있다.

⑤ 血, 혈연·학연·지연에 집착한다

- 염정은 피를 의미하며 혈연(血緣), 학연(學緣), 지연(地緣)에 관심이 많다. 자기 보호적 성향이 강하여, 자신이 '기댈 만한 보호처'을 찾아 기대며 살려고 하며, '인연'을 중시한다.

⑥ 욕망성, 수단과 방법을 안 가리고, 모험과 쟁탐을 한다

- 염정은 탐랑과 마찬가지로, 탐욕이 있어 이익의 유혹에 빠지기 쉬워 도박이나 모험, 투기 등을 하려는 욕망에 이끌리고, 쟁탐(爭貪)을 한다.
- 현실적이고, 사람의 성격이 강한 편이고, 이기려는 마음이 강하고, 기회를 틈타 이익을 추구하려는 이기적인 성향으로 인해 사악(邪惡)으로 흐르기 쉽다.

⑦ 염정의 刑과 血의 조합은 신체의 상해나 수술과 연관이 된다

- 刑은 관재, 의약, 고극을 의미한다. 염정의 자체에 刑·血의 의미가 있고 살파랑은 살기운이 있다. 염정은 반드시 살파랑과 동충하므로 刑·血·殺 조합이 형성되니 살기형이 들어오면 질병, 상해, 수술, 다툼, 관재가 발생하게 된다.
- 염정과 천량은 육합성으로 형합(刑合)이라고 부른다. 천량의 트집과 염정의 형적인 부분으로 인해 화합에 문제가 있는 합으로 고립될 수 있다.

3| 무곡성

[1] 신화

은나라의 속국이었던 주나라 문왕은 18명의 아들을 두었고, 무곡은 차남으로 일찍 사망한 형 백읍고와 아버지의 유지(遺志)에 따라 **강태공과 많은 인재를 중용하여 세력을 키웠다. 800여 제후들의 회맹(會盟)을 이끌며** 서쪽의 제후들을 규합하였고, 부패한 주왕을 토벌한다는 명분을 내세우며 촉, 강, 무로, 팽, 복 등의 **부족과 연합하여 은나라를 공격하였다.** 기원전 1046년 45,000명 정도의 병사로 은나라의 70만 대군과 맞섰는데, 은나라군의 대부분인 노예병들의 탈영으로 큰 승리를 거두었다. 패배한 주왕은 자살하였고, 은은 주에 점령되어 멸망하였다. 무왕은 하늘을 대신해 벌한다는 명분으로 주왕과 요부 달기의 시신에 활쏘기를 하고 군기에 그 목을 효수하였다.

무왕은 호경으로 도읍을 옮기고, 아버지인 희창에게 문왕이라는 시호(諡號)를 부여하였고, 문왕 구출에 도움을 준 비간의 장례를 다시 치렀다. **은을 멸망시키는 데 공을 세운 부족이나 공신과 동생들에게 대규모 땅을 나눠주고 봉건제도를 실시하였다.** 하지만 **무왕은 주를 건국한 지 3년 만에 병사하였다.**

일생 **농경과 병사 훈련에 주력하여 부국강병을 이루었고,** 무곡은 강태공의 딸을 후궁으로 맞이하여 강태공이 장인이 되었다. 평생의 과업이 은나라를 멸망시키는 일이었으므로 훌륭한 강태공과 함께 무왕은 전쟁을 치르는 날이 많았다. 일개 지방 호족에 불과했던 주나라가 강성한 은나라에 맞서 싸웠으니, 보좌하는 신하가 있었다고 해도 은나라를 물리쳤던 **무왕의 인생은 고독 그 자체**였을 것이다. 문왕이 이루지 못했던 일을 끝내 이루어 냈으니, 무곡은 **실천력이 아주 강한 별**이다. 사후에 태백금성은 무왕의 영혼을 무곡성에 영주시키고 '재부와 무용'을 관장하게 하였다.

[2] 무곡성의 특성

① 재부과 무용(武勇)을 상징한다

- 무곡은 재성이기 때문에 재와 부를 주관한다. 금전 관념이 강하고, 돈에 대한 열망이 크며, 실용주의 노선을 걸으며, 현실적인 경향이 있다.
- 재성(녹존, 천부, 태음, 무곡)은 신중하고 꼼꼼한 계산력으로 통이 작기 쉬운데, 무곡은 크게 벌 때는 배포 크게 행동하는 경향이 있다.
- 타고난 강건함과 과단성 때문에 칠살과 더불어 장군성이라고도 하는데 무직, 스포츠, 기술직 등에 유리하다.

② 경영주 스타일이다

- 일의 효율성을 중시하며, 경영 감각이 있고, 임무를 집행하는 능력이 뛰어나다.
- 비즈니스에 있어서 협상을 두려워하지 않고, 추진력 있게 밀어붙이는 힘이 있다.
- 남의 비위를 맞추거나 의지하지 않고, 자신의 실력과 노력으로 승부한다.

③ 목표지향적인 인생이고, 돈을 벌 기회 포착을 잘한다

- '할 수 있다'는 자신감이 있으며, 목표를 향해 부단한 노력을 하는 사람으로 최고자리에 오르려는 야망이 있다.
- '실적을 중시'하므로 삶의 가치를 성공이냐, 실패냐로 나누는 타입으로 일을 성공적으로 해냈다는 것에 가장 큰 만족을 얻는다.
- 자기관리가 확실하고, 일처리가 명확하며, 부지런하고, 다른 사람이 자신에게 기대하는 것 이상을 해낸다. 장시간 일을 하는 일 중독자가 될 가능성이 아주 높다.
- 타인과의 경쟁에서 지는 것을 싫어한다. 이익을 위해서는 수단과 방법을 안 가리고 법을 어겨서라도 목적을 성취하고자 한다.
- 단번에 큰돈을 벌거나 투기로 재산을 모을 생각을 한다. 그러나 다음 대한이 좋지 못하면 무곡운의 재운 상승은 일시적으로 그칠 수 있다.

④ 행동주의자로 속전속결한다

- 무곡은 행동력이 강한 성으로 추진력이 있어 일처리도 시원하고 명쾌하게 한다. 속전속결형으로 일단 단순하게 밀어붙이고 나서 생각한다.

⑤ 권력을 장악하기를 좋아한다

- 무곡의 관록궁에는 제왕성인 자미가 좌한다. 실권의 자리에는 돈이 따르기 마련이다. 그래서 최고의 자리로서 실질적인 권력을 발휘하는 분야나 금융 분야 등의 조직에서 중요 자리를 선호한다.

⑥ 의리가 있으며 진취적이며 혁신적이다

- 박력이 있고 진취적이며 투쟁 정신이 강하며 과감한 변혁을 시도한다. 어려운 상황이 닥쳐도 앞장서서 굳센 의지로 뚫고 나간다.
- 고지식한 면이 강하고, 좋고 싫음에 대한 표현이 분명하나, 주변 사람이 어려우면 의리로 도와준다.

⑦ 무정하고 고독하다

- 사람이 과묵하고 무표정이 많아 서늘한 느낌이 들고 무정(無情)하게 보인다. 흥취 혹은 감정적인 분위기가 없어서 애정사가 원만하지 못하여 고독성이라 한다.
- 동정(動靜)을 겸비한 별로 활동할 때는 적극적이라 사방으로 활발하게 움직이나, 활동 시기가 끝났거나 심정이 좋지 않을 때는 침묵하고 무정한 상태가 된다.
- 타인의 의견을 잘 받아들일 줄 모르고, 자기주장이 강하여, 모든 일을 자기 방식대로 처리해 버리니 타인과 잘 맞지 않게 된다.
- 강경한 면과 단순한 면으로 사려가 깊지 못한 말과 행동으로 다른 사람에게 상처를 주는 살기운이 있어서 다툼과 형극이 있기 쉽다.

⑧ 무곡은 살성이라 칼이나 흉기를 상징한다

- 무곡은 칠살과 같이 오행이 금이라 살기운이 있어서 수술, 소송이나 금전으로 인한 칼부림

등의 사건 사고가 발생할 수 있다.

(2) 밝음파

밝음파에는 태양을 필두로 위로 천기, 아래로 천동이 있다. 항상 어둠파의 천량, 거문, 태음과 동궁하거나 대궁에 좌하게 된다. 밝음파 성계가 묘왕하고 길화시키는 사화로 인동되면 어둠파의 영역을 누르고 밝음파가 득세를 하므로 공익적인 면에 관심이 많고, 인생을 낙천, 긍정적으로 살아가게 된다. 실리보다 명예나 정신 만족 추구형이다.

밝음파 핵심 요약표

주성	오행	신화	관장	주관	특징
천기	음목	강태공	정신	지혜, 형제	IT, 참모, 기획, 재주, 의존심, 기회 포착
태양	양화	비간	충직, 직언	관록, 권귀, 남자	정치, 공익, 빛, 박애, 사교성, 남자, 스타 기질
천동	양수	문왕	복락	친화, 감정	네트워킹, 신앙심, 아이, 의존심, 가정과 자녀

1] 천기성

[1] 신화

서주(西周) 초기의 공신으로 성은 강(姜), 이름은 상(尚), 자는 자아(子牙)로 강상, 강자아라 부른다. 신화에 따르면 주나라 문왕이 강자아를 신하로 얻은 뒤 선조 태공께서 바라던 인물이라 하여 강태공이라 불렀다. 강자아의 집안은 하나라 우임금을 도와 큰 공을 세워 여(呂)라는 땅에서 책봉되었기 때문에 여상이라 부르기도 하였다. 그러나 <u>은 왕조 때 집안이 몰락하여 평민으로 전락했고, 강자아에 이르러 집안은 거의 천민과 다를 바 없었다.</u> 그런 그를 마씨 집안에서 데릴사위로 데려갔으나 산에 올라 학문과 도만 닦으며 가장의 역할은 등한시하여 부인

마천금과 사이가 좋지 못했으며 60대에 이혼하였다. 이후 강자아의 인생은 파란만장 그 자체였다. 고향을 떠나 은나라의 수도 근처에서 장사나 잡일로 전전하면서 힘든 세월을 거친 후에 은나라의 수도 조가에 주막을 열고 많은 사람과 접촉했다. 그러면서 **점쟁이 '여상'으로 이름을 알리기 시작했고**, 은나라의 대신 비간을 만나 주왕을 잠시 섬기게 되었다. 주왕을 섬기는 동안 강자아는 주왕의 폭정에 황폐화되어 가는 은나라의 상황을 자기 눈으로 직접 확인했고, 그는 이내 그곳을 떠나 자신과 뜻이 맞는 인재들과의 교류를 확대해 나갔다. 이때 만난 문왕과 무왕, 다른 인재들과 훗날 주나라 건국에 큰 공을 세웠다.

주나라 문왕이 주왕에 의해서 유폐 당하는 사건이 발생하자, 강자아는 주왕이 원하는 미녀와 재물을 바쳐서 문왕을 빼내는 데 성공하였다. 이후 주나라로 돌아간 문왕에게 은나라를 무너트릴 수 있게 은나라 내부의 부패상을 더욱 부추기는 이간책과 갖가지 유인책을 제안하였다.

대세가 주나라 문왕 쪽으로 기울어졌을 때, 강자아는 나서지 않고 문왕을 기다렸다. 그는 이 기다림이 오랜 세월 자신이 기다려온 기회가 될 것을 확신했고, 강에 낚싯대를 드리운 채 문왕이 자신을 조정으로 불러주기를 기다렸다. **문왕은 친히 강자아를 찾아와 그에게 군대를 통솔하는 총사령관에 해당하는 사(師)라는 자리를 주어 극진히 모셨다. 책략가로서 그는 주나라 무왕을 도와 은나라의 주왕을 토벌하여 주가 은을 물리치는 데 절대적인 공을 세운 정치와 군사 방면의 전문가였다.** 강자아는 정치투쟁에 군사투쟁을 접목시킨 최초의 인물이다. 그 공으로 제(齊, 지금의 산둥성) 지역에 책봉되어 제나라의 시조가 되었다.

전쟁에 있어서 시기(時機)는 절대적 요소다. **시대의 흐름을 읽고 때를 기다릴 줄 알았던 인물인 강자아의 기다림은 은나라와 주나라 교체라는 커다란 변혁을 끌어냈다.** 이 변혁의 과정에서 미신과 귀신을 숭배하던 민속신앙이 막을 내리고 인간의 의지가 모든 변화의 원동력이 된다는 새로운 사상이 퍼지게 되었다.

강태공은 태어나서 여든 살이 되도록 빈곤하게 살았으나, 나이 팔십에 문왕을 만나 등용되면서 주나라를 세우고 부귀영화를 누리며 80년을 더 살았다고 한다. 사후에 태백금성은 강태공의 영혼을 천기성에 영주시키고 '지혜와 정신'을 관장하게 하였다.

[2] 천기성 특성

① 지혜, 총명, 재주를 대표한다

- 손과 지혜의 결합이니 다재다능하며, 아이큐가 높고, 두뇌 회전이 빠르고, 계산, 설계, 발명 등에 능하며, 첨단 장비, IT, 컴퓨터에 관심이 많다. 기계, 기술 관련 재능이 있다.
- 분석력과 통찰력이 뛰어나 한눈에 전체적인 상황을 파악하는 안목이 있다.
- 성향이 유연하고 자상하여 주변 사람들의 기분에 잘 맞추며 적응력이 뛰어나다.
- 천기의 언변력은 남에게 무언가를 설명하고 가르치는 데에 탁월하여 실제로 본 것처럼 이미지가 머리에 남을 만큼의 전달 능력이 있다.

② 참모의 성으로 주군의 영향을 크게 받는다

- 강태공은 발탁될 기회를 기다렸던 사람이다. 천기는 기회와 우연을 중요시하며 스스로 움직이기보다 들어오는 기회를 잡는다.
- 천기는 2인자의 성으로 책사로 비유되며, 어떤 주군(主君)을 만났느냐로 성공 여부가 결판나기 때문에, 부모 자미궁과 기회나 발탁을 의미하는 천괴 천월을 보았는지가 매우 중요하다.
- 책략가로 기획, 분석, 계책, 연구개발, 중개 등 전문적인 기능에 능하다. 책략가는 세월이 흐를수록 노련해지므로 나이 들어서도 발탁을 받는 특성이 있다.

③ 영혼과 정신을 중시하며 신앙심이 있다

- 삶의 가치와 행복을 중시하기 때문에 금전보다는 정신적인 충만을 추구한다. 가볍게 즐기듯이 움직이며, 매우 낙천적이고 이지적이며, 선량하고 온화하다.
- 영적인 추구와 관심이 많아 영혼이나 정신적인 면을 깊이 있게 관찰하고 연구하며, 사람의 내면 안에 있는 감정을 정확하게 파악하고 일깨워 주는 역할을 한다.
- 신기와 영감이 뛰어나며 종교, 신앙, 오술, 기공, 철학 등에 흥미가 많고, 환상, 비밀, 신비 같은 것에 쉽게 끌린다.

④ 독창적인 아이디어와 혁신적인 가치를 만들어 낸다

- 전통적인 것보다 새로운 것을 좋아하며, 시대 변화에 매우 발 빠르게 적응하는 면이 있다.
- 파군과 육합이 되는 관계로, 파구창신적 기능을 보유한 것과 같아서, 기존의 시스템이나 사람이 바꿀 수 있는 모든 분야에 대해 흥미를 갖고 있으며, 유행에 관심이 많고, 독창적인 재능이나 아이디어가 많다.

⑤ 역마성이다

- 천기는 고정성이 약하여 떠돌기 쉽고, 톱니바퀴의 회전축처럼 쉬지 않고 회전하므로 환경의 변천이나 혹은 타향에서 돌아다니며 분주하고 고생이 많다. 회전축은 기계에도 사용이 되므로 바퀴와도 연관이 되는 성이다.

⑥ 독립심이 부족하고 타인에게 의지하길 좋아한다

- 핵심 간파 능력이 좋아서 남의 의중을 잘 파악하고 어려움을 잘 해결해 주나, 자기 문제 해결 능력과 결정하고 일을 추진하는 역량은 약하다.
- 성품이 선량하여 인정이 많아 거절하지를 못하여 곤란함을 당하고 손해를 본다.

⑦ 양면성이 있다

- 자상하고 이지적으로 보이지만, 충동적이요, 예민하고, 심리적 갈등이나 변동이 많다. 이성적이기보다는 감정적으로 흐르기도 쉽다. 겉으로는 온화하고 예의 바르나 고집이 세고 복종하지 않는다.
- 인내심과 끈기가 부족한 성이라 다방면에 재능과 호기심이 많으나 한 분야에 정통하지 못하고 깊이가 부족할 소지가 있다. 지식에 대한 열정이 강하고, 학습능력이 좋으나 반복적인 것은 좋아하지 않는다.
- 말은 많고, 행동하지 않는 경향이 있어 무엇을 하고자 하면, 그 일을 타인에게 시켜서 하려는 면이 있다.
- 정밀한 기계처럼 민감한 성이기에 살기형이 동궁하면, 기회주의자로 변덕스럽고, 약삭빠르고, 간사함, 사악함으로 변질하기 쉽다.

⑧ 형제와 사지(四肢)를 의미한다

- 형제, 근친, 동년배, 측근, 친구를 주관하니 형제궁에 위치하는 것이 적절한 성이다. 다양한 각계각층의 인간관계가 만들어지나, 고정성이 약하여 대인관계에 변화가 많다.
- 형제의 상을 신체로 대입하면 팔다리, 몸통, 손발, 신경, 지엽적인 것 등을 의미한다.

2] 태양성

[1] 신화

은나라 주왕의 숙부이면서 신하인 비간은 국가에 충성을 바쳤고, 폭군 주왕의 기세를 두려워하지 않고 항상 충언하며 비판과 직언하였다. 주왕의 폭정이 심해질수록 간신 비중과 같은 인물들이 판을 치며 사리사욕을 채우는 것을 보면서 비간은 왕의 타락을 막기 위해 상소를 올리며 직언을 하였지만, 여우굴을 불태우는 바람에 구미호에 비유된 달기의 원한을 사서 달기에 의해 오히려 역적으로 몰렸다. 결국, 주왕은 "성인의 가슴에는 구멍이 일곱 개 있다고 하던데 어디 한번 열어 보자."라며 비간의 심장을 들어내 죽였다.

비간이 문왕의 유폐를 풀어 주게 하고, 강태공을 은나라 궁궐에 입궁시켜 주어 주 무왕이 은나라를 멸망시킨 후 비간의 무덤을 정비하는 한편 그의 아들 견(堅)에게 임(林)이라는 성을 내려주었다. 사후에 태백금성은 비간의 영혼을 태양성에 영주시키고 '충직과 직간(直諫)'을 관장하게 하였다.

[2] 태양성 특성

태양은 주성 중 유일하게 빛을 내는 성으로 태양의 밝기와 좌한 궁의 길흉 여부는 명반 전체에 심대한 영향을 미친다.

① 공공의 이익에 힘쓴다

- 하늘의 태양은 지구에 빛과 열을 방출하여 지구에 생명이 살아가게 하는 고마운 존재이지만, 태양은 지구로부터 아무런 보상을 받지 않는다. 이처럼 십사주성 중에서 태양은 유일

하게 실질적인 빛과 열을 발산하는 성이니 광명과 활력, 열정이 있고, 주기만 하고 받지 않으니 박애, 희생, 봉사, 공익의 성이다.

- 태양의 빛이 대상을 가리지 않고 고루 비추듯 태양성은 국민, 대중, 국가, 전체 등에게 이로움을 주고자 하며 환한 대낮처럼 떳떳함과 공명정대한 속성이 있다.

② 관록과 정치의 성으로 명예와 권귀를 주관한다

- 관록성은 자신의 지위를 이용하여 돈을 번다. 관록운이 강해 공무원이나 국영기업, 행정 분야, 대기업으로 취업하거나, 고시나 면허증과 관련된 전문직에 종사한다.
- 남의 일에 관여하여 문제를 해결해 주므로 주변의 호감을 사게 되고, 옳고 그름을 따지고, 선동가 기질이 있어 정치에 관심이 많다.

③ 태양은 '부친, 남자형제, 남편, 아들'을 상징한다

- 태양은 묘왕지에 있고 낮에 태어나야 더욱 귀한데, 태양의 밝기가 낙함할지라도 낮에 태어나면 주성의 역량을 발휘한다.
- 태양은 가정의 아버지와 같은 역할로 천하창생을 살리고, 태음은 어머니처럼 태양의 빛을 받아서 밤을 비춰 살펴 주니 태양은 아버지, 태음은 어머니를 의미한다.

④ 사교성과 스타 기질이 있다

- 태양은 빛을 통해 어둠을 밝히듯이 숨어 있거나 잠재되어 있는 것을 밖으로 드러내는 속성이 있다. 문화·예술, 언론·방송, 영화·광고 분야 등이 이에 속한다.
- 남들이 잘 알지 못하는 것을 찾아내서 알리고 가르치려는 교육과 계몽 기질이 있고, 스타성이 있다.
- 환하게 빛나듯이 화려하고 멋 내기를 좋아하니 패션이나 미용 분야에 관심이 많다.

⑤ 우두머리 기질과 리더십이 있다

- 책임감이 강해 실질적인 가장 역할을 하며, 맏이 노릇을 한다.
- 인생에 대해 낙천적인 태도가 있고, 타인에게 믿음을 주며 속이지 않는다.

- 정의감이 강하고 사리사욕이 없으며 심지가 밝고 도덕성이 높아서 도리에 어긋나는 행동을 하지 않는다.
- 약속을 중시하여 장사나 사업에서 손해를 보더라도 약속한 대로 진행을 한다.
- 본인이 분위기를 주도해 나가는 것을 좋아하며 남의 간섭이나 지시를 싫어한다.

⑥ 역동적인 행동주의자이다

- 태양은 쉬지 않고 빛을 발산하는 동태성(動態星)이고, 역마성이며, 행동성, 외향성이다. 끊임없이 움직이므로 쉬지 않음, 변함없는 정열, 생명력이 있다.
- 요령이 부족하고 시간과 정력을 쏟아 성공하는 편이다.

⑦ 융통성이 없어 구설, 시비가 생긴다

- 원칙을 위해서는 융통성이 전혀 없는 별이 태양이다. 항상 곧이곧대로 행동하며, 대의나 명분에 맞지 않으면 직언을 서슴지 않는 경향이 있다.
- 입바른 소리를 잘해서 시시비비를 가리는 것을 좋아하므로 구설, 시비가 따르기 쉽고, 사소한 문제로 다투더라도 지기 싫어한다.
- 생각대로 일이 진행되지 않으면 화를 내거나 상대와 다투는 다혈질 기질이 있다.

⑧ 허영심과 낭비가 있다

- 체면을 중시하고 뽐내기와 허풍 떨기를 좋아하고 과장되며 큰소리치기를 잘한다.
- 화려하게 예술적인 아름다움이나 감동 등을 음미하고 즐김을 누리는 것을 좋아한다.

3) 천동성

[1] 신화

은나라 조공을 바치는 사로(四路) 대제후의 한 명으로 문왕은 서백후 희창이며, 文에 능한 왕이었지, 武에 능한 왕은 아니었다. 그래서 <u>천동은 문인(文人)이 그렇듯 부드럽고 원만하며 온순한 별이다.</u> 문왕에게는 아들이 많이 있는데, 백읍고는 장남이고, 무왕은 차남이다. 자녀가

많은 것으로도 천동은 **자녀와 가정을 중시**하는 성임을 알 수 있다. 문왕은 역(易)과 점복(占ト)에 능통하였고 농업사회 생활의 기반으로 문화가 번성하며 안정화를 이루었다. 문왕은 은나라 왕조와의 사이에 시종 **평화주의적 태도**를 지녔으며, 우와 예 등 두 나라의 분쟁을 중재하여 주면서 더욱 제후들의 신뢰를 얻어 천하 제후의 3분의 2가 모두 그를 따르게 되었다.

달기는 자신의 악행이 퍼져 나가서 제후들의 반감을 사는 것을 두려워하여 사로의 대제후를 제거하려는 계략을 만들어서, 4인의 제후를 궁으로 불러들였다. 그중 한 명의 제후만 죽임을 당하고 살아남은 세 명의 제후 중에 **문왕만 은나라에 여러 해 잡혀 있게 되었는데, 조용히 인내하며 참고 지냈다.** 잡혀 지낸 지 7년 만에 백읍고가 아버지 문왕을 구하겠다고 은나라로 왔다가 달기와 주왕에게 죽임을 당하여 고기만두로 만들어졌는데, 그 만두를 먹은 문왕은 비간과 강태공의 계책으로 주왕의 손아귀에서 벗어나 귀향길에 초원에서 먹은 만두를 토해 냈다. 그 후에 차남 무왕과 인재를 모으고 아들을 죽인 원수를 갚기 위해 절치부심하기는 했지만, **목표를 달성하지 못하고 병사(病死)하였다.** 그래서 천동은 시작은 있으나 끝이 없는 용두사미의 속성이 있다. 그러나 **차남 무왕이 주왕을 물리칠 수 있었던 것은 부친 문왕이 선발했던 군사, 장군, 충신, 모사들 덕분이었다.** 이것으로 미루어 천동은 인간관계를 조화롭게 이루어 나갈 수 있음을 알 수 있다. 사후에 태백금성은 문왕의 영혼을 천동성에 영주시키고 '융화'를 관장하게 하였다.

[2] 천동성 특성

① 복락(福樂)과 정신향수를 누린다

- 천동은 복의 별로 복덕궁의 주인이며, '조절 별(regulator star)'로 희로애락의 감정을 조절하고, 생명을 연장하고, 불행을 억제하는 힘을 가진 길한 별이다.
- 복은 술을 가득 부어 놓고 제사를 지내 복을 받는다는 의미가 있다. 수고로움을 통해 농사를 지었지만, 비바람과 같은 자연재해로 순식간에 망가지기도 하니, 먹고살게 해달라고 토지신에게 비는 것을 의미하기도 한다. 그러나 천동의 복은 농작물을 물질적으로 풍성하게 거두는 데 초점이 되는 것이 아니라, 수확 후 편하게 먹고 쓰는 데 있다.
- 여유와 생활의 멋을 즐긴다. 물질적인 것보다 정신향수를 더 높게 여겨서 오락과 소비를 좋아하여 취미나 쇼핑으로 돈 쓰는 것을 좋아한다.

- 천동성은 복을 누리는 별로서, 여명이면 명궁이나 복덕궁에 앉는 것을 반기지만, 남명은 오히려 야심과 포부가 부족할 수 있다.

② 함께 모여서 먹고 마시기를 즐긴다

- 천동의 同이 '무리, 함께 동'인 것처럼 혼자가 아닌 여럿이 함께함을 의미하니 여럿이 모인 자리에는 음식과 놀이가 있기 마련이다. 배불리 먹고 마시며 즐기다 보면 모든 걸 좋게 여기며 넘어가려는 마음이 생긴다. 이러한 분위기 속에서 어떤 이와도 즐거운 마음으로 대하는 친화력이 생기고, 정서적으로 온화해진다.
- 편안한 삶을 추구하는 타입으로 노력에 비해 쉽게 돈을 버는 것을 추구한다.
- 사람들과 어울리는 야외활동, 클럽, 동호회 활동을 좋아하고, 가교 역할로 교제 주선이나 소개, 협업, 인수합병이나 네트워킹 관련 분야에서 일하는 경우가 많다.
- 천동은 탐랑과 육합하며 교합(交合)이라 한다. 향락과 연분을 중시하는 성들로 탐랑은 자신의 쾌락이 먼저라면 천동은 주변 사람과 함께하는 즐거움이다.

③ 어린아이처럼 천진난만하고 순진하다

- 인생에서 놀고먹으며 가장 안일한 시기를 보내는 때는 어린아이 시기이다. 그래서 천동이 좌명한 사람은 천진난만한 어린애로 비유된다. 단순하고 순진한 면이 있어 자기 몸 편하고 배부르고, 노랫소리에 일어나서 덩실덩실 춤을 추며 행복감을 느끼면 만족하는 타입이다.
- 대인관계에서 조화와 평화를 추구하니 무리하게 일을 추진하지 않으며 자신의 주장을 상대에게 강요하지 않으며, 타인과 불협화음을 일으키지 않는다.
- 아이처럼 사람을 쉽게 믿으므로 귀인의 도움이 따르는 것 못지않게 속거나 배신당함을 겪을 수 있다.

④ 문예를 좋아하고, 분위기 메이커 역할을 한다

- 문예를 좋아하고, 글이나 그림에 능하며, 수집하는 기호가 있다. 총명하고, 본능적인 반응이 빠르다.
- 천동 명궁자는 많이 배우고 재능이 많아도 스스로 만족하는 지점에 이르면 더는 깊이 연구

하지 않는다.

- 모임에서 평화적인 분위기 만드는 역할을 잘하며, 오지랖이 넓어서 잘 베풀며, 주변에 일이 발생하면 참견하기를 좋아하며, 거절을 잘하지 못하고, 우유부단하다.

⑤ 인간 본성의 '식욕과 성욕, 가정과 자녀'를 주관한다

- 인간의 본능 중에서 식욕과 성욕이 있다. 그 본능을 천동이 주관한다. 여기에서 성욕은 자녀 출산과 관련이 있는 인간 본성이다. 결혼과 임신 출산은 지극히 당연한 인간 본능이며 천동은 가정과 자녀를 중시하는 가정적인 별이다.

⑥ 신앙심이 있으며 신기(神氣)나 영(靈)이 발달하였다

- 천동은 신앙심이 깊으며 신기나 영혼을 믿기에 전형적인 토속신앙을 믿던 시대의 풍습을 즐겨 제사를 지내 화를 없애고 복을 달라 빌며 가정의 번영과 행복을 바라는 인간의 삶을 영위한다.

⑦ 투지력이 약하고, 게으르며, 용두사미형이다

- 천동은 안일해질 수 있는 시기에는 안일함을 추구해 버린다. 오히려 천진하여 두려움을 모르는 아이처럼 악살을 두려워하지 않는 면이 있어 마냥 배부르게 먹고 즐기려는 천동에게 살이란 격발이나 자극제가 된다. 살성의 충은 게으르고, 수동적인 성격에서 벗어나게 하는 동기를 부여할 것이다.
- 상상력이 풍부하고, 계획은 크지만, 의지력과 투지력, 실천력은 약하여 용두사미의 성격이 많다. 투쟁을 싫어해서 어떤 상황에서든 분투하려는 마음을 갖지 않으며, 잔치 분위기를 깨는 다툼이나 긴장, 경쟁 등을 싫어한다.
- 자신감이 부족하고, 중도 포기를 잘한다.
- 천동성의 안락함을 추구하는 성향으로 인해 노동을 해야 하는 환경에 처하면 자신의 생활이 남들보다 두 배로 고생스럽다고 느낀다. 그래서 일찌감치 고생한 천동은 만년에는 복이 있고 일찍이 안일한 천동은 만년이 되면 곱절로 고생하는 대가를 치른다. 천동이 성공했다는 것은 안일함을 깨고 나와 자수성가를 통해 이루었을 때이다.

⑧ 전화위복의 해액성이다

• 감수성이 풍부하여 외부환경 변화에 따라 정서상에 고독감, 공허감이 생기기 쉬우므로, 따라서 감정 상태가 험난함이나 불순함을 만나면 분란이 발생하기 쉽다. 이로 인해 한차례의 좌절을 경험한 후에 안정과 편안함을 얻는다. 어렵고 힘든 상황에서도 시기적절하게 누군가 나타나 어려움을 해결해 준다.

(3) 수성파

수성파에는 천부와 천상이 있으며, 이 두 성은 지키는 것에 능한 수성의 별들로 안정을 주관한다. 인류에 필요한 가화만사성과 의식주를 관장하는 파이다. 신화에서 천부는 물산이 풍부한 지역에서 태어난 여식으로 주나라 황후로 간택을 받은 사람이었고, 천상은 대대로 태사문중의 사람으로 부모의 유업에 따라 부모가 이룬 과업을 자기 대에서도 죽을 때까지 지킨 사람이다. 개창파를 상대하는데 외부의 큰 변화에도 흔들림 없이 인생을 지킨 별들로 보수적이고 강단 있음을 나타낸다.

수성파를 성벽이나 방탄유리로 비유해 보면, 일생 수성파가 막아 내는 것은 살기운(개창파)인데, 여기에 살기형이 더 들어온다는 것은 방탄유리에 흠이 있는 것 같은 현상이다. 외부 충격이 없으면 굳건한 성벽처럼 보이나 충격이 발생하면 그 흠으로 인해서 금이 가고 부서지게 되는 것처럼 관재구설, 사고, 상해, 사망 등의 일이 발생한다.

수성파 핵심 요약표

주성	오행	신화	관장	주관	특징
천부	양토	강황후	財庫	재능, 자비, 의식주	守成, 보수, 온화, 중립, 생육, 부동산
천상	양수	문태사	도장 (印)	관록, 자비	전권위임, 위탁, 충심, 수동적, 의존적

1] 천부성

[1] 신화

강황후는 은나라 주왕의 부인으로 매우 <u>현숙한 여성</u>이며 주왕의 재위 초기에 주왕을 도와 선정을 베푸는 데 황후 역할을 훌륭히 하였다. 강황후는 동백후 강환초의 여식으로 세력이 있는 명문가였으며, <u>고향은 물산(物産)이 풍부한 지역으로 결혼 후, 그것들을 궁으로 가지고 와서 베풀었으며, 자비로움으로 사람을 대했다.</u>

강황후는 자식에게 <u>따뜻한 모성애</u>를 가진 현모였고, 후궁들을 어질고 공정한 태도로 대했다. 주왕이 처음에는 선정을 베풀다가 나중에는 달기에게 빠져 정사(政事)를 그르치니, 강황후는 달기의 질투로 인한 음모에 의해서 황후 권력도 잃고, 남편도 잃게 되었다. 달기가 자식마저 해하려 하자 자식을 구하고자 자처하여 고문, 살해당하게 되었으며, 그녀의 부친 역시 주왕에게 살해를 당하였다. 사후에 태백금성이 강황후를 천부성에 영주시키어 '재고·자비·의식주'를 관장하게 하였다.

[2] 천부성 특성
① 금고지기로 관리형 지도자이다

- 천부는 재물을 관리하고 운영, 유지하는 성으로 천부 자체가 돈을 버는 성은 아니다. 그래서 천부성을 재고(財庫)라고 하는 것이다. 금고 지킴이이니 녹존을 좋아하고, 공겁을 꺼린다. 공겁을 보면 빈 창고라는 의미가 되어 재정적인 곤란에 직면하게 된다.
- 자미는 앞에서 이끌고, 천부는 뒤에서 관리한다. 천부는 수성으로 관리 능력이 뛰어나며, 유연하여 업무보다는 처세를 잘한다.
- 금전 관리를 잘하여 금전의 운용·관리, 회계·세무, 재테크 분야에서 재능을 발휘한다. 여러 가지 사무를 잘 다루는 능력이 있으며, 기획력과 재무적인 측면의 일처리가 능한 관리형 지도자로 공직이나 기업 관리자로 능력을 발휘한다.

② 권령을 주관하는 별이다

- 북두성의 제왕성인 자미성과 마찬가지로 천부도 남두성의 우두머리로 권령(權令)을 주관하는 별이나, 자미가 행동성(星)인 무곡과 염정을 삼방에서 보므로 창업형 CEO가 될 수 있지만, 천부는 '위탁의 성'인 천상과 조합이 되므로 오히려 맡은 일의 유지에 이롭고, 금고 지킴이로 지키는 것을 잘하니 현 상황에서의 유지나 발전을 도모하는 타입이다.
- 사람됨이 침착하고, 명예와 이익을 중시하는 편이며, 주변 환경에 쉽게 흔들리지 않고, 자신을 고결한 인격자라고 여기며 스스로 만족하는 삶을 산다.

③ 생육(生育)의 성이며 의식주를 주관한다

- 자식을 키우는 모성애가 있는 사람이다. 천부는 선량한 별로서 심성이 온화하고 총명하여 자녀 양육을 잘한다.
- 어머니가 '내조와 의식주'를 관장하듯이, 남편에게 내조를 잘하며, 일생 의복과 음식이 풍성하다. 집은 내 몸을 담고 있는 공간이다. 천부는 자신만의 공간을 확보하려는 의식이 강하다. 즉 토지나 부동산과 관련이 있게 된다.
- 천부는 오행이 토며 생육을 주관하니 논밭과 관련이 있어 농업, 축산업과 인연이 있다.
- 재부의 특성에는 문화, 예술에 대한 관심이 포함되듯이 천부 역시 문예의 재능이 있다.

④ 자비와 포용력이 있다

- 긍정적이며 말과 행동이 부드럽다. 사상이 치우치지 않고, 상대방을 배려할 줄 알고 화합한다. 작은 일에도 세심한 주의를 기울이며 조심스럽고 체계적으로 문제에 접근한다. 포용력이 있어 오랜 인연과 관련이 많아 오랜 친구, 동창, 동료가 많다.
- 모험보다 예측 가능한 일을 좋아하며 맡은 일에 책임을 다하며, 근면 성실하다. 끈기를 갖고 꾸준한 노력을 통해 목표를 성취한다.
- 천부는 태양과 육합하므로 태양의 덕정에는 천부의 힘이 크며 이 둘의 합을 덕합이라고 부른다. 태양궁이 살기형으로 흉화되면 천부가 그로 인한 피해를 입을 수 있고, 천부궁에 살기형이 강하면 태양의 인생은 고생이 더하다.

⑤ 화과와 해액 작용이 있다

- 천부가 명궁에 있으면 장수를 상징하고 해액을 해 주는 성이 된다. 천부성 자체를 화과성(化科星)으로 보며 명예를 주관한다.
- 재물성은 보수적인 특성이 있는데 천부 역시 보수적이다. 전통이나 기존의 상황의 틀을 잘 유지하고, 갈등이나 대립보다는 조화와 화합을 중시한다. 인간관계에 갈등이 생기면 중간의 입장에 서서 훌륭하게 중재자 역할을 한다.

⑥ 부처궁 파군으로 배우자 인연이 불안하다

- 부처궁에 반드시 파군이 좌하는데, 본인은 수성파인데 파군은 개창파로 파손을 주관하니 배우자가 생긴 후 인생의 파동이 배우자로 인해 올 수 있다. 특히 살성이 동회하면 배우자로 인한 가정사의 파란이 발생하게 된다.

⑦ 안정추구형, 결단력이 부족하다

- 박력과 패기가 부족해 새로운 기회가 와도 신중하게 따지느라 기회를 놓친다. 그래서 비약적인 발전이나 성장이 어렵다. 그러나 안정된 삶을 희구하는 사람에게 천부대한이 길화되어 안정적이면 10년간 무탈하게 지내게 된다.
- 천이궁에 항상 칠살이 좌하므로 세상살이가 겉으로는 평온하고 무탈하여 보여도, 그 속에는 많은 위험이 도사리고 있다고 생각하여 항상 유비무환의 정신으로 신중하게 처신한다. 최악의 상황을 사전에 방지하려는 마음이 강해서 판에 박힌 보수적이고 안정적인 일상을 고수한다.

2] 천상성

[1] 신화

문태사는 선대 '제을' 때부터 충신인 태사문중(太師聞仲)이다. 태사는 임금의 고문을 맡은 정일품 벼슬로 원로대신에게 주는 명예직이었다. **주왕의 충신으로 문무(文武)와 술수를 겸비하여 군사력도 장악하여 대원수까지 겸임했다.** 주왕이 주색에 빠져 정사를 안 돌보고 간신을 가까이하여 **나라가 망해 갈 때도 끝까지 은나라를 지키며 주왕에게 충성한 한결같은 사람이었다.** 선대부터 충신이었고, 뛰어난 무예로 은나라 국경을 지켰고, 궁에서도 왕도 함부로 할 수 없는 올곧은 실권자로 조정을 장악하고 있어서 주왕과 달기의 횡포는 문태사가 궁 안에 있을 때와 없을 때가 달랐다고 할 정도로 **주왕과 달기가 함부로 하지 못하는 사람**이었다. 은나라와 주나라의 대전투에서 무왕을 막기 위하여 전력투구하나 다섯 번째 전투에서 패하고 전사하였으며, 사후에 태백금성이 문태사의 영혼을 천상성에 영주시켜서 '충성과 돈후(敦厚)'를 관장하게 하였다.

모시는 왕이 성군이었을 때나 폭군이었을 때나 한결같은 충성심을 보였다는 것만 보아도 왕이 옥새를 맡길 만한 인물이다. **천상은 인성(印星)의 별로 옥새를 맡아 결재하는 역할을 하는 성이다.** 그만큼 윗사람의 신임이 두텁고, 그 신임으로 전권을 위임받을 수 있는 자리에 있게 된다. 또 다른 충신 비간과 서로 비슷한 점이 많다. 다만 비간의 성격이 문태사보다 훨씬 직선적이고 불같은 측면이 강하여 직언을 하는 타입이라면, 문태사는 그렇지 못하다는 차이가 있을 뿐이지 공의나 대의명분을 위해 충성을 다하고 목숨을 버리는 면은 비슷하다.

[2] 천상성 특성
① 변함없는 한결같은 충성심이 있다

- 천상은 자애를 대표하며, 자신의 욕심보다는 자신이 믿고 따르는 사람이나 나라를 위해 변함없이 충성한다.
- 천상은 항상심(恒常心)이 있어 자기가 선택하거나 하는 일을 꾸준히 밀고 나가는 경향이 많다. 그래서 천상 명궁자는 일생 동안 한 가지 일에 종사한다거나 같은 계통의 일을 하는 경우가 많고, 책임감도 매우 강하며, 개성이 중후하며 차분하다.
- 충성하므로 규율을 지키며, 처세가 공정하고 의리파이며, 보수적이어서 함부로 원래의 태도와 방법을 바꾸지 않는다.
- 직업을 잘 유지하나 창업이나 돌파에는 적합하지 않다. 평온한 일생을 살고자 하며, 중병에 걸리지 않는 한 가업을 쉽게 후대에 승계하지 않는다.
- 자신이 좋아하는 사람을 스타처럼 떠받드는 사람으로 '덕후 기질'이 있다. 한번 동화되면

변할 줄을 몰라서 속임수나 세뇌를 잘 당해 그가 사기를 쳐도 당할 수밖에 없는 처지에 빠진다. 그래서 천상 대한에 잘못된 길로 들어서면 10년간 인생무상의 세월이 된다. 좋은 경우는 10년간 한결같은 편안한 인생을 사는 세월이 된다.

② 천상은 위탁 받는 성이다

- 도장이란 신용을 상징하므로 천상은 '신용과 믿음'으로 인정받는다. 천상은 주군의 보좌로서 관리와 행정 능력을 인정받아 전권을 위임받는 자리에 놓이므로 도장을 맡아 대신 찍거나, 관리하는 위치에 있게 되지 자신이 주인이 되지는 않는다. 현대에는 비서나 보좌관에 적합하다.

- 천상은 주견이 없는 무색무취로 자신이 쓰임을 받은 자리로 인해서 길흉이 달라진다. 항상 부모궁과 형제궁에 어둠과 천량과 거문의 협을 받으므로 이 궁들이 길화되어 있으면 성군을 도와 훌륭한 막료 인재로 전권을 쥐고 있는 상이고, 살기형으로 흉화되어 있으면 폭군을 보좌하여 악을 더욱 악하게 하는 상이다.

- 위탁 대행업무와 같은 일이나 시설물, 물건, 작품을 관리하고 보관하는 업무와 연관이 있다.

③ 인내심이 강한 호감형의 사람이다

- 자상한 호감형의 사람으로 신중하며 기교를 부리는 것을 좋아하지 않는 사람이다.
- 순박하며 참을성과 인내심이 강하며 완고한 성격이다.
- 천상은 인연의 별로 부모, 형제, 동창, 친구 등 가까운 사람들과 인연이 많이 발생한다. 의존성인 어둠과 천량과 거문의 영향으로 인해 다른 사람의 일에 간여하게 되는 인생이라 도움이나 요청을 뿌리치지 못하며, 평생토록 친구나 동료들을 챙기기에 바쁜 경우가 많다. 그래서 천량궁과 거문궁에 길성이 좌하면 음덕이 강해지고, 살기형이 좌하면 형극과 고생이 일어난다.

④ 의존형이면서 배후의 조정자이다

- 천상은 애착을 통해서 심리적 만족을 얻기 때문에 자신의 불편함이나 고생은 기꺼이 감수한다.

- 참모로서 믿고 따르는 이에게 복종하여 '그 상대와 자신을 일심동체'로 여기며 '그의 신분이나 역할'에 참여하여 살아간다.
- 전권을 위임받아 행동한다는 것은 그만큼의 신뢰를 받고 있다는 것이나, 반대로 생각하면 주군이 자신의 말만 믿게 되므로 '배후의 조정자' 역할을 하고 있다는 것이다.

⑤ 개창보다 재부와 안정을 추구하며 의식주를 주관한다
- 천상은 귀(貴), 천부는 부(富)를 주관하며, 천상은 재백궁 천부와 함께 의식주을 관장하는 성으로 의복의 풍요로움과 풍성한 곡식 창고와 생활의 질을 높여 주는 편리한 주거환경을 선호한다. 안정된 환경하에서 천상은 호화로운 생활과 허영을 중시하는 편이다.

⑥ 동정심과 정의감이 강하다
- 대인관계에서 정의감이 있고 동정심이 많으며 중립적인 태도와 공정함을 추구하지만, 주변의 영향을 받는 피동적인 특성으로 때로는 마음이 내키지 않으면서도 분위기나 조건 또는 환경에 휩쓸려 낭패를 보는 경우가 많다.

⑦ 중복, 겸업, 쌍, 동업의 의미가 있다
- 천상은 동료애나 우정, 신의로 인해 동업 제안을 많이 받고, 실제로 동업하는 경우가 많다. 또한 쌍(雙), 중복의 의미가 있다.

(4) 개창파

개창파에는 칠살을 필두로 파군과 탐랑이 있다. 개창파는 존귀파처럼 삼합 관계가 형성된 파이다. 존귀파는 자미를 대장으로 존귀와 재부를 위한 인생 사이클을 만들어 간다면, 개창파는 도전과 모험 정신을 통해 인생의 변화를 만들어 간다. 추진력이 있으며, 독자적인 행동을 추구한다. 칠살은 전쟁터 장수처럼 칼을 쥔 성으로 살기운이 있는데 파군과 탐랑 역시 파모와 욕망이라는 살기운을 가지고 있다. 이 살기운이 개혁을 일으키는 힘이 된다. 과거에 얽매이지 않으며 새로움을 추구하는 힘이 개창파에 있다.

칠살이 격변을 통해 변화하는 성이라면, 파군은 밝음파 천기와 육합하므로 모험을 좋아하는 천기와 함께 기존 것을 소모시키고 새로움을 추구하고, 탐랑은 밝음파 천동과 육합하여 교류와 융화로 뿌리를 내리게 한다. 살기운에 살기형이 더해지면 개창은 무의미한 결과를 낳는다.

개창파 핵심 요약표

주성	오행	신화	관장	주관	특징
칠살	음금	황장군	權·殺	生死, 功&業 (성패)	격렬, 도전, 격변, 재능, 위엄
파군	음수	주왕	소모	파손, 夫·子·奴	파구창신, 변질, 혁신, 호색
탐랑	양목	달기	도화	禍福, 욕망, 물질	변신, 사교성, 예술성, 신비감, 탈속적, 음양오술

1] 칠살성

[1] 신화

7대에 거쳐 은나라를 섬겨 온 명문가 황씨 가문의 맏아들로 황비호 혹은 무성왕으로 불린다. 백전노장의 장군 황곤을 아버지로 두었으며, **집안 대대로 은나라 주왕을 모시며 충성심을 다한 전쟁터에 나가 싸우는 용감한 장수였다.** 황비호는 장수로서 임무를 성실히 수행하여 최고의 장수로서의 업적과 공훈이 있었다. 자신의 임무가 힘들어도 충성을 다하는 충신이었다. 황장군에게는 가부인이라는 아름다운 부인이 있었는데 가부인의 미모를 시기하는 달기의 음모로 주왕의 색욕에 의해 겁탈당할 처지에 처하자 뛰어내려 자살을 하고, 주왕의 후궁인 여동생 황귀비마저 주왕에게 살해를 당하자 분노하여 복수를 위해 가족과 부하를 이끌고 주나라로 귀순하였다. 귀순 후 은나라 때와 똑같은 무성왕의 직위를 받았으며 은나라 주왕을 멸하기로 맹세하였고, 그는 **창술의 달인**으로 은나라를 공격하여 매번 이겼으나 마지막 전투에서 장렬하게 전사하였다. **주나라는 신흥국가이기 때문에 개국무성왕이라고도 불리운다.** 사후에 태백금성이 무성왕의 영혼을 칠살성에 영주시키고 '생사'를 관장하게 하였다.

황비호(黃飛虎)라는 이름을 보면 호랑이가 가지고 있는 무섭고 용맹한 이미지에 속도감까지 붙어 있는데, 이 이름을 통해 칠살의 용감하고 저돌적이며 **속전속결하는 시원시원한 면모**를 엿볼 수 있다. 황장군은 폭군일지라도 끝까지 충성하는 문태사와 같은 타입은 아니고 **자신이 믿는 신념에 의해서 움직이는 사람**이었다. 자기감정을 숨기지 않고 드러내는 **직선적인 성격** 이며, 자신이 모시는 왕의 의롭지 못한 행동에 동조하지 않고 자신의 소신대로 움직이던 장수 였다. 한 나라의 장수가 적에게 투항하여 자기편을 공격하게 된 것은 이유가 어떻든 엄청난 격변과 전환이라고 할 수 있는데, **칠살은 신념에 위배되는 노기충천할 만한 일을 겪게 되며 반역적인 성향이 나타나면서 거대한 변화를 하게 된다.** 황비호 장군은 아내 가부인을 사랑했 으니, 칠살이 좌명한 남자는 태음이 좌명한 여자에게 목숨을 바칠 뿐만 아니라, 여자 때문에 인생관이나 가치관이 바뀔 수 있음을 암시하고 있다.

[2] 칠살성 특성
① 카리스마가 있고 실천력 강한 장수이다
- 카리스마가 있고 실천력, 행동력, 추진력이 뛰어나다. 깊은 생각과 정확한 판단력이 있으 며, 정의감이 있고, 이지적이고 승부욕이 많다. 솔직담백하고 언사가 예리하다.
- 전쟁터 장수의 성향으로 용맹하고 위세가 당당하여 사람의 복종을 유발한다. 통치를 잘하 면 위대한 지도자로 추앙을 받을 수 있지만, 반대로 독재자가 되면 많은 이들을 고통받게 할 수 있다.

② 자신의 신념에 따라 움직이며, 반역적이고 격렬하다
- 칠살은 살·파·랑의 핵심으로 변화를 주도하며 반역 정신이 있다.
- 자신이 옳다고 여기는 가치관과 신념에 의해서 움직이니 이에 반하는 명령에 대해서는 따 르지 않으므로 반역적이고 격렬하며 극단적이며 간섭받는 것을 싫어한다.
- 칠살은 목표를 향한 집념이 강하고 일의 성패에 대한 확신을 위한 다각도의 분석 평가를

한 후에 저돌적으로 추진하는 타입이라 진행 과정에서 성과를 보지 못한다고 확신이 서면 빨리 포기해 버리고, 아니면 성과를 볼 때까지 죽기 살기로 덤벼든다.

- 자기관리가 철저하다. 항상 자기를 검토하고, 보호 본능이 강해 자기 소유의 재산과 투자 관리에 대해 아주 철저하게 관리한다.
- 총명하고 재능이 있으며, 무사(武士)의 기질답게 강경한 모습이 있고, 성격이 급하며, 희로(喜怒)를 밖으로 잘 드러내고, 지기 싫어하는 기질이다.

③ 생사와 권력을 상징한다

- 칠살성 자체를 화권성으로 보아 생사와 관련된 의료, 법, 금융, 군경 등에서 파워를 발휘한다. 칠살은 살기운이 강하기에 나쁘게 발현이 되면 생리사별, 형벌, 소송, 수술, 사고를 당한다.
- 칠살 입명자는 일생을 전쟁으로 여기며 사는 셈이니 생사, 공포가 따라붙으며 어두운 면에 대한 직감적인 판단력이 강하게 되므로 신기(神奇)가 발달한다.
- 칠살성이 명궁에 들어가면, 어린 시절에는 평탄하지 못하고, 힘들게 고생하거나, 건강의 부담을 받기도 한다. 칠살운에서 오면 업적을 세우기 위해 고군분투하거나, 괴로움과 고통을 참아야 하는 일이 생기며, 생사와 관련 있게 된다.

④ 공과 업, 능력을 주관한다

- 칠살은 공(功)과 업(業)을 중시하여 자신이 무엇을 하고자 하며, 하는 일을 우선시하는 경향이 강하다. 일에 대해 정확성과 완성도를 중시하며 철저하게 맡은 일에 최선을 다한다.
- 성공의 핵심은 시장의 흐름을 민첩하게 파악하고, 과감하게 판단하고 행동하는 추진력에 있다. 실질적인 성공을 이루어 내며 타고난 재능보다 불굴의 노력으로 성공한다.
- 전술과 전략을 세우는 데 능하고, 목적의식을 가지고 목표를 향해 매진하며, 결정한 것을 독자적으로 행동한다.

⑤ 격변과 전환의 시기를 맞이하며 돌파력이 있다

- 동정(動靜)을 겸비한 성으로 조용히 지내다가도 어느 때가 되면 전환점을 맞이하게 되어

격변한다. 전쟁터를 누비던 장수의 성이었던 것처럼 환경에 변화가 많은 인생이라 낯선 환경에 대한 적응력이 뛰어나다.

- 현실에 안주하는 것을 싫어하며, 모험심이 강하고, 도전을 두려워하지 않는다. 한번 싫어진 일은 다시 하고 싶어 하지 않으며, 마음속 두려움을 극복하고 자신의 힘으로 새로운 일에 도전하는 것을 좋아한다.

- 어려운 환경에 직면하게 되면 돌파해 나가려는 투지력이 대단하다. 강인한 의지력으로 역경에 굴하지 않고 능히 극복해 나간다. 다시 일어서는 힘이 있어 오뚝이 인생과 같다. 강한 돌파력이 투기나 모험으로 이어질 수 있다.

⑥ 은원이 분명하고 육친무덕하다

- 자신이 직접 보고 겪은 일로 인한 은원(恩怨)이 발생하게 된다. 옳지 않다고 생각하는 것에 대한 단호함이 있고 인간관계에서도 싫고 좋음에 대해 분명하다.

- 인간관계에서 정을 주고받는 것보다 자신의 원하는 일을 하는 것을 선호하는 경향으로 인해서 싱글 라이프를 더 선호한다.

- 칠살의 살작용은 육친관계에서 무덕(無德)으로 나타난다. 명궁이나 부부궁에 칠살이 있으면 독수공방이나 부부 이별을 하기 쉽다. 자식궁에 있으면 자식이 없거나 고독하다.

- 칠살은 영원히 천부와 마주 대하니 강렬한 중에서도 감성(感性)이 있게 된다. 천부의 관대함에 감응하므로 이성적인 칠살이 감성에 이끌리는 셈이라 칠살 명궁자는 외강내유하여 겉으로는 결단력이 강해 보이지만 내심으로는 머뭇거리게 되는 것이다.

- 칠살 명궁자의 사랑은 강렬하다. 자신이 사랑하는 사람에게 모든 것을 다 주며 열정적으로 사랑을 하지만, 살기형이 동회하면 그 기간이 오래가지 못한다.

⑦ 금속이나 기계와 관련이 있다

- 오행이 금이라 칼, 기계, 중장비, 철물 등과 관련이 있다. 칼을 쓰는 직업군인, 의료, 요리, 군인, 경찰, 미용업 등이나, 기계를 사용하는 중공업 계통, 제철소, 공장, 건축 등 산업현장과 연관이 많다.

2] 파군성

[1] 신화

은나라 27대 천자 제을(帝乙)의 셋째 아들인 주왕(紂王)이 은나라의 28대 천자가 되었다. 당시의 은나라는 제후국을 통솔하는 위치에서 강력한 국가의 형태를 갖추고 있었고, 각 국가의 제후들은 조공을 천자에게 바치는 구조였다. **주왕 초기에는 성군으로** 왕후 강씨가 선정을 돕고 비간, 문태사 등의 충신들이 주왕을 보필하고 있었고, 가장 용맹한 장수 무성왕이 국방을 지키고 있어서 강력한 지도국가를 유지하고 있었다. 소제후들까지 은나라에 복종하며 거스르는 이가 없었다. 처음부터 폭군은 아니었던 것이다. 미남인 데다가 머리가 총명하였으며 말재주에 능하였고, 힘이 무척 장사였다고 한다. **자신의 명성이 천하의 누구보다도 더 높다고 생각하여 모든 사람을 자기 아래로 여겼다.**

제위 7년 차에 신당에서 신성을 모독하는 일을 저지르게 되면서 구천현녀의 벌을 받게 되었다. 주왕이 미녀를 취하지 못함을 한탄하자 간신 비중은 기주제후 소호의 딸 달기를 후궁으로 맞이할 것을 권하였고, **주왕은 달기를 만나면서부터 정사(政事)를 돌보지 않고** 달기가 원하는 건 뭐든지 들어주며 매일 파티를 열고 난교를 하며 주지육림을 만들어 노는 데만 정신이 팔렸고, 충신을 멀리하고 간신을 가까이하면서 마음에 들지 않는 신하나 백성들을 포락지형(달군 쇠로 지지는 형벌)이나 사형을 시키는 등 **점차 폭군으로 변해 갔다.** 백성들의 생활은 곤궁해지기 시작했으며, 횡폭함이 심해져서 나라를 망쳐 가더니 결국, 재위 33년 만에 **주나라 무왕에게 패하고 주왕은 궁궐에 불을 질러 애첩들과 함께 자살하였다.** 사후에 태백금성은 주왕의 영혼을 파군성에 영주시키고 '파모'를 관장하게 하였다.

[2] 파군성 특성
① **소모와 파괴를 주관한다**

- 소모(消耗), 마모(磨耗)에서 보듯이 부단히 소비되는 상태나, 있는 것을 깎아 내는 상태를 말한다. 다시 말하면 유(有)에서 무(無)로 진행이 된다. 권력이나 재산이 형성된 후에는 훼손, 파괴의 현상이 발생한다.

- 파괴적 현상이 살기형을 보면 인간관계에서는 배신, 반역, 보복하고, 파괴, 자살, 충돌, 추락 등의 사고가 발생하기 쉬우며, 변덕과 변태, 형극 등으로 나타난다.

② 파구창신(破舊昌新)하며, 축적을 못 한다

- 기존의 낡은 것을 깨뜨리고 새로운 것을 추구하는 타입으로 기존의 권위나 전통을 무시한다.
- 파구창신을 다시 풀어 보면 '기존에 입력된 것은 출력시키고, 다시 새로이 입력한다'는 것이므로 지식, 경험, 자금 등을 모아서 쌓아 두지를 못하고 새로운 지식, 경험, 자금을 만들려고 한다.

③ 개창과 투기와 모험을 좋아한다

- 새로운 일의 시작을 두려워하지 않으며, 오히려 새로운 도전 목표가 생기면 에너지 충전을 받는다. 열정을 통해 남들이 생각지도 못한 창의적인 아이디어로 부단한 개창과 발명, 개발, 특허 등으로 벤처사업을 이끌 수 있다.
- 남을 따라 하는 것을 싫어하여, 남과 다름을 추구하며 독창성이 강한 창작을 한다.
- 파군은 매우 강력한 성으로 파군의 왕성한 정력을 표출할 정당한 목적과 목표를 설정함이 필요하다. 그렇지 않으면 투기나 모험으로 패망에 이를 수 있다.

④ 성공, 출세와 권력 장악의 욕망이 있다

- 뛰어난 처세와 생존 본능이 강해 위기 상황에서도 용감하고, 혁신적인 리더십을 발휘한다.
- 이끄는 것을 좋아하고 호령하는 위치에 있고자 하는 타입이라 조직의 권력 구조를 파악하는 능력이 뛰어나며 실권을 장악하기 위해 노력하며 승부욕이 강하다.

⑤ 자기 신념에 가장 충실하다

- 자신의 이상과 원칙을 위해 행동하며 자신의 신념에 따라 움직인다. 고집이 세며 자기 과오를 인정하지 않고, 다른 사람의 의견을 받아들이지 않는다.
- 대인관계에서 자기 방식대로 사람을 대하기 때문에 상대방을 진심으로 헤아려서 한 처사가

아닌 경우가 많아 베푼 만큼 인정받기 힘들고 대인관계가 원만하지 못한 결과를 낳는다.

⑥ 설득력과 선동력이 탁월하다

- 행동적, 외향적, 쟁취적인 성이라 자신의 힘이 세상에 영향력을 미치기를 원하며 다른 사람들의 시선을 집중시키고, 선동하며, 끌어들이는 능력이 있다.
- 안하무인적 성향으로 오만함과 사악한 면이 있어서 자기와 직접적인 이해관계가 없는 경우에는 관대하고 이해심이 많으나, 자기 이익과 관련되면 이해타산적이 되어 위계를 따져서 자기편으로 여겨지면 잘해 주지만, 아닌 상대는 제압하려는 기질이 있다.

⑦ 먼저 고생을 한 후에 성공한다

- 독단적이라 패기를 갖고 일을 저질러 한순간에 크게 흥하기도 하고 일순간에 망하기도 한다. 실패하여도 불사신처럼 다시 일어나 성공을 얻기도 하니 주저앉아 있지 않는다.

⑧ 목적 달성 후에 변질이 된다

- 고상하고 올곧은 도덕적 가치관이 없는 성이면서 목표지향적이라 목표를 이루고 나면 변질이 되어 주색에 빠지거나 파멸로 갈 수 있다.
- 이성으로 인해서 호색해지며 모든 것을 잃을 수 있다.

3| 탐랑성

[1] 신화

중국 은나라의 주왕은 사냥을 나갔다가 돌아오는 길에 비를 만나게 되어 구천현녀에게 제사를 지내는 사당에 들렀다가 거기에서 무례한 행동을 하였고, 구천현녀가 하늘에서 이것을 보고 있었다. 선계에서 달기는 본래 꼬리가 아홉 개 달린 여우였다. 구천현녀는 주왕을 혼내 주기로 결심하고, 이 여우에게 은나라를 멸망시키라고 비밀지령을 내렸다. 그래서 여우가 선계에서 내려와 주왕을 홀릴 정도의 미녀로 변해서 주왕의 애첩이 되었다. 주왕을 파멸로 이끈 장본인으로 중국 역사상 음란하고 잔인한 대표적인 독부(毒婦)로 기록되었다.

달기는 아름답고 예술적인 것에 관심이 많았고, 가장 유능한 사교계 인물이었다. 탐랑은 질투심과 점유욕이 강해서 주왕의 본부인 강황후를 밀어내서 사망에 이르게 만들었으며, 백읍고의 거문고 소리를 듣고 아름다움에 취해 백읍고에게 다가갔지만, 자신을 멀리한 백읍고에 대한 미움으로 모함을 하여 죽임을 당하게 만들었으며, 자신의 미모에 견줄 만한 가부인에 대한 시기, 질투로 음모를 꾸며 추행당하게 하고 자살하게 하였으며, 주왕이 가혹한 형벌을 만들어 내도록 하여 충신들을 살해하고 무고한 사람을 가혹한 형벌을 내려 죽였으며, 충신 비간을 음모에 빠트려 살해당하게 하였다. 탐랑은 자신의 탐욕을 위해서는 수단과 방법을 가리지 않았고, 앞길에 방해되는 것에 보복심을 가지고 있었다. 주왕이 자신의 말만 듣게 만들고 폭정을 일삼게 하여 은나라를 피폐하게 만들어서 주왕이 무왕에게 패하고 자살을 하자 자신도 결국 주나라 무왕에게 죽임을 당하였다. 무왕은 달기의 목을 베어 깃발에 매달았다. 주왕은 결국 달기 때문에 죽고 달기도 주왕 때문에 죽고 말았다. 달기와 주왕의 관계는 창조적, 건설적인 관계와는 거리가 먼, 파괴적이고 자기 파멸로 가는 관계였다. 사후에 태백금성이 달기를 탐랑성에 영주시키고 '욕망'을 관장하게 하였다.

십사주성 중 유일하게 달기는 선계에서 내려온 사람이며, 본래 여우인 것처럼 신비한 부분이 존재한다. 그래서 탐랑은 신기한 것을 좋아하고 호기심이 많으며 신선술을 좋아한다. 도화적인 특성 이외에도 탈속적이고 정신적인 것을 추구하며, 정욕이나 애욕과 거리가 먼 성향을 보이며 음양오술, 역학, 종교 등에 관심을 가지는 경우가 많다.

[2] 탐랑성 특성
① 사교와 소통과 욕망의 성이다
- 사람들의 시선을 끄는 튀는 매력이 있고, 주변 사람을 접대하고 교류하는 것을 좋아하며, 사교·홍행 능력이 탁월하며 다른 사람들을 이해하고 공감하며 즐겁게 해 준다.
- 탐랑의 욕망은 삶을 생동감 있게 만들고 매사에 활발한 태도와 낙천성, 외향성을 보인다.
- 이기적인 경향이 있고 자기가 갖고 싶은 것이 있으면 어떻게든 가지며, 자신을 위해 비싼 것도 주저하지 않는다. 접대에 빠지지 않는 것이 음식이듯이 탐랑은 먹고 마시는 것을 좋아한다.

② 탈속적 성향으로 음양오술·신기·철리에 관심이 많다

- 탐랑성이 명궁에 들어가면 영감(靈感)이 있어서 신기(神氣), 선술(仙術), 종교·철학의 학문을 연구하는 것을 좋아한다.
- 탐랑이 탈속적 성향이 강하게 나타나도 다른 별들보다는 외향적 성향으로 인해서 은둔적 기질이 약하므로 탈속승의 이미지를 갖지 않는 경우가 많다. 그래서 탐랑성은 주로 도화적 탐랑으로만 인식된다. 그러나 탈속적 성향이 강한 탐랑에게는 겉모습과 다르게 방탕적 특성이 없는 경우가 있다.
- 탐랑운에서는 탐랑의 도화 속성이 강한지, 탈속적 성향이 강한지에 따라서 많은 차이가 나타날 수 있다.

③ 재주와 수완이 뛰어난 팔방미인격이다

- 끼와 재능이 탁월하며 예술 분야에 관심이 많다. 창의적이고 상상력이 뛰어나고 첨단 유행을 앞서 나간다.
- 총명하며 재주와 수완이 뛰어난 별로 경쟁의 상황이나 위기에서도 임기응변의 재치가 뛰어나 잘 극복하며 생존능력이 뛰어나다.
- 효율적으로 일처리를 잘한다. 모든 일에서 과거·현재·미래의 가치와 성패를 평가하고 검토할 줄 안다. 기회가 오면 부딪쳐서 경쟁하는 용기가 있고 모험을 두려워하지 않는다.

④ 활동으로 벌어들이는 쟁취재이다

- 무곡과 천부가 재성이라면 탐랑의 재는 활동으로 벌어들이고자 하는 쟁취재(爭取財)이다. 무곡의 재의 기능은 재백궁 염정의 가두는 기능으로 축적을 할 수 있고, 천부의 재는 고(庫)의 기능이 있어서 축적하고 유지할 수 있지만, 살파랑 성계는 변화의 궤도를 만들지 유지, 보관의 기능이 없어서 쟁취하여 재물을 득해도 소모되기 쉽다.

⑤ 즉흥적·충동적이며, 화복(禍福)을 주관한다

- 탐랑성은 염정성과 마찬가지로 쟁탐을 주관한다. 스스로가 질투의 화신이라고 말할 만큼 점유욕이 많아서 자신이 원하는 것을 얻기 위해 열정적이다. 충동적이고 외향적이라 할

일이나 목표가 생기면 활력이 넘치며 전력투구한다.

• 화복의 성향으로 인해서 어떤 때는 출세와 부귀영화를 누리기도 하고, 어떤 때는 인생살이가 실속 없이 겉만 화려하거나 파란이 많다.

⑥ 횡재수가 있어 한 방 승부가 발생한다

• 라이징 스타처럼, 복권 당첨처럼, 한 방 승부와 관련되어 투기, 도박 운이 강하며, 탐욕으로 인한 방탕한 일을 하기 쉽다.

• 육살성 중에서 화성과 영성은 분리(分離)와 불협화음을 자아내는 성질이 있는데, 유일하게 탐랑만이 화령을 만나면 사방에 이름을 떨친다. 한 방에 뜨게 된 가수나 배우처럼 혹 하고 일어나게 하는 에너지가 된다.

⑦ 정도화로 애욕과 육욕의 성이다

• 탐랑의 도화는 애정과 에로틱을 상징한다. 이성의 심리와 기호를 아주 잘 파악하며 자기가 어떻게 하면 매력적으로 보이는지를 잘 알아 상대를 유혹하는 것도 역시 탐랑의 장기 중 하나이다.

• 탐랑의 도화를 부추기는 홍란, 천희, 대모, 함지, 목욕, 천요가 있나 여부를 살펴서 판단해야 한다.

⑧ 편법을 써서라도 목적 달성을 하려고 한다

• 성취를 위한 과정에서 반듯한 기회만 있지 않은 게 세상살이다 보니 비윤리적인 행위나 방법을 동원하여야 할 때, 탐랑·파군·칠살·염정·무곡·거문은 성취를 위해 수행하는 수단과 방법에 차이만 있을 뿐이지 목적 달성을 위한 기발한 방법을 사용할 줄 안다.

(5) 어둠파

거문을 필두로 천량과 태음이 어둠파에 속한다. 어둠파는 대체로 자신을 드러내기보다 한 발자국 뒤에서 관찰하고 조심하며 안정을 취하려는 태도를 가지고 있다. 어둠파는 개창파와 수성파 사이에 좌하므로 인생에 파동을 만드는 개창파가 부모궁이나 형제궁에 있으니 가족 중에 변동이 많은 이가 있게 되나, 수성파 역시 부모궁이나 형제궁에 좌하므로 그 덕분에 안정적인 혜택도 얻게 된다. 의존심이 있으며, 신중하게 행동을 하며, 타인과 직접적으로 경쟁하는 것을 싫어하며, 남과 이익을 따지거나 다투는 것을 피하려고 한다.

어둠파 핵심 요약표

주성	오행	신화	관장	주관	특징
태음	음수	가부인	財	부동산, 결백, 여자	美, 예술, 의존심, 축적, 저장, 감춤
거문	음수	마천금	暗	시비, 의혹	흠, 생의 고통, 평가, 분석, 연구
천량	양토	이천왕	음덕	항상성, 지도자, 부모	해결사, 감찰, 의약, 전통 중시, 솟아날 구멍

1] 태음성

[1] 신화

가부인은 황비호 장군의 부인으로 가정을 잘 돌보며 살아갔으며, 젊고 아름다운 미인으로 유명하여 달기가 질투하였다. 그래서 가부인을 주왕의 연회에 초대해서 주왕이 추행하게끔 음모를 꾸몄고, 가부인은 그 음모로 인해서 술에 취한 주왕에게 겁탈을 당할 처지에 처하니 정조를 지키기 위해 가부인은 주왕을 피하다가 궁 밖으로 몸을 던져 죽었다. 사후에 태백금성은 가부인을 청결을 상징하는 태음성에 영주시키고 '청결과 재물'을 관장하게 하였다.

달은 인류에게 예술적인 영감과 낭만을 주고 온화함과 고향을 떠올리게 하는 어머니와 같은 존재이다. 그런 곳에 가부인이 머물렀다는 것은 태음은 심미적인 안목이 있고, 예술적인 것을 좋아하며 낭만적이며 모성애가 있음을 알 수 있다.

[2] 태음성 특성

① 재부와 부동산을 주관한다

- 태음은 재성이라 귀적인 것보다는 부를 더 추구한다.

- 태음은 장(藏)으로 축적이나 저장의 의미가 있다. 태음의 재물은 월급처럼 장기적으로 서서히 들어오며 모아지는 돈이다.

- 재성은 침착하고 심사숙고형이다. 안정감을 추구하므로 실현 가능한 목표라는 확신이 들기 전까지는 적극성이 부족하고, 나서기를 좋아하지 않고, 보수적이다. 결정을 내리기 전에는 꼼꼼히 살피고 저울질하여 승산이 있는 경우에 비로소 움직인다. 또한, 함부로 남을 위해 쓰지 않으며 자기의 행복을 위해서 쓴다.

- 태음이 재주를 발휘하는 데는 육합인 무곡을 살펴봐야 한다. 태음은 무곡과 같은 재성이나 무곡은 투기와 같이 큰 단위의 재물이며 태음은 꾸준한 월급과 같은 단위의 재물이다. 그래서 무곡보다 태음의 재성이 지속성이 강하다. 태음운에 발달하면 그다음 대한까지 발달하는 성질이 지속되고, 태음운이 좋았다면 다음 대한이 평범해도 큰 타격을 받지 않는다. 그러나 무곡은 태음과 달리 무곡운에 좋고 그다음 운에 살기형이 동회하면 그 발달이 지속하지 않아 타격이 있다.

② 달을 상징하고 여성을 대표한다

- 태음은 '달'로 월(月)이라 하고, 태양은 '해'로 일(日)이라 한다. 그래서 태양·태음을 합쳐서 '일월'이라고 한다.

- 태음은 여성으로 '모친, 부인, 여자아이'를 대표한다. 육친궁에 있을 때, 여성 육친과의 인연으로 나타난다. 부처궁 태음이면 배우자 이외에 시모나 장모로 인한 일들이 발생하기 쉽다. 자녀궁 태음이 길화되면 아들보다 딸이 더 잘되는 암시가 있다.

- 재물이 여자(모친·부인·딸 등)와 관련이 있다. 살기형의 영향을 받을 때는 여자로 인해 재물이 나가기도 하지만, 길화되면 여자로 인한 재물적 이득을 보게 된다.

- 남자가 태음 명궁자이면 여성스러운 행동거지가 있고, 시기심이 있고, 또한 여인을 가까이하여 일생 염문을 많이 뿌린다. 예술로 삶을 살아가거나 혹은 문화·교육·금융계에 종사하는 자가 많다. 모친이나 여자 형제 또는 이성과의 인연이 인생에 지대한 영향을 미친다.

- 달은 자전을 하면서 지구 주위를 약 한 달에 한 바퀴 도는 공전을 한다. 이처럼 역마성의 하나로서, 타향을 떠돌기 쉽고, 밖에 나가 삶을 도모하고 발전을 추구한다.

③ 심미적 예술성이 있다

- 예술 감각이나 미적 감각이 뛰어나며, 예술적인 아름다움이나 감동을 음미하며 즐긴다. 음악, 미술, 도예, 디자인, 패션, 설계, 미용 등에서 세련미와 독창적인 재능이 있다. 안정적 삶을 기반으로 문화·예술적인 삶을 추구한다.

④ 의존심이 강하다

- 달의 빛은 태양 빛을 반사하여 지구에 비추는 것이다. 이처럼 태양의 빛에 의해서 달이 빛이 나듯이 태음은 태양과 밀접한 관련을 맺고 있고, 태음은 스스로 빛을 내지 못하듯이 의존하며 살아가야 하는 성이다.
- 누군가에 기대어 살고 싶어 하는 생각을 항시 가지고 있다. 조금 곤란한 상황이 닥치면 누군가에게 의지하려고 하지, 스스로 해결하려는 생각이 부족하다.
- 자신의 매력을 어떻게 표현해야 하는지를 잘 알고 있으며 어둠파의 특성에 따라 자신을 드러내지 않고도 자신이 원하는 것을 얻는다.

⑤ 가정을 중시한다

- 가정이란 울타리는 가장 든든한 성벽과 같은 존재이므로 가족의 사랑만 있으면 두려울 게 없기에 그 속에서 편안하고 안락한 생활을 누리고자 한다. 그러나 이러한 가정이 없다면 오히려 역마 기질로 타향살이를 추구한다.

⑥ 낭만과 환상이 많고, 민감하며 까다롭다

- 태음은 총명 청수하고, 심정이 온화하나, 감정 방면에서 취약한 편이다. 내면의 감정을 감추는 성향으로 인해서 외면적으로는 안정되어 보이나, 내적으로는 감정 기복이 크며, 마음이 평정하지 못하는 면이 있다. 주변 환경에 대해서 아주 까다롭고 예민하며 결벽증이 있고, 보는 시각이 협소하다.

- 환상과 신비한 세계를 동경하고, 자기의 상상의 세계 안에 머무르려는 경향이 있다.
- 태음은 완벽주의를 추구하며, 청결을 대표하는 별이다. 대체로 보는 눈이 높고, 쓸데없는 생각이 많아 별일 아닌 일에도 걱정, 근심, 염려가 많다.

⑦ 드러나지 않게 행동한다

- 달의 빛은 어둠 속에서 빛나듯이 온라인상의 댓글과 같이 익명적으로 행동하거나 뒷담화를 하는 식으로 뒤에서 공격하는 특성이 있다.

⑧ 자살이나 낙상이나 추락사와 관련이 있다

- 태음궁에 살기형이 동회하면 나쁜 인연을 만나든가 자살이나 낙상 혹은 추락사를 당할 수 있다.

2| 거문성

[1] 신화

마천금은 강태공에게 시집온 후 남편 강태공이 가장으로서 역할을 다하지 않고 학문에만 관심을 두며 가정에 소홀하여 남편 대신 3남 1녀의 자녀를 키우기 위해 국수 장사를 하며 살아야 했다. 이러한 결혼생활로 인해서 남편과 사이가 좋지 못했다. 마천금의 눈에는 한량의 세월을 사는 남편이기에 남편의 행동을 못마땅해하며 간섭하고 의심하게 되었고, 남편이 시키는 일도 제대로 하지 못하면 화를 내고 다투고 되었다. 마천금의 이런 행동은 이웃 사람들에게도 '악처'로 알려질 만큼 시끄러웠고, 주변 사람들과도 트집과 마찰로 구설수가 발생하곤 하였다.

마천금은 강태공이 주나라 문왕을 만나기 전 생활고에 견디다 못해 강태공이 68세 되는 해에 이혼하여 곁을 떠났다. 강태공은 이혼 후 몹시 힘든 세월을 살다가 주나라 문왕을 만나 주나라의 군사를 맡게 되었으며, 무왕을 도와 은나라를 멸망시킨 주역이 되었다. 마천금은 강태공이 발탁되었다는 소식을 듣고 찾아갔지만, 강태공은 마천금을 보자 마천금 앞에 가서 주전자의 물을 땅에 부으며 마천금에게 다시 담으라고 했다. 마천금은 다시 주워 담을 수 없다는 현실을 깨닫게 되었고, 강태공은 두 사람의 관계는 끝난 사이임을 알렸다. 이 일화는 '엎질러진 물은 다시 담을 수 없다'는 강태공의 유명한 명언이 되었다. <u>마천금은 후회를 하며 스스로 목숨을 끊었다.</u> 사후에 태백금성이 그녀의 영혼을 천계로 불러들여 거문성에 영주하게 하고 '시비'를 관장하는 신으로 봉했다.

[2] 거문성 특성

① 어둠·혼란·암흑기를 상징하는 역경의 별이다

- 거문은 암(暗)을 관장하듯이 어둠의 속성이 있다. 암에는 시비, 구설뿐만 아니라 말할 수 없는 것, 음모, 의혹, 미스터리, 암중 진행되는 일이 있어서 명궁이 거문이 아니더라도 거문운에 입하게 되면 '남들에게 말할 수 없는 사정'이 생기기 쉽고, 남모르는 근심이 있다. 그래서 거문궁을 '인생의 고통점'이라 한다.
- 어둠의 속성으로 인해 야간 근무나 교대 근무로 인해 야간에 하는 일을 장기간 하면서 살기도 한다.
- 거문의 특성은 어떤 일이 갑자기 돌변하거나 이상하게 꼬여서 돌이킬 수 없는 사태를 야기하는 것으로 거문 운에서의 후회는 평생 가게 된다.
- 거문 운에 실의에 빠지면 자살을 생각한다.

② 다른 별을 어둡게 한다

- 거문 명궁자는 태어나면서 부모에게 '예쁨'을 받는다. 그래서 집안의 중심 역할을 한다. 누구보다도 자신이 더 빛나길 바라며 관심을 독차지하려 노력하니 다른 사람들은 어둠에 묻히게 되는 꼴이다.
- 거문 명궁자는 다른 사람의 긍정적인 부분이나 장점보다는 부정적인 면이나 단점을 보고, 상황을 있는 그대로 보지 않고 항상 의심하며 남의 말을 잘 믿지 않는다. 남의 일에 간섭하기를 좋아하며, 그냥 지나쳐도 되는 일을 따지려 든다. 내심으로 시기와 질투심이 많아서 남의 단점이나 문제점을 들추어 어둠 속에서 드러나지 못하게 한다.
- 이러한 거문의 어둠을 해소하기 위해서는 태양의 빛이 필요하다. 태양이 길화되어 밝으면

거문의 어두운 부분을 해소할 수 있기에 거문의 의심은 연구심이 되고, 시비, 구설의 성질은 약화되어 대중에게 올바른 정보와 교육을 주려 노력하는 등 긍정적으로 바뀌게 된다.

- 육친궁에 거문이 좌하면 그 궁의 육친과 연분이 박하다. 그 육친과 떨어져서 안 보며 살거나, 그 육친을 투명인간 취급하며 살거나, 말하기 싫은 사연이 있다.

③ 검사 · 분석 · 연구심이 있고, 가르치는 것에 소질이 있다

- 거문(巨門)는 문자 그대로 큰 문이다. 문이 있으므로 낯선 사람이나 도둑이 함부로 들어올 수 없고, 안전한 문 안에서 울타리 밖의 인간관계든, 일이든, 아니면 사물에 대해서 있는 그대로 보지 않고 비교해서 보는 습관이 있다. 있는 그대로를 보지 않음으로 인해서 집요하게 검사하고 따져 보고 확인하려고 하니 어떤 일이든 뿌리를 뽑으려는 연구심이 몸에 배게 된다.
- 두뇌 회전이 빠르고 다른 사람에 비해 관찰력이 뛰어나서 분석, 평가의 재능이 있다.
- 거문은 배우는 것을 좋아해서 격이 좋으면 타고난 이론가로 학자, 연구원, 교수 등이 되고, 격이 나쁘면 회의주의자, 불평분자, 염세주의자가 된다.

④ 言, 의사소통을 잘한다

- 거문은 입(口)이나 말(言)을 대표하는 별이다. 분석 능력이 탁월하니 사리판단이 좋고, 조리 있게 말을 잘한다. 설득력이 좋아서 중재자 역할을 잘한다.
- 말은 소통의 도구로 거문은 말주변이 좋으니 사람 사이를 잘 엮어 주고, 일과 일의 중간에서 소통 역할을 잘해서 쌍방에 이익이 되게 한다.
- 거문성은 역마성의 하나로 자립 독립하는 격으로 분주히 다니면서 고생하는 동태성(動態星)이다. 해외와 관련이 있는 성으로 해외 이주, 유학, 근무 등을 선호한다.

⑤ 위기에 강하고 자기 발전을 위해 노력한다

- 끊임없이 자기 발전을 위해 노력한다. 자기 계발을 위한 공부를 하든지, 자신의 기량을 쌓는데 더 많은 시간과 노력을 한다.
- 경쟁에서 지는 것을 싫어하고, 인생을 노력과 경쟁의 과정이라 생각하며, 난관을 만나게 되면 극복하고자 하는 결의와 함께 활기가 생긴다.

⑥ 구설, 시비와 의혹이 발생한다

- 정의감이 있으며 세상은 공평하고 정의로워야 한다고 생각하여 옳지 않다고 생각하는 일에는 끝까지 논쟁과 투쟁을 한다.
- 고대의 마을 공동체 생활 속에서 거문이 불협화음을 많이 냈기 때문에, 배척당하고 백안시 당하였을 테니 긍정적인 면보다는 부정적인 측면이 더욱 강조되는 성이다. 주변에 시비, 구설을 만들고 다니는 사람으로 묘사된 것처럼, 거문 운에는 나쁜 소문과 연관되어 퍼지는 면이 있다. 자신을 드러내지 않고 산다면 그런 면이 덜 부각이 되나 드러낸다면 구설, 시비를 당하게 된다.

⑦ 귀신·심령에 감응된다

- 어둠 특성으로 신(神)이나 귀신을 보거나, 심령(心靈)적인 것에 접촉하기 쉬워서, 거문 명 궁자 중에 무당이나 심령술사가 되는 이들이 있고, 거문 운에 이런 경험을 하는 경우들이 많다. 종교·철학, 정신 분야에 관심이 많다.

3] 천량성

[1] 신화

이천왕은 무왕의 충신이었다. 주나라는 은나라를 멸망시키고자 전투를 하였을 때, 이천왕은 참가한 전투마다 살아남은 사람이다. 은나라를 멸망시키고 주나라가 건국되는 것을 보았고, 전쟁을 마치고 오랫동안 살았던 인물이다. 이로 인해서 **이천왕은 전쟁에서도 죽지 않고 살아남아 결국 하늘의 부족한 천신을 보충하기 위해 살아 있는 채로 하늘로 올라갔다.** 그래서 천량은 '**오래 사는 별**'이고, 오래 산 사람은 노인이니 **노인성**이라고도 한다.

자미두수 신화 속의 인물 중 전쟁터에서 가장 오래 산 사람이 이천왕이며 전쟁을 수십 번이나 치렀다는 것만으로도 일생을 전쟁터에서 보낸 것이니 **일생이 험난함을 상징하는 별**이기도 하다. 죽지 않고 하늘로 올라갔다는 것에서 **일생토록 의지할 만한 대상의 보호나 혜택이 따랐다**는 것으로 '하늘이 무너져도 솟아날 구멍'이 있는 운명이다. 이러한 이천왕의 본질 때문에 천량은 <u>봉흉화길</u>의 의미를 담고 있는데, 달리 생각하면 천량이 화길로 화(化)하기 위해서는 수십 번의 싸움을 거쳐야 한다는 의미도 담겨 있다.

[2] 천량성 특성

① 음덕, 보호, 봉사, 자비의 성이다

- 천량의 음덕(蔭德)이란 '의지할 만한 누군가의 그늘에서 보호와 혜택을 받는 것'이다. 천량은 '덕분에 사는' 것이라는 의미로 모든 종류의 돌봄, 보호, 천우신조와 연관이 있다.
- 천량은 흉을 만나도 비호를 받을 수 있기에 봉흉화길의 성이라 한다.
- 자신을 보호해 줄 가문, 종교, 단체에 소속되어 활동하며 안전한 인생을 살려고 하니 복지 혜택, 보험과 관련이 있고, 자선단체나 비영리조직, 사회복지와 연관이 된다.
- 그늘 밑에서 살아가는 인생이라 독립적이지는 않다.

② 부모를 대표하며, 해결사 역할을 한다

- 천량성은 부모를 대표하는 성이다. 부모는 주변의 위험으로부터 가정을 돌보고 보호하고자 한다. 식구가 아프다면 간호를 하고, 자녀가 말썽을 피우면 원칙을 갖고 훈육해야 하는 것처럼, 천량성에는 돌봄에서 파생되는 의료, 감찰, 관리, 감독의 성향이 있다.
- 음덕에는 '조상의 덕'이 들어간다. 부모란 조상을 의미하므로 조상의 유업이 있다. 길하면 조상 덕에 직업적 안정을 쉽게 취하게 된다. 천량 명궁자는 부모와 가까이에 있는 사람으로 맏이와 같은 역할이지만, 자신이 무능하면 부모 덕에 사는 삶이 되기도 한다.
- 오래 산 노인처럼 신중하고 멀리 내다보는 안목이 있어서 사고력과 기획력이 풍부하며 책략을 세우는 데 능하다.
- 타인의 어려운 일을 해결해 주는 것을 좋아하여 해결사, 자문관, 감사, 멘토 역할을 하는 사람이 많다. 해결할 것이 있다는 것은 형(刑)적인 의미가 내포된 것으로 누구에게는 음덕으로 작용을 해도, 누구에게는 형극의 의미가 되어 사정없이 형벌을 받게 만든다. 천량은 염정과 육합하는데, 이 둘의 합을 형합(刑合)이라 부른다. 음덕의 작용과 형벌의 작용이 공존하는 합이다.

③ 항상성과 영도력이 있다

- 한번 인연을 맺으면 끝까지 유지하고 충성을 한다. 일처리가 공평하고 원칙적이며, 의리를 중시하며 한번 맡은 일은 끝까지 책임지고 가는 항상성이 있다.
- 우두머리 자질이 있기에 통찰력을 통해서 조직을 앞장서서 이끌고 지도하려 한다.

④ 재액에 대한 해액 작용이 있다

- 재액을 풀고 위급한 상황에서 누군가가 도와주며 재난을 만나도 상서로움이 나타나는 능력이 있다고 하는 것은 먼저 재액이 발생한 다음에 해액 작용이 발생하게 된다는 것이다.

⑤ 청렴함과 올바름이 있다

- 누리는 의미보다 돌봄의 의미가 강하다는 것은, 인생을 형극, 고생, 우여곡절로 보는 것으로 그 속에서 안전과 질서를 위해 청렴함과 올바른 규칙을 준수하려 한다.

⑥ 수명과 의약과 관련이 있다

- 노인이 오래 살았다는 것은, 병이 났을 때 의술·의약에 의지하여 수명(壽命)을 늘리는 것을 의미한다. 그래서 천량성은 의약과 관련이 있고, 나쁜 의미로는 약물(마약 등)로 인한 문제가 있게 된다.

⑦ 옛것을 좋아하고 전통을 중시하며, 종교, 철학에 관심이 많다

- 천량 명궁자는 어려서부터 애늙은이처럼 행동거지가 조숙하며 세상을 다 살아 본 것처럼 말한다. 자기보다 나이가 많은 사람과 어울리는 경향이 있으며 나이보다 성숙해 보인다는 소리를 자주 듣는다.
- 옛것에 관심이 많고, 종교·철학, 역사, 오술 등에도 흥미가 많고, 귀신과 신명(神命)을 보기도 한다.
- 청고한 성으로 학술, 연구 등에 적합하다.

⑧ 천량성의 긍정과 부정의 모습이란?

- 긍정의 천량은 심성이 바르고 곧으며, 극단으로 가지 않으며, 총명하고 이기적이지 않으며, 다른 사람을 살피는 것을 좋아하고, 신중하게 일처리를 하며, 자율을 중시한다.
- 부정의 천량은 노인처럼 꼬장꼬장하고 트집을 잘 잡으며, 나서서 간섭한다. 자신의 잘못은 보지 않고 다른 사람 탓으로 돌리고 책망하며, 편견이 강하고 고집이 세서 타협하지 않는다. 어둠파이니 뒤에서 음모를 꾸미며 은근히 집요하게 상대를 괴롭힌다.
- 보수적이고 청렴한 모습만이 있는 것이 아니라 한량 기질도 다분하다. 동회하는 성들의 영향에 따라 먹고 마시는 것을 좋아하며 예의범절 따위에 구애받지 않고 자유분방한 면모를 가지고 있고 바람기가 있다.
- 의존성이다 보니 천성적으로 아첨의 기질이 있어서 남의 환심을 사거나 잘 보이려고 알랑거리는 말이나 행동을 잘하고, 남 역시 자기에게 아부하고 비위를 맞춰 주기를 바란다.
- 격이 나쁘면 한량, 알코올 중독, 마약중독자, 건달, 청부업자, 사기꾼, 등으로 살아간다.

3

자미두수와 음양오행

1) 두수는 '오행대의'를 근본으로 하는 것이다

동양에서는 음양오행의 원리를 통해 변화하는 자연과 인간의 질서를 설명하였다. 음양오행의 원리는 어떤 인간의 사변(思辨)에 의해 만들어진 인위적인 학설이 아니고, 천지에서 계시해 준 신물(神物)을 받아 가르친 우주의 절대 진리이다. 음양오행은 지금으로부터 5,400년 전, 우리 민족의 조상 복희씨에 의한 '하도'와 4,200년 전 '낙서'의 원리가 최초로 그리고 가장 완벽하게 설명하고 있다. 대만 저자 양상윤(梁湘潤)의『자미두수 고증』의 '두수가 계승한 오행의 배경'이라는 내용에는 두수는 '오행대의(五行大義)'를 근본으로 하는 것이라며 자미두수가 명리학의 영향을 받아서 음양오행을 사용함을 이야기하였다.

2) 자미두수 성과 음양오행

- 자미두수에서는 사주와 달리 음양오행을 갑목, 을목이 아닌 음목, 양목으로 표현을 하며 각 오행에 음양을 붙여서 10개의 음양오행으로 분류하여 사용한다.
- 14주성과 보좌살성과 일부 소성에는 음양오행을 적용한다. 학파마다 일부 성들의 음양오행이 다른 부분이 존재하고, 표에 없는 성들은 음양오행이 기록되어 있지 않았다.
- 다음 표에서 보라색은 십사주성이며, 초록색은 중요 보좌성이고, 빨간색은 중요 살성들이다.

(1) 자미두수 성의 음양오행

음목	양목	음화	양화	음토	양토	음금	양금	음수	양수
천기	탐랑	염정	태양	자미	천부	무곡	경양	태음	천동
천재	화개	천월	천괴	녹존	천량	칠살		거문	천상
		영성	천마	팔좌	좌보	문창		파군	천희
		지공	화성	봉고	삼태	타라		우필	용지
		천허	지겁		천귀			문곡	天傷
		과숙	천형		봉각			천요	
		파쇄	은광		천수			홍란	
			천곡		태보			함지	
			고진		천관			천사	
			비렴		천복				

- 해액제화가 되는 성들과 길성은 토(土)에 많이 배속되어 있다.
- 도화성은 수(水)에 속한다.
- 살성은 화(火)에 많이 배속되어 있다.
- 중요 살성은 금(金)에 속한다.

- 고전에는 경양과 타라도 화로 보아서, 육살성(양타·화령·공겁)을 모두 화의 속성으로 본 것인데, 오행 가운데 살(煞)이 가지고 있는 이중적 속성을 화만큼 극명하게 드러내는 것도 없기 때문이다. 불은 인간 세상에 없어서는 안 되는 이로운 것이기도 하면서 반대로 아주 위험한 것이기도 하다는 생각에서 화의 이중적인 면이 살에도 있다고 보았다.

(2) 음양의 속성표

	음	양
오행	금, 수	목, 화
토	음토	양토
계절	가을, 겨울	봄, 여름
천간	을, 정, 기, 신, 계	갑, 병, 무, 경, 임
지지	축, 묘, 미, 유, 자, 오	인, 진, 신, 술, 사, 해
띠	쥐, 토끼, 뱀, 양, 닭, 돼지	소, 호랑이, 용, 말, 원숭이, 개
특성	내성적, 수동적, 소극적, 안정적, 피동적, 수축감	외향적, 활동적, 적극적, 모험적, 능동적, 자신감
행동 양식	계획적이고 질서정연한 행동을 한다.	이것을 했다, 저것을 했다 즉흥적이고 산만한 행동을 한다.
감정표현	체계적이고 구조적이고 논리적이어서 결론을 단순하고 빠르게 내린다.	비구조적이며 다른 가능성을 생각하느라 결론이 산만하다.
사회 관계	현실주의자, 속세지향적인 안정가	이상주의자, 미래지향적인 개혁가
사고방식	단계를 밟아 가고 순서를 지켜 가며 꾸준히 발전해 나가야 한다.	도전적이고, 모험과 발전을 통해서 더욱 높은 단계로 발전해 나가야 한다.
의사소통	실제 사실과 일치하는 것, 실용적인 문제들 위주로 의사소통을 추구한다.	가능성에 대한 것, 추상적 개념 위주로 의사소통을 추구한다.
관점 시점	대체로 현재에 시점을 둔다.	대체로 미래에 시점을 둔다.
대중성	자신이 옳다고 생각하거나 이해나 설득이 완벽하게 되었을 때 받아들이려 한다.	다양하고 폭넓은 생각을 받아들이려 한다.

→ 음양의 원리를 잘 이해를 한다면 자미두수 성의 특징을 이해하는 데 수월하다.

→ 이 표는 『사주명리학 심리분석』(동학사, 김동완)에서 발췌하여 작성하였다.

(3) 오행의 속성표

오행	목	화	토	금	수
계절	봄	여름	사계(四季)	가을	겨울
천간	갑을	병정	무기	경신	임계
지지	인묘	사오	진술축미	신유	해자
五方	동	남	중앙	서	북
五氣	풍(風)	열(熱)	습(濕)	조(燥)	한(寒)
오장	간장	심장	비장	폐장	신장
육부	담	소장, 삼초	위	대장	방광
인체 질병	신경, 풍(風)	시력, 혈액	피부, 당뇨	골격	정자
오궁	목(目)	설(舌)	구(口)	비(鼻)	이(耳)
五味	신맛	쓴맛	단맛	매운맛	짠맛
五音	어금니	혀	목구멍	치아	입술
행동 성향	생산, 추진, 번식	활동, 선전	중계, 화해, 노력	지배, 통치, 수확	지략, 계획, 저장
五性	인애(仁愛)	강맹(强猛)	관용(寬容)	살벌(殺伐)	유화(柔和)
五常	인(仁)	예(禮)	신(信)	의(義)	지(智)
성품	자상	명랑	과묵	예리	엉큼
五志	노경(怒警)	희(喜)	사비(思悲)	우(憂)	공(恐)
五色	청(靑)	적(赤)	황(黃)	백(白)	흑(黑)
시간	아침	낮	사이(間)	저녁	밤
신앙	유학	예수교	토속신앙	불교	도학
위치	교외, 조용한 곳	번화가, 밝은 곳	중심가, 사통팔달	공장가, 소란한 곳	물가, 어두운 곳
모양	직(直)	고(高)	광(廣)	각(角)	저(底)
六神	청룡	주작	구진 등사	백호	현무
五職	문관(文官)	예술	농토(農土)	무관(武官)	수업(水業)
용모	미려(美麗)	광채(光彩)	중후(重厚)	견강(堅剛)	색채(色彩)

→ 오행 속성표는 자미두수에서는 질병이나 성향, 위치 등에서 중요한 의미로 사용이 된다.

→ 이 표는 『춘하추동 신사주학』(청화학술원, 박청화)에서 발췌하여 작성하였다.

4

십이궁

1) 십삼궁

- 자미두수에는 신궁(身宮)을 포함하여 12궁이 있으며 이 궁의 역할과 궁 안에 좌하는 주성과 소성의 배합에 의해서 그 사람의 기질과 운명이 만들어진다.
- 궁은 인·사·물(人·事·物)로 나눌 수 있는데, 6개의 육친궁은 인(人, People), 관록궁·천이궁·질액궁은 사(事, Affairs), 재백궁·전택궁·복덕궁은 물(物, Objects)로 구분할 수 있으며, 주성과 소성의 특성을 궁의 특징에 맞게 해석, 적용한다.
- 대한은 시간적으로 적용되는 것이므로 시(時, Time)로 구분하여 사용할 수 있기에 궁의 상황을 인·사·물·시(人·事·物·時)로 구분하여 해석할 수 있게 되면 궁과 성과 사화의 조화를 읽어 내는 자미두수 학습의 지름길을 찾은 것이 된다.

(1) 인·사·물·시를 사용하는 방법

인 형제궁	인 명궁	인 부모궁	물 복덕궁
인 부처궁	**대한 = 시**		물 전택궁
인 자녀궁			사 관록궁
물 재백궁	사 질액궁	사 천이궁	인 노복궁

① 인 : 명궁 이외에 형제궁, 부처궁, 자녀궁, 노복궁, 부모궁에서 그 궁에 좌한 주성과 소성의 특성을 그 인물의 성격이나 행동방식, 나와의 관계 등으로 해석한다.

② 사 : 행위적인 형태가 되는 관록궁과 천이궁은 사적(事的)으로 해석한다. 관록궁은 일적

으로 어떻게 하는지, 천이궁에서는 외부활동을 어떻게 하는지를 동궁한 성으로 해석을 한다. 질액궁의 경우 개인의 성질, 심인성(心因性) 부분으로 볼 때는 사적으로, 질액의 형상이 존재할 때는 물적으로 보는 것이 편리하다.

③ 물 : 형상(形象)이 있는 형태 궁인 재백궁, 전택궁, 복덕궁에서는 물적으로 해석한다. 복덕궁은 정신향수와 사상 활동으로 볼 때는 사적으로, 재물적인 부분으로 볼 때는 물적으로 보아도 된다. 정신향수를 중시하는 별들이 복덕궁에 좌하게 되면 심리나 성향에 영향을 미치게 되고, 재물적 의미가 강한 성향의 별들이 좌하면 물적인 부분에 영향을 주게 되기 때문이다.

④ 시 : 시기를 보는 것으로 대한, 유년, 소한, 유월, 유일, 유시에 적용한다. 대한이라는 시간적 영역 속에서 대명을 명궁으로 보고 다시 인·사·물을 적용한다. 그 구체적인 상은 유년, 유월, 유일, 유시에 드러나게 된다. 명궁이 밝음파로 직장생활을 하던 사람이 개창파 대한에 들어서자 개인 사업을 시작한다면 이는 대한의 영향으로 인한 변화로 이 대한 10년 동안 개창파의 성향을 보이는 인생을 살게 된다.

(2) 십삼궁의 의미

1] 명궁

- 명궁은 운명의 주체자이며, 나머지 11개 궁은 모두 명궁 당사자가 가지고 있는 의식형태이다. 명궁은 개인의 기질과 성격 특징, 사상, 재능의 분야 및 성취 역량, 선천적인 운세 등을 알 수 있다. 개인 운세를 추론하고 성패, 득실을 이 궁으로부터 살펴본다.

- 11개 궁에서는 각 궁의 전문적인 역할과 범위가 있으나 운명 해석에서는 반드시 명궁과 배합해서 살펴야 한다. 예를 들면, 직업의 상황을 알기 위해서도 관록궁만 보는 게 아니라 명궁을 기준으로 관록궁과 명궁의 상황을 동시에 보아야 한다. 명궁으로는 성격과 기량을, 관록궁으로는 직업의 상황으로 동정(動靜)과 대세가 흘러가는 방향을 살핀다. 이처럼 명궁은 다른 11개 궁과 밀접한 관계를 맺고 있다.

- 명궁을 위주로 해서 삼방사정, 상협(相夾), 육합, 사화 등등의 상호작용을 살피고, 선천 명

궁의 본질로부터 각 대한과 유년에서 만나는 상황을 추적하여 살피고 한 걸음씩 추리, 관찰하여야 한다.

2| 형제궁

- 모친, 형제자매, 친한 친구, 동료를 추단하는 궁이다. 형제의 전반적인 성향과 길흉을 알 수 있고 형제간의 우애와 인연이 좋고 나쁨을 보는 궁이다.
- 형제궁을 확장 해석하면 '동포'가 된다. 즉 사회가 모두 내 형제라는 측면으로 생각하면 되고, 사장과 직원과 같은 상하 관계라면 노복궁을 보고, 동등이나 평등적 관계와 사교적인 면은 천이궁을 살펴야 한다.
- 명궁보다 형제궁이 지나치게 강하면 좋지 않다. 만일 형제궁이 명궁자에 비해서 형세가 강하면 자기가 형제만 못하다는 표시여서, 운세와 재능을 불문하고 모두 형제를 넘어서기가 쉽지 않다. 형제자매가 본인에게 먼저 베푸는 상황이 아니라면 그저 형제자매, 친구에게 사사로운 이익을 위하여 아첨하며 사는 인생이다.
- 형제궁과 부모궁은 명궁을 협하는 상황이므로 부모·형제궁의 정황이 더욱 중요시되는데 만약 부모·형제궁에서 살기형의 간섭을 많이 받거나 궁이 흉하다면 실질적으로 부모, 형제의 도움은 적고 오히려 내가 도움을 주든지 아니면 인연이 소홀할 수 있다.
- 형제궁은 부처의 부모궁이며, 자녀의 복덕궁이다.

3| 부처궁

- 배우자의 성향, 기질, 출신, 서로의 감정, 만남 시기, 교제 과정을 알아볼 수 있다.
- 부처궁은 '취향이나 감정'을 주관하는 궁 중 하나이다. 어떤 사람은 사진 촬영, 동전이나 골동품 수집, 퍼즐 맞추기, 독서 등에 심취하는데, 이처럼 개인의 취향이나 감정을 보는 궁이 부처궁이 주관하는 것이다. 어떤 사람이 도자기를 배우자처럼 대한다면 이렇게 온 애정을 투입하는 열애는 부처궁이 주관하는 것이다. 그러나 어떤 사람에게 수집한 물품이 사고파는 재물로 여긴다면 전택궁을 살펴야 한다.

- 부처궁은 맺어지는 인연이 1명이 되어야 하므로 육길성과 같은 조력 소성들이 부처궁에 들어가는 것을 반기지 않는다. 괴월이나 보필 등의 귀인성이 많을수록 끊임없이 인간관계가 발생하게 되니, 부처궁의 상황이 이러하면 감정 혼잡이 발생하게 된다.

4] 자녀궁

- 내가 자녀를 대하는 자세, 나와의 관계성, 자녀의 기질이나 성격, 자녀의 성취가 어떠한지, 자녀의 수는 많은지 등의 여러 정황을 관찰한다.
- 자녀궁은 내가 낳거나 돌보는 대상으로 자식, 아랫사람, 제자 등을 의미하는 궁이다. 아랫사람이란 내가 먹이고 키우는 사람으로 문하생과 같은 제자, 자신이 도움을 베풀 수 있는 조수나 비서 같은 사람을 의미한다.
- 자녀를 출산하듯이 자기에게서 생산되는 모든 지혜, 재주, 재능도 자녀궁으로 본다.
- 자녀궁은 자신의 성적인 능력(성욕)을 보는 궁으로 부처궁과 함께 이성 인연, 불륜 등을 살펴볼 수 있다.
- 의외의 재난을 상징한다. 질액궁과 함께 의외의 재난이 나타나는 궁이다.

5] 재백궁

- 재물과 관련된 궁은 재백궁, 복덕궁, 전택궁이 있다. 재백궁은 어떤 성질의 일로 돈을 버는가, 재물의 운용방식, 재물의 입출 규모, 유동자산, 현금, 물질생활의 풍요와 곤궁을 말하며, 재백의 백(帛)은 수표나 어음계약 이외에도 의복 의미하여 재백궁을 통해서 그 사람의 패션 취향을 알 수 있다.
- 재백궁은 부처의 애인궁이므로 부처의 이성 인연이나 첩 등을 볼 수 있다.
- 재백궁을 볼 때는 재백궁을 기준으로 삼방사정의 동태와 구조를 잘 살펴야 된다. 삼방으로 관록궁과 명궁이 회조를 하고 사정에는 복덕궁이 좌한다. 복덕궁은 명궁자의 사상과 정신향수를 주관하므로 재백궁의 빈부는 복덕궁의 감정이나 정신생활의 만족도에 기여하는 정도가 크다. 관록궁이 회조하는 것은 사업이나 직업을 가지는 이유가 재물을 벌어들이기

위한 행위의 수단이 되므로 관록궁을 보는 것이고, 명궁으로 선천 격국의 틀을 정하니 격국의 고저에는 당연히 재물의 많고 적음이 중요한 역할을 한다는 뜻이 된다. 그래서 재백궁으로 사회적인 지위까지 가늠해 볼 수 있는 궁이기도 하다.

- 한 개인의 재백이 풍부한지, 아닌지를 알려면 그 사람의 전택궁으로부터 추산해야 한다. 전택궁은 재백궁의 근원으로 그 사람이 소유한 부동산의 위치와 크기, 차종, 명품, 금은보석 등은 그 사람의 부의 척도를 나타내는 것으로 이는 전택궁이 관할하는 범주에 속하며 재백궁에서 주관하지 않는다.

6| 질액궁

- 질(疾, 내적인 질병), 액(厄, 외래적인 사고)을 의미한다. 그 사람이 부모로부터 받은 선천적 유전과 관련된다. 자신의 체질이 좋고 나쁨, 질병이나 재액의 유무 등 건강 상황을 본다.
- 질액궁은 정서궁으로 정서 행위(성질)의 근원을 알 수 있다.
- 질병의 추산은 명신궁과 질액궁, 그리고 天月, 병부, 病 등을 보아 판단한다. 사고, 상해는 천이궁, 질액궁, 명신궁으로 판단한다. 선천 질액궁 이외에 대한 질액궁의 영향을 강하게 받는다. 그래서 질병 추단에는 선천과 대한의 상태를 함께 고려해야 한다.
- 질액궁이 흉상일지라도 선천의 명신궁이 길하다면 질병이나 사고의 우려가 적으나 신체 중 한 군데 정도는 콤플렉스가 되는 흠이 있기 쉽다.
- 오행생극을 질액궁에서 응용하는 것은 아주 중요하다.

질병을 추단할 때 쓰는 오행과 오장육부

부위	오행	계통	五官	관여
간 담	목	내분비계 : 갑상샘호르몬, 부신피질호르몬, 성호르몬	눈	근육
심장 소장	화	순환기계 : 심장, 동맥, 정맥, 모세혈관 계통, 림프관 신경계 : 중추신경계, 말초신경계(교감신경 · 부교감신경)	혀	혈맥
비 위	토	소화기계 : 입, 치아, 식도, 위, 소장, 대장, 간, 담, 췌장	입	살
폐 대장	금	호흡기계 : 코, 비강, 인두, 기관, 기관지, 폐	코	피부
신장 방광	수	배설계 : 신장, 수뇨관, 방광, 요도 생식기계 : 외성기, 자궁, 난소, 고환	귀	뼈

14주성과 질액과의 관계

파		오행	질액
존귀파	자미	음토	소화기계, 비위, 머리
	무곡	음금	호흡기계, 폐, 코
	염정	음화	순환기계, 신경계, 혈액 관련, 난치병, 암, 화류병
밝음파	천기	음목	내분비계, 간·담, 근골계, 사지(四肢), 뇌
	태양	양화	순환기계, 신경계, 심장, 뇌질환, 눈
	천동	양수	비뇨기계, 방광, 허리, 다리, 당뇨
수성파	천부	양토	소화기계, 비위, 대장, 담, 구강
	천상	양수	배설계, 피부병, 혈액
개창파	칠살	음금	호흡기계, 혈광, 사고, 부상
	파군	음수	생식기계, 뼈, 혈광, 외상
	탐랑	양목	내분비계, 여성질환, 재액
어둠파	태음	음수	생식기계, 신장, 방광, 혈광, 수술, 정신병
	거문	음수	고질병, 암, 종양, 위장, 식도, 좌골신경통
	천량	양토	소화기계, 담, 유방병, 만성 질병, 소모성 질환

7| 천이궁

- 천이궁은 명궁의 대궁으로 '외부'를 의미하여 거주지를 떠나 외지에 가서 생활하거나, 이사, 여행, 이민 등의 이동 상황이나 외출을 의미한다. 명천선에 해당되어 직접적으로 나에게 영향을 미치므로 개인의 성격에도 영향을 주는 궁이다.

- 선천 또는 운로의 추단에서는 명신궁 다음으로 중요한 위치를 차지하며, 직업이 동적이거나 많이 옮겨 다니는 경우라면 특히 천이궁에서의 길흉의 영향은 상당히 중요해진다.

- 넓은 의미의 천이궁으로 말하자면 시국의 대세, 시대 흐름의 경향이나 동향을 나타내며, 나를 알지 못하는 군중을 상대하는 궁으로, 나의 대중 상대 능력과 보편적 인간관계 능력을 보는 궁으로 군중에게 어떤 인상을 주고 어떤 환영을 받는지를 알 수 있다.

- 유년 천이궁은 한 개인이 집을 나가서 이동할 때의 길흉이나 혹은 차를 타고 나설 때의 맞닥뜨리는 상황을 볼 수 있다. 여행이 즐거운지, 의외의 재난을 만나는지, 장애가 많은지,

물건을 잃어버리는지, 도둑이나 강도를 만나는지 등등을 모두 천이궁으로부터 추단한다.

8] 노복궁

- 좁은 의미로는 종업원, 부하, 연애 중의 이성 신체(부처의 질액궁) 등을 본다. 고대는 계급 사회였고, 현대사회도 보이지 않게 지배층과 피지배층, 핵심세력과 주변 세력으로 나누어져 있는 주종 형태를 지니고 있어 노복궁으로 '아랫사람'을 보고 있다.
- 넓은 의미로는 광대한 사회 군중으로, 현대의 인적 네트워크가 발달한 사회에서는 자기와 같은 길을 가는 경쟁상대, 팔로워들, 나를 알긴 하지만 자세히 알지는 못하는 동료나 지역 주민들을 의미한다.
- 노복궁은 형제궁과 대충하므로 관계가 양호하면 의기투합하는 형제, 동료가 되나 우애가 깨져서 적대적 관계가 되면 '나'를 잘 아는 적이 되는 궁이다.
- 노복궁으로 '생사'를 논한다. 부모의 기(氣)를 받아 나의 신체가 태어났으니 내가 죽는 것도 부모궁에서 구하며, 부모의 기본위는 노복에 있기에 생사를 논하는 문제는 노복궁을 본다.

9] 관록궁

- 관록궁은 사업궁이라고도 한다. 관록궁은 직장이나 사업의 좋고 나쁜 상황이나 직업의 종류, 직위의 고저, 일처리 능력, 취업과 이직, 직업의 만족도 등을 알 수가 있다.
- 학창 시절의 학업성적과 시험운의 성패, 명예 등의 성취 여부를 알 수 있다.
- 관록궁의 기본적인 추단은 그 직업이 관직이라면 명예나 승진 등에 유리한 조합으로 이루어져 있으면 좋고, 장사나 사업을 하는 명이라면 녹존이나 화록 등이 동궁하면서 주성도 재물을 벌어들이기에 유리한 성이라면 길하다고 볼 수 있다.
- 공무원이나 정치에 종사하는 사람의 관운을 살필 때는 반드시 '부모궁'을 같이 본다.
- 관록궁이 주성이 없는 공궁이라면, 사업의 성질 및 일 처사 방법이 모두 실제적이지 못하고 확실한 방향성이 없어 다른 것에 영향을 받는데 특히 부처궁의 영향이 크다. 공궁이라

하여 그 사람이 자기가 주도적으로 일을 할 수 없다는 것이 아니므로 정확한 처사 방법을 선택하기만 한다면 뛰어난 업무 성취를 이룰 수 있다.

주성으로 보는 직업 특성

파		주관	직업군
존 귀 파	자미	관록, 존귀	정부·공직, 고위직, 행정직, 재경계, 대기업, 군경 법조계, 공업·기술직, 조직의 1인자, CEO, 경영주
	무곡	財, 금속	재경금융계, 철·금속·기계·건축계통, 공장, 제조·생산, 토지공(土地公), 군경 법조계, 보험, 스포츠, 교통업, 사업가, 노동자
	염정	관록, 刑	정부·공직, 행정관리, 경영기획, 인수합병, 연예계, 문화예술계, 관광업계, 가공업, 피혁 제품, 컴퓨터업, 투기·도박장
밝 음 파	천기	기계, 기술, 회전축	기획, 수학, 자연과학, 컴퓨터 IT, 기계, 전문기술, 참모·비서·고문, 대중 전파업, 교육·학술계, 종교·철학계, 재예, 작가, 이동·운전·운수·항공·노점상, 공장, 신기술, 유행성 사업 분야
	태양	관록, 공익	교육·학술계, 공익·자선사업, 언론·방송·영화계, 법조계, 정치·정부·공직계, 행정계, 군경, 교통, 대리점, 운동, 빛·열 관련업, 남성 관련 직업
	천동	복락, 융화, 文	서비스업, 네트워킹, 협업, 경제 협력체, 기업연합, 로비스트, 교육계, 종교·심리상담, 문화예술계, 복리사업(福利事業), 요식업계, 오락·파티업계, 아동 관련업, 관광업계
수 성 파	천부	財庫	재경금융계, 정치·공직, 부동산, 행정직(비서·총무·관리 등), 교육계, 문화예술계, 농축산업계, 의식주 관련업
	천상	복무	대리·위탁·대행, 비서·관리·감독, 명의대여, 행정·정치·공직, 재경계, 의약·보건위생, 교육계, 역학, 부동산, 의식주 관련업
개 창 파	칠살	權, 功&業, 금속	生死 관련된 의료·법·금융·군경, 칼을 쓰는 직업군(도살·재봉·이발·조각·장의업 등), 예체능, 수공예, 가공제조업, 전문기술, 금속·철물·건축업계, 공학, 설계, 컨설팅, 경영, 비즈니스
	파군	파구, 창신, 겸직	문학·예술·공연계, 창작·발명·벤처, 군경, 교통·운수·여행업, 전문기술업, 가공업, 주식회사, 도매업, 부부합작사업, 유행성 사업
	탐랑	도화, 사교	연예계, 오락·예술·문화·미용·요식업, 종교사업, 구류술업, 세일즈, 경영, 투기·유행성 사업, 로비스트, 커뮤니케이션 분야
어둠파	태음	財, 美, 文	재경금융계, 사무직, 문화예술계, 언론·방송계, 교육계, 美 관련업(미용·인테리어 등), 농축산업계, 부동산, 여성 관련 업계
	거문	言, 연구, 평가	언론·방송, 정치계, 법조계, 교육·학술·연구, 심의기관, 평가기관, 이론가, 비평가, 평론가, 중개업, 의약계, 종교계, 외교·외국어·해외·여행 관련, 보험, 장기 야간 근무
	천량	관록, 의약, 자비	의약업·한의학, 보건위생, 보험, 조업(祖業), 종교업, 사회복지, 자선단체, 비영리단체, 총무, 조사·관리·감독, 정보원, 보안업, 브로커, 해결사, 컨설팅, 농축산업, 영업

10) 전택궁

- 부동산, 집안의 흥망성쇠 여부, 고정자산, 재물 창고, 부모로부터 유산을 받을지의 여부, 거주지 부근의 환경, 집 인테리어 상황, 다니는 회사나 부서의 규모나 상황을 의미한다.
- 자기와 가정 구성원 간의 상대적인 관계를 살펴볼 수 있다.
- 나의 몸이 처해 있는 환경으로 전택은 '돌보고 보호하는 힘의 역량'이 있다. 그러나 전택궁에 살기형이 강하면 가정에서의 보살핌이 약하고, 가정 내에 문제가 많은 경우가 된다.
- 전택궁으로 주식·외화의 투기를 본다. 만약 전택궁이 변동의 성격을 띠게 된다면, 즉 그 사람의 전택이 장기적으로 안정되고 견고하지 않다는 것을 나타내지만 재복선이 길화되어 만족의 징조가 있으면, 확실한 주식 투자로 이득을 얻을 수 있다.
- 전택궁은 '재산적 가치가 있는 것, 행동하여 자산을 늘리는 성질'이 있어야만 한다. 예를 들면 고대에는 사고팔 수 있는 가축, 하인, 투자 항목에 속하는 금은보석, 도자기, 그림, 등이 모두 재산의 가치로 여겨서 전택궁으로 보았다. 현대에는 개와 고양이, 소, 양 등 재산적 가치로 사고파는 대상으로 보면 전택궁으로 보면 되고, 가족으로 여기며 자신이 돌보는 애완동물이나 제자 등은 자녀궁으로 보면 된다.
- 전택궁은 자녀궁의 대궁에 있으니 가족 유전(遺傳)의 길흉은 자녀의 재능, 소양, 외형에 직접적인 영향이 미친다. 또한, 가택 풍수의 길흉 역시 자녀의 소양과 건강과 밀접하게 관계가 있다.
- 대한과 유년에서 전택궁이 인동되면 이사, 이동, 사업·직장의 이전이나 부서 변동이 있게 된다.

전택궁에 좌한 주성으로 보는 물건·집·주위의 환경

파		물상
존귀파	자미, 음토	고급제품, 고급장소, 금은보석, 다이아몬드, 진귀한 것, 명품, 고가제품, 부잣집, 별장, 고층, 고지대, 화려한 건물, 공공기관, No.1이 되는 것
	무곡, 음금	금속기구, 공작기계, 굴착기, 제철소, 공장지대, 상업지대, 아파트 단지, 대형건물, 대도시, 번화가, 군, 경찰서, 파출소, 고독한 집, 은행, 투자기관
	염정, 음화	전기제품, 피혁류, 임업제품류, 황폐한 산, 공터, 삼림(森林), 과수원, 변전소, 감옥, 가로막은 울타리, 군영(軍營), 대가족이 사는 곳
밝음파	천기, 음목	기계류, 전자제품, 나무류, 차, 오토바이, 작은 기차, 소형비행기, 작은 공장, 작은 종교시설, 기계와 전자제품이 많은 장소
	태양, 양화	공공의 사물, 태양열·전기·열·빛 에너지 제품, 모터·엔진·발전기, 전자·전기회사, 전파 매체, 공공장소, 학교, 높이 올라가는 곳(언덕·철탑·엘리베이터), 돌출된 곳, 모터 생산공장·판매점
	천동, 양수	복락을 위한 제품, 물가, 저지대, 유치원, 공동주택, 모임회장, 파티장, 오락 시설, 놀이 장소, 음식점, 식품회사, 종교시설
수성파	천부, 양토	황금, 귀중품, 땅, 건물, 논밭, 축산업장, 흙산, 산비탈 밭, 높게 솟은 봉우리, 은행, 편리한 주거환경, 편의시설
	천상, 양수	도장, 오래된 집, 공동주택, 아파트, 다가구, 빌라, 고급 음식점, 고급 의류점, 물가, 편리한 주거환경, 편의시설, 위탁 보관소
개창파	칠살, 음금	날카로운 도구, 결함이 있거나 파손된 장소, 비탈진 장소, 군대, 경찰서, 사탑, 트레일러, 상가, 고지대, 고독한 집, 절, 돌산
	파군, 음수	소모품, 발명품, 신제품, 재개발지역, 재건축, 부서진 터, 물가, 시장, 컨테이너, 해운 부두
	탐랑, 양목	다채로운 물건 및 장소, 번화가, 투기와 모험이 있는 곳, 술집, 유흥업소, 자주 수리하는 곳
어둠파	태음, 음수	여성 관련 제품, 농축산물, 금융, 현금, 부동산, 화원, 물가, 여관, 음식점, 암실, 그늘진 곳, 지하
	거문, 음수	사기성 있는 물건이나 부동산, 근심 걱정되는 물건이나 부동산, 경찰서, 법원, 병원, 대문, 공사현장, 하수도, ㄇ 자형 빌딩, 은밀한 곳, 음지
	천량, 양토	옛 물건, 골동품, 오래된 집, 사당, 외로운 무덤

• 물가 : 오행이 수라서 연못, 호수, 수돗가, 강, 하천, 바다, 도랑, 저수지, 물웅덩이, 수영장 등을 모두 포함한다.

11] 복덕궁

- 복덕궁에서 주관하는 것은 추구하는 가치, 정신향수, 취미나 기호, 사상 활동, 아이큐, 품격의 고저, 개인의 성격, 수명 등이다. 복덕궁은 명궁의 성향에 직접적으로 영향을 미치는 그 사람의 주관이나 사상 궁이다.
- 복덕궁의 대궁이 재백궁이므로 정신 감정의 좋고 나쁨의 여부가 재물의 많고 적음, 운영 태도, 투기 색채와 관련된다. 자기의 야심이 만족하기 위해서 투자, 투기의 단위가 어느 정도 되는지 등은 복덕궁으로 본다.
- 한 개인이 명운을 변화시킬 수 있는지 아닌지를 복덕궁으로부터 결정되니 복덕궁은 자미두수 추단에서 아주 중요한 궁으로 명신궁은 실질적인 물질이나 실제적인 운세를 주관한다고 하면, 복덕궁은 비교적 이상적이고 감성적인 길흉을 판단하는 기준으로 본다.
- 복덕궁은 한 사람의 정신 상태와 얼굴 부위 질병과 관련이 있어 정신이상, 사상 실조, 불면증, 우울증, 치매, 두통, 얼굴 성형 등에 관여한다.
- 복덕궁은 수명과 직접적인 관계가 있는 궁으로 사망을 논할 때는 복덕궁을 참조한다. 또한, 죽은 후에 그 사람의 명성이 유지되는지, 그리움의 대상이 되거나 회자되는지 등은 복덕궁으로 본다.
- 복덕궁 삼방에서 천이궁과 부처궁을 만나는 것은 그 사람이 외부(시대 흐름의 경향이나 동향)의 영향을 받으면서 동시에 배우자에게 정서를 견제받는 정도를 나타낸다.

12] 부모궁

- 부모궁은 나와 부모와의 연분과 부모의 성격, 홍취, 학식, 직업, 등의 전반적인 상황을 볼 수 있다. 부모궁은 부친으로, 형제궁을 모친으로 보고 부모 관계를 살펴볼 수 있다.
- 부모궁은 자신의 '의복과 음식이 유래하는 궁'이며, 부모의 교육방식이나, 나의 정서와 품격, 학업에 영향을 미치고, 또한 나의 신체 건강에 영향을 미친다.
- 나를 생육(生育)하는 궁, 내가 고개 숙여야 하는 대상(윗사람, 부모, 상사, 고객, 정부 기구, 관할 기관)이다. 그래서 부모궁이 좋으면 사회나 직장에서 윗사람의 추대를 받고 신임을

받는 데 유리한 작용을 하는 것이다.

- 부모궁이 좋다고 할지라도 명궁이 흉하다면 부모의 음덕은 있지만 정작 본인의 운세는 불리하게 전개된다.

- 자신이 사업가이면 부모궁은 자신의 주요 고객이며, 현지 관할 기관으로 세국(稅局), 사법 기관, 인허가 기관 등이 된다. 직장인이라면 사장, 상사, 허가받는 부서 등이 된다.

13] 신궁

- 신궁(身宮)은 '몸의 궁'이며 그 명의 후천적인 기질이나 운세의 영향을 주관한다. 명궁은 태어나면서 나의 성격이나 기질로 드러나지만, 신궁은 대한이 신궁에 이르거나 40대 이후에 그 특징이 발현된다.

- 명궁의 격이 길하고 신궁이 좋다고 하면 일생 길함이 많고, 명궁은 좋은데 신궁이 흉하면 옥에 흠집이 하나 있는 것과 같아서 작은 문제점이 있고, 명궁은 살기형으로 인해 불길하나 신궁이 길하면 비록 선천의 명은 흠결은 있지만, 후천적인 노력을 통해 길로 바꾸어 나가는 노력을 하게 된다. 이처럼 명신궁은 선천이나 운세의 향로에 있어서 서로 표리관계에 있으면서 조정적인 역할을 담당한다.

- 신궁이 관록궁이라고 하면 '일'이 인생에서 중요한 자리를 차지하게 되고, 부처궁이라고 하면 '이성, 결혼, 배우자'가 인생의 중요한 이벤트로 부처의 길흉과 귀천에 내가 크게 영향을 받는다. 명신궁이 동궁하면 표리가 같은 것과 같아서 주관이 더욱 뚜렷하고 단순하여 생각하는 대로 말하고 행동한다. 재백궁이 신궁이면 금전 생각이 많은 것이지만 주성의 성향에 영향을 크게 받아서 주성이 재물을 주관하는 게 아니면 대체로 그 성에 맞는 재물의 형태를 벌어들이기 위한 노력을 할 뿐이다.

- 선천의 명궁이 양호할지라도 신궁에 살기형이 동궁하고 주성이 없거나 함약(陷弱)하면 어김없이 건강이나 선천적인 신체장애, 후천적 사고까지 관여하므로 질병과 사망을 논할 때는 신궁을 본다. 대한이나 유년에서 신궁이 질액궁과 질병 성계와 함께 살기형으로 인동이 되면 사고나 건강의 문제가 발생하는 경우가 많다.

2) 기본위

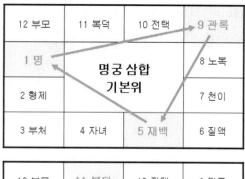

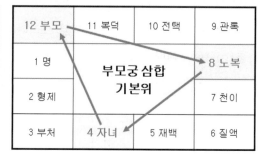

- 기본위(氣本位)는 '기(氣)의 근본이 되는 자리로 해당 궁의 앞으로의 변화와 길흉을 예시' 한다. 기본위는 삼합 궁위에서 순환하며 생기는 것으로 삼방에 그 궁의 기의 근본이 좌하고 있다.

- 명재관 삼합이라면 서로가 기본위가 되는데, 명궁의 기본위는 관록궁이고, 관록궁의 기본위는 재백궁이며, 재백궁의 기본위는 명궁이 된다. 명궁의 기본위가 관록궁이라는 것은 인간이 태어나서 무엇을 하며 살아가는가가 중요한데 그 기가 모이는 자리가 관록궁이 되며, 관록궁의 기본위가 재백궁이 되는 것은 일의 가치가 돈으로 환산이 되기 때문이며, 재백궁의 기본위가 명궁이 되는 것은 재물의 다소 및 지출 상황, 변화의 길흉을 명궁으로부터 볼 수 있기 때문이다.

- 형제궁 삼합 기본위를 말하자면, 형제궁의 기본위는 전택궁이 되며, 전택궁의 기본위는 질액궁이 되고, 질액궁의 기본위는 형제궁이 된다. 이는 형제궁 중심의 명재관으로 풀이할 수 있다. 이는 나와 인연이 되는 형제, 친구, 동업자 등의 격의 크기와 운세의 방향성이 된

다. 이것의 격이 나의 격보다 높으면 더 격이 높은 사람과의 관계를 맺고 살아가게 된다. 낮으면 나의 격도 낮거나 아니면 그런 부류의 사람을 상대하며 살아가는 인생이 된다. 서민층을 대상으로 장사해서 부자가 되었다면 이런 격에 해당된다.

- 부처궁 삼합 기본위를 말하자면, 부처궁의 기본위는 복덕궁이 되며, 복덕궁의 기본위는 천이궁이 되고, 천이궁의 기본위는 부처궁이 된다. 이는 부처 중심의 명재관으로 풀이할 수 있다. 결혼 전에는 애인의 격의 크기를 보게 되고, 결혼 후에는 직접적으로 나의 운명의 궤도와 연관되어 수레바퀴처럼 굴러가니 나의 삶의 질에 큰 영향을 미친다. 복덕궁이 부실하면 배우자의 직업 형태의 부실이 되어 경제활동에 문제가 있어 내가 일해야 하는 삶을 살 수 있거나, 아니면 직업보다 임대 등의 다른 수입으로 영위하는 배우자와의 인연이 된다.

- 부모궁 삼합 기본위를 말하자면, 부모궁의 기본위는 노복궁이 되며, 노복궁의 기본위는 자녀궁이 되고, 자녀궁의 기본위는 부모궁이 된다. 이는 부모 중심의 명재관으로 풀이할 수 있고, 노복 중심의 명재관으로도 풀이할 수 있고, 자녀 중심의 명재관으로도 풀이할 수 있다. 부모궁 중심으로 풀이를 하자면 부모의 격의 고저가 나의 운명의 배경에 영향을 미치는데 부모의 격이 낮아도 나의 격이 좋으면 자수성가하는 명이 되고, 부모의 격은 높은데 나의 격이 낮으면 부모 생전에는 편한 인생을 살다가 말년에는 힘든 삶이 될 수 있고, 부모에게 근심거리 자식으로 보일 수 있다.

- 5개 파를 기본위에 대입하여 해석하면 기본위 이해에 커다란 도움이 된다. 명궁이 자미라면 삼방에서 염정과 무곡을 만나니 자미의 기본위로 염정이 있고, 염정의 기본위에 무곡이 있고 무곡의 기본위에 자미가 좌하는 셈이다. 제왕의 자미가 독점적으로 일할 수 있음은 염정이 관록궁에 있기 때문이고, 일의 결과가 무곡 재부의 성으로 보답을 받게 되고 그 단위는 제왕성답게 큰 단위가 된다. 명궁이 칠살이라면 삼방에서 파군과 탐랑을 만나니 일은 소모의 성인 파군의 영향으로 새로운 환경이나 일을 만나게 되고, 그로 인해 벌어들인 돈은 자신의 기호에 의해 소모하게 된다. 이런 논리로 수성파와 밝음파, 어둠파를 각자의 명반 구조에 맞춰 해석할 수 있다. 이런 삼합 구조는 궁이나 사화에서 운명의 사이클을 만들어 나와 내 주변의 인간관계와 운의 방향성을 만들어 준다.

3) 육궁선

12 부모궁	11 복덕궁	10 전택궁	9 관록궁
1 명궁			8 노복궁
2 형제궁			7 천이궁
3 부처궁	4 자녀궁	5 재백궁	6 질액궁

1 명　궁 대 7 천이궁
2 형제궁 대 8 노복궁
3 부처궁 대 9 관록궁
4 자녀궁 대 10 전택궁
5 재백궁 대 11 복덕궁
6 질액궁 대 12 부모궁

- 십이궁에서 육궁선(六宮線)이란 서로 대궁에 좌하여 영향을 미치는 궁과의 관계를 말한다. 예를 들면, 관록궁에 화기가 입하여 부처궁을 충하면 '직업적으로 발생한 문제가 부처와의 관계에 나쁜 영향을 끼친다'로 볼 수 있고, 반대로 '부처의 외부활동에서의 문제가 나의 관록궁에 나쁜 영향을 끼친다'로도 볼 수 있다. 대궁에 주는 영향력이 있음을 나타낸다.
- 궁의 확장이란, 나의 명반에서 자녀궁의 상황을 보려고 하면 자녀궁을 명궁처럼 보아서 선천 자전선은 자녀의 명천선으로 보고, 부질선은 자녀의 부관선으로 보고, 형노선은 자녀의 재복선으로 보고, 부관선은 자녀의 부질선으로 보는 방식이 궁의 확장이 된다. 궁의 확장은 운세에서 빈번하게 일어난다. 예를 들면, 유년이 노복궁에 좌하는 해에 동료 관계보다 상사와 관련된 업무로 인한 스트레스를 더 심하게 받는 경우가 있다면 이는 형노선은 상사의 부관선에 해당되기 때문이다. 이처럼 운세 스토리텔링을 자유롭게 하기 위해서는 궁의 확장을 알아야 한다.

(1) 명천선

- 명천선은 1 명궁 대 7 천이궁이 대궁을 이루는 궁선으로 명궁은 '나'이고, 천이궁은 밖에서

활동하고 있는 '나'로 한 사람의 안팎에서의 활동선이다.

- 명천선은 형제의 부질선, 부처의 재복선, 부모의 형노선이 된다.

(2) 형노선

- 형노선은 2 형제궁 대 8 노복궁이 대궁을 이루는 궁선으로 형제궁은 형제자매, 친구이고, 노복궁은 나의 외부에서의 형제자매이니 현대는 유튜브의 발전으로 사회 군중이나 팬들이 된다.
- 한 사람의 성취 여부와 손익 상황을 관찰하는 궁선으로 형노선을 성취선, 업무선, 비용선으로도 부르며 일의 절차와 처리 과정을 나타낸다. 일이란 타인과 연결되는 부분이 있게 되고, 결실을 이루기 위한 실행 절차에 형노선이 미치는 영향력이 있으므로 이 선에 문제가 되는 경우 그 절차상에 하자가 발생한다고 본다. 예를 들어 부모궁은 인허가 궁이 되므로 인허가 기관의 부관선이 형노선이 되어 기관에서의 일처리가 나의 일의 성취와 손익에 대한 영향을 미친다.
- 타인과 연결되는 궁선이니 소통선(communication)이며, 부모궁의 기본위가 노복궁이 되고, 질액궁의 기본위가 형제궁이 되므로 형노선은 생사를 논하는 생명선으로 본다.
- 부모의 부관선, 부처의 부질선(부처의 부모, 학업, 질병), 자녀의 재복선이다.

(3) 부관선

- 부관선은 3 부처궁 대 9 관록궁이 대궁을 이루는 궁선이다. 부처궁은 명예와 관리를 주관하고, 관록궁은 업무나 사업으로 이득을 주관하니, 한 사람의 부부생활과 업무의 공적 및 명성을 관찰하는 궁선이다.
- 관록궁에서 보자면 부처궁은 관록의 천이궁이니 업무의 외부환경을 의미하니 외근이나 직업 분야의 외부 정세, 외주업체와 관련이 있고, 부처로 말하자면 관록궁은 부처의 천이

궁이니 배우자의 외부 인연과 외부활동을 나타낸다.

- 형제의 형노선, 자녀의 부질선이다.

(4) 자전선

- 자전선은 4 자녀궁 대 10 전택궁이 대궁을 이루는 궁선으로 전택궁은 자신의 집이며, 자녀궁은 외부의 숙소 같은 것이다. 주로 이사나 부동산의 거래가 있는 경우에는 대한이나 유년에서 자녀궁으로 인해 자전선이 인동이 되는 경우가 많다.
- 자전선은 감정, 투자 궁선이다. 재백궁의 근본이 되는 궁이 전택궁이 되므로 투자운을 보려면 전택궁을 보아야 한다. 같은 원리로 복덕궁의 근원은 자녀궁이 되므로 감정을 살필 때 자녀궁을 보아야 하므로 감정, 투자 등에 자전선이 개입이 된다.
- 자전선은 형제궁의 부관선이 되니 합작 사업을 보는 궁선이 되어 합작하여 가게를 열거나 혹은 공장을 개설하는 것에는 전택궁을 본다.
- 자전선은 도화궁선으로 이성 연분을 보는 궁이다. 자식 출산과 관련 있는 궁선이니 성적 관심 궁이 된다.
- 소인(小人, 나에게 해를 가하려는 사람)의 궁선이며, 의외의 재난선이라고 하여 갑작스러운 예상치 못한 일을 나타내기도 하여, 한 사람에게서 일어나는 각종 변동 및 운이 막히고 트이는 상황을 살피는 궁선이다.
- 형제의 부관선, 부모의 재복선, 부처의 형노선이다.

(5) 재복선

- 재복선은 5 재백궁 대 11 복덕궁이 대궁을 이루는 궁선으로 한 사람의 재원과 재력 상황, 돈을 쓰는 태도, 유동적 재산이 들어오고 나가는 것을 본다.
- 재백궁은 복덕궁의 영향을 받아서 한 개인의 정신이 풍족한지 아닌지를 반영하는 궁선이

된다. 한 개인의 정신사상 및 재부에 대한 가치관은 그 사람의 처사 방법과 일생의 기회와 인연에도 영향을 미친다.

• 부모의 부질선, 부처의 부관선, 자녀의 형노선이다.

(6) 부질선

• 부질선은 6 질액궁 대 12 부모궁이 대궁을 이루는 궁선으로 한 사람이 세상에 나서 부여받는 가문의 명예와 인생길의 상황을 관찰하며 학업운을 본다.
• 유전과 질병을 살피는 궁선이다. 나의 신체는 부모 생명의 연속선으로 이어지므로 부모의 유전(遺傳)으로 얻은 외모, 체질을 나타내는 궁선이다.
• 부질선은 인허가선(認許可線)이라고 한다. 정부 기관, 승인기관과 연관되어 일을 처리하는 과정이 필요한 사업승인이나 비자나 영주권을 얻거나 하는 경우처럼 기관의 승인이 필요한 부분은 부질선으로 본다.
• 형제의 재복선, 자녀의 부관선이다.

4) 십이궁의 구분법

(1) 육내궁과 육외궁

- 육내궁(六內宮) : 1 명궁, 3 부처궁, 5 재백궁, 7 천이궁, 9 관록궁, 11 복덕궁
- 육외궁(六外宮) : 2 형제궁, 4 자녀궁, 6 질액궁, 8 노복궁, 10 전택궁, 12 부모궁

12 부모궁	11 복덕궁	10 전택궁	9 관록궁
1 명궁	내궁 대 외궁		8 노복궁
2 형제궁			7 천이궁
3 부처궁	4 자녀궁	5 재백궁	6 질액궁

- 육내궁은 명궁을 중심으로 한 칸씩 건너뛰며 역행하는 궁이고, 궁수(宮數)로는 홀수에 속한다.
- 육외궁은 형제궁을 중심으로 한 칸씩 건너뛰며 역행하는 궁이고, 궁수로는 짝수에 속한다.

→ 명·재·관 삼합 궁선으로 나눈다면, 내궁은 명궁 중심의 삼합과 부처궁 중심의 삼합이 되고, 외궁은 형제궁 중심의 삼합과 부모궁 중심의 삼합이 된다.

① 내궁은 명궁을 중심으로 삼방으로 재백궁과 관록궁이 있으므로 명·재·관(命·財·官) 삼합 구조가 되고, 부처궁 중심으로 천이궁과 복덕궁이 부·천·복(夫·遷·福) 삼합 구조가 된다.

② 외궁은 형제궁을 중심으로 질액궁과 전택궁이 형·질·전(兄·疾·田) 삼합 구조가 되고, 부모궁을 중심으로 자녀궁과 노복궁이 부·자·노(父·子·奴) 삼합 구조가 된다.

③ 내궁과 외궁은 나에게 유리하게 구성이 된 것인지, 타인에게 유리하게 구성된 명반인지를 구분하는 데 유용하다. 생년사화, 육길성, 녹존, 육살성, 형요성, 백관조공성, 사선성, 삼덕성, 소길성, 도화성, 공망성, 고독손모성 중에 내궁에 무엇이 많이 들어 있는지, 외궁에 무엇이 들어가 있는지를 보고 길성이 내궁에 많으면 나의 운세가 좋다는 것이 되고, 외궁에 많으면 나에게 불리함이 많다는 것이다.

④ 삼합 구조는 사화 응용에 중요한 수단이다. 생년사화, 대한사화, 유년사화가 내외궁에서

유기적인 관계를 맺으며 운을 발생시키기에 운의 시작점, 변화성, 연속성, 결과물을 추론하는 데 중요한 수단이 된다.

(2) 육아궁과 육타궁

> • 육아궁(六我宮) : 1 명궁, 5 재백궁, 6 질액궁, 9 관록궁, 10 전택궁, 11 복덕궁
> • 육타궁(六他宮) : 2 형제궁, 3 부처궁, 4 자녀궁, 7 천이궁, 8 노복궁, 12 부모궁

12 부모궁	11 복덕궁	10 전택궁	9 관록궁
1 명궁	아궁 대 타궁		8 노복궁
2 형제궁			7 천이궁
3 부처궁	4 자녀궁	5 재백궁	6 질액궁

- 아궁에서는 나를 위주로 돈, 건강, 직업, 거주 공간, 사상을 본다. 타궁은 천이궁을 제외하면, 모두 육친궁이다.
- 아궁은 본인의 일과 얻음(得)을 주관한다.
- 타궁은 타인의 일과 잃음(失)을 주관한다.

① 무슨 문제를 묻느냐를 위주로 '아' 또는 '타'로 구분한다. 예를 들면 형제나 모친에 관해 묻는다면 형제궁은 '타'에 속하니 타궁을 살펴보고, 나의 재물이나 사업 성취를 묻는다면 '아'가 되니 아궁을 살펴본다. 질액궁이 아궁인 이유는 나의 신체궁으로 나의 질병을 살피는 궁일 때는 아궁으로 본다. 전택궁은 내가 거주하는 공간일 때는 아궁이 된다.

② 명궁은 영원한 아궁이다. 질액궁은 육외궁에 위치하면서 아궁에 속하는 것은 '질액궁은 나의 신체궁'으로 정서와 질병을 논하기 때문이고, 형제의 재백궁으로 볼 때는 타궁으로 본다. 재백궁은 아궁에 속하면서 타궁이 되는 것은 '부모의 질액궁', '형제의 자녀궁', '부처의 애인궁' 등이 되기 때문이다. 전택궁은 나의 거처가 되니 아궁이 되지만, 또한 '형제의 관록궁'이 되니 타궁이 된다.

③ 육친궁 자체가 타인이 되기 때문에 타궁에 속하는데, 자녀궁은 전택궁과 궁선으로, 부모궁은 질액궁과 궁선으로 얽히니 타궁이면서 아궁에 영향을 미치게 된다. 영원한 타궁은 형제궁과 노복궁이 된다. 그래서 형노선은 내가 함부로 좌지우지할 수 있는 궁선이 아니다.

④ 사화가 아궁에 들어가면 실질적인 얻음이나, 타궁에 들어가면 잃음이니 놓아야 하므로 허 (虛)하다. 금전을 예로 들면 아궁에 화록이 들어오면 내가 실질적으로 득하는 것이고, 타궁에 들어가면 다른 사람이 얻는 것이니 나에게는 손실이 되거나 같이 써야 하는 것과 같다. 그래서 사화가 모두 타궁에 있으면 나에게는 득이 없으므로 반드시 아궁에 있어야 진정으로 얻는다.

⑤ 아궁이 타궁을 화기로 충하면 내 문제가 타인에게 노출되어 있는데 이 문제는 내가 장악할 수 있기에 어느 궁에 좌하는가를 봐서 그 해결 방법을 찾는다. 또한, 타궁에 좌한 화기로 인해서 궤도 변화를 불가피하게 일으키게 되나 아궁이 길하다면 좋은 쪽으로의 변화가 일어나게 된다.

⑥ 타궁이 아궁을 화기로 충하면 외부의 공격에 내가 노출된 상황과 같아서 문제를 처리하기가 좋지 않고, 타인의 문제가 나에게 영향을 주는 것으로 금전 손실이나 사기, 소송 등을 당할 수 있다. 격이 좋으면 타인의 사망으로 내가 상속을 받는 거와 같은 이득이 발생할 수 있다.

⑦ 타궁이 아궁을 융합하면 타인이 나에게 좋은 점을 주므로 유리함을 얻게 되나, 아궁이 타궁을 융합하면 내가 타인의 귀인이 되어 도리어 내어줄 뿐 나에게 유리하다 할 수 없다.

5

자미성계와 천부성계

자미성계에는 존귀파와 밝음파가 존재하며 천부성계에는 수성파, 개창파, 어둠파가 존재한다. 각 성계에 의해 배치된 주성을 명궁으로 놓고 자미두수 신화나 특성을 대입해 보면서 십이궁의 상황에 맞게 풀어 보면 명반의 구조를 이해하고 명반 해석방식을 터득하는 데 도움이 된다.

명반에서는 자미성계와 천부성계는 동회하므로 따로 떼어 놓고 볼 수는 없지만, 초급자 과정에서 파별로 내외궁을 구분하여 분류하는 방법은 자미두수를 읽고 해석하는 데 도움이 된다. 운이 자의(自意)에 의해서 발생이 되는지, 타의(他意)에 의해서 발생이 되는지를 구분할 수 있는 것은 중요한 해석의 기틀이다. 다음은 주성과 궁을 연관 지어 해석하는 방식에 대한 이해를 돕기 위한 설명이다.

성계와 내외궁

명궁 삼합		자미성계		천부성계		
		존귀파	밝음파	수성파	개창파	어둠파
내궁	명·재·관 부·천·복	수성파 개창파	어둠파	개창파 존귀파	수성파 존귀파	밝음파
외궁	부·자·노 형·질·전	밝음파 어둠파	존귀파 수성파 개창파	어둠파 밝음파	어둠파 밝음파	개창파 수성파 존귀파

- 십이궁을 내외궁으로 나누고 명궁에 1개의 파를 넣고 부처궁 삼합, 부모궁 삼합, 형제궁 삼합으로 입하게 되는 파들을 구분하여 보면 각파들의 움직임의 특성을 이해하기 쉬울 것이다.
- 십이궁을 인·사·물로 구분하여 주성이 좌한 궁의 특징에 맞춰 해석한다면 궁에서의 성의 역할과 움직임을 이해하는 방법을 터득하게 된다.
- 다음 표에서 간략하게 주성과 궁과의 관계성을 풀이하는 방법을 알려 드렸다면, 독자들은 십사주성과 십이궁의 특징을 더 확장하여 깊이를 더하길 바란다.

1) 자미성계의 해석방식

자미성계도

천기	자미		
	역행		
태양			염정
무곡	천동		

- 자미성계의 기본 배치표이다. 존귀파와 밝음파가 자미를 필두로 역행으로 천기 ○ 태양 무곡 천동 ○ ○ 염정 ○ ○ ○이 돈다. ○은 공궁으로 천부성계에 속하는 수성파, 개창파, 어둠파가 좌하는 궁이 된다.

(1) 자미성계의 자미를 명궁으로 놓고 보았을 때

궁		좌성	작용력 해설
부모궁		공궁	제왕이 가장 높은 자리에 있는 사람이니 부모궁 공궁이란 윗선의 눈치를 보지 않음을 상징한다.
부처궁, 복덕궁, 천이궁		공궁	부처궁 삼합에는 천부성계의 수성파나 개창파가 입하는데, 수성파를 만나면 안정을 추구하는 보수적, 수동적인 영향을 받고, 개창파와 만나면 외향적, 진취적인 영향을 받는다.
형제궁		천기	밝음파 천기는 책사의 성이니 자미는 참모를 옆에 두고 사는 격이라 자신을 신봉하는 사람을 믿고 의지한다.
삼방	관록궁	염정	명격 판단에 중요한 삼방에 속하는 관록궁에 염정, 재백궁에는 무곡이 좌하므로 일과 재물에 대한 욕망이 있어서 최고가 되길 바란다. 제왕성답게 자신이 활동하는 무대는 대기업처럼 큰 무대를 선호하고, 일생을 통해 한번은 자신의 활동 분야에서 1인자가 될 기회를 잡을 수 있고 그런 기회를 통해 얻게 된 명예와 부귀를 유지하려는 제왕의 기질이 발휘된다.
	재백궁	무곡	
자녀궁		태양	밝음파 태양은 공명정대와 시비, 구설을 주관하니 자식에게 모범이 되어 주는 존재가 돼야 한다.
질액궁 (정서궁)		천동	밝음파 천동은 아이를 대표하니 자미의 정서에 아이처럼 순한 기운으로 넓은 포용력과 부드러운 풍모가 있게 되나, 여린 마음이 있어 회피하려는 본성도 지니고 있고, 비뇨기 계통, 방광, 허리, 다리 등의 질병에 노출되기 쉽다.
조우하는 파		수성, 개창	천부성계의 수성파나 개창파와 동충하므로 자미가 수성파와 동궁하면 자미의 성질이 수동적 내향적이 되며, 개창파와 동궁하면 활동적 역동적인 면이 나타난다. 길한 소성이 회조하게 되면 존귀를 얻고 고상하게 살게 되지만, 살성이 회조를 하면 고독하고 힘든 삶을 사는 제왕이 된다.

(2) 자미성계의 염정을 명궁으로 놓고 보았을 때

궁	좌성	작용력 해설
부모궁, 형제궁, 자녀궁,	공궁	육친궁이 비었다는 것은 염정의 욕망을 제어시켜줄 육친이 없는 셈이라 어느 것에도 거리낌이 없이 자신의 욕망을 위한 전횡을 저지를 수 있는 상황이 발생하게 된다.
부처궁, 복덕궁, 천이궁	공궁	공궁에 수성파가 입하면 안정추구의 영향을, 개창파가 입하면 욕망, 충동, 대립의 영향을 받는다.
노복궁	태양	밝음파 태양은 공명정대와 시비, 구설, 희생, 봉사의 성이니 선악을 겸비한 염정의 어느 면을 보았느냐에 따라 시비를 따지는 교우가 있거나, 나를 꼼꼼하게 비추고 살펴주는 동기지간이 있다.

삼방	관록궁	무곡	염정은 존귀파로 자신이 제일 잘난 사람이 되고 싶은 욕망이 있다. 관록궁에 효율 중시와 목표지향적인 무곡이 있으니 일을 집행하는 데 과감하고 무정하게 밀어붙여서라도 성과를 만들 수 있으며, 재백궁에 제왕성 자미로 남들에게 품위를 드러내 보이는 고급스런 소비를 선호하고, 은근히 티 내고 생색내기를 좋아한다.
	재백궁	자미	
전택궁		천동	천동은 '함께, 무리'의 의미가 있듯이 집 주변에 인맥의 연이 되는 '혈연, 학연, 지연'에 따른 인연을 만들어 유지한다.
질액궁 (정서궁)		천기	천기는 지혜, 총명, 신앙, 예민의 성이니 염정의 정서에 영향을 미친다. 염정의 '血'과 천기의 신경계, 사지, 간담과 관련이 있는 질환으로 인해서 전신으로 퍼지는 난치성 질병과 관련이 있게 된다.
조우하는 파		수성, 개창	천부성계의 수성파나 개창파와 동충하는데, 염정 자체가 囚·刑·血이라는 살기운이 있고, 개창파에서도 살기운이 있기에 개창파와 동충하면 욕망과 독단전행(獨斷專行)이 강해지며, 살성 회조가 더해지면 사건·사고·사망의 일들이 발생할 수 있다. 염정이 수성파와 동궁하면 염정의 살기운이 순화되나 대궁에서 살기형과 살기운이 강하게 들어오면 흉함이 발생한다.

(3) 자미성계의 무곡을 명궁으로 놓고 보았을 때

궁		좌성	작용력 해설
협궁	부모궁	태양	밝음파가 협으로 무곡을 돕는 상이다. 태양은 충신이며 천동은 인재를 알아보는 능력이 있다. 무곡은 경영주 자질이 있는 성으로 큰 기업을 이끌 재목이 되는지 아닌지는 이 협궁의 영향을 받는다. 이 협궁이 좋지 못하면 큰 인물이 될 수 없다.
	형제궁	천동	
부처궁, 복덕궁, 천이궁		공궁	공궁에 수성파와 개창파가 입하게 되는데, 무곡은 무정하고 고독한 성이라 부처궁에 인내심 있는 수성파가 들어오면 항상성으로 안정을 취할 수 있으나, 개창파가 들어오면 배우자 인연으로 강한 타입이 들어오니 서로 간섭받지 않을 영역이 있으면 좋고, 아니면 안정을 이루지 못하고 변화와 분리되기 쉽다.
전택궁		천기	천기는 기계, IT, 변화의 성이므로 공장 운영, 최첨단 사업과 유행성 사업과 관련이 있고, 새로운 환경으로 변화 가능한 터와의 인연이 있다.
삼방	관록궁	자미	무곡은 존귀파로 최고의 자리에 있기를 원한다. 자미는 존귀의 성이니 일로 인한 명성과 권위를 얻을 수 있고 유명한 회사에서 일할 수 있으며, 염정의 수단과 방법을 가리지 않고 밀어붙이는 특성으로 재물 형성을 위한 노력을 하니 큰 재물을 성취할 수 있다.
	재백궁	염정	
조우하는 파		수성, 개창	천부성계의 수성파나 개창파와 동충하는데, 개창파와 동궁할 경우 개창파가 가지고 있는 살기운이 무곡의 살기운을 부추겨서 외향성과 행동성이 강하게 되어 인생을 역동적으로 살게 되며, 길성이 회조하면 부를 크게 이루지만 살성이 회조하면 기복이 크게 발생하여 실패가 발생한다. 수성파와 동궁하면 안정적인 것을 우선으로 추구하며 상황을 살펴 진취한다.

(4) 자미성계의 천기를 명궁으로 놓고 보았을 때

궁	좌성	작용력 해설
부모궁	자미	천기는 참모의 성이니 부모나 윗사람, 학업과의 인연이 중요하게 된다. 자미는 존귀파 제왕성이며 삼방에서 무곡과 염정을 만나니 자신을 참모로 부리는 윗사람의 관록(염정)과 재물(무곡) 크기의 영향을 직접적으로 받게 된다.
자녀궁	무곡	
노복궁	염정	
형제궁, 질액궁, 전택궁	공궁	개창파나 수성파가 입한다. 개창파가 좌하면 격변이나 파구창신의 영향을 인간관계와 정서와 거주지에서 보니 변화가 큰 삶이 만들어지고, 수성파가 좌하면 안정과 수성을 우선으로 삼는다.
부처궁	태양	천기는 의존성이고 태양은 우두머리 격이라 배우자가 가정을 책임지고 본인은 의지하려는 기질이 있다.
삼방 관록궁	공궁	천기는 참모성이다. 관록궁 공궁으로 때를 기다려 발탁 받은 일에서 자신의 존재감을 드러냄을 보여 준다. 영혼과 정신을 상징하는 천기에게 재백궁 천동은 복락성이니 즐거운 마음을 유지하기 위한 금전 운용을 한다.
삼방 재백궁	천동	
조우하는 파	어둠	밝음파는 항상 천부성계의 어둠파와 동충한다. 천기의 학문성과 재주와 기회는 어둠파의 어떤 성과 동충했는지에 따라 다르게 되며, 천기는 살에 예민한 성이라 많은 살의 회조는 천기의 장점을 드러내는 데 어려움이 따르게 한다.

(5) 자미성계의 태양을 명궁으로 놓고 보았을 때

궁	좌성	작용력 해설
부모궁	공궁	태양은 하늘에 떠 있는 유일한 태양처럼 윗사람이 없으니 기대거나 의지할 사람이 없다고 생각하나 본인이 나서서 책임져야 하는 일에는 누구의 눈치도 보지 않고 소신껏 간섭하며 할 말은 하게 된다.
형제궁	무곡	경영주가 될 수 있는 활동적인 형제나 친구가 있게 되고, 살기형이 가중되면 형제로 인한 부담을 크게 받게 된다.
부처궁	천동	태양과 천동은 같은 밝음파에 속하며 천동은 복락을 주관하니 좋아 보이나 천동은 의존성이며 태양성은 베푸는 성이라 여명은 남편 덕이 부족한 경우로 가장 역할을 한다.
복덕궁	천기	천기는 영혼과 정신을 상징하며 지혜와 총명을 주관하니 길하면 배움에 두각을 나타내며 태양의 빛이 한층 밝게 된다.

삼방	관록궁	공궁	태양은 십사주성 중에서 유일하게 빛을 발하는 성으로 그 자체로 스타성이 있다. 재·관이 공궁이니 어둠파의 영향력이 강하게 되는데, 명궁 태양성의 특징이 반영되는 공명정대, 공익, 자선, 언론·방송, 교육, 관록, 정치, 문화사업, 빛과 열을 활용할 수 있는 분야에서 어둠파의 특성이 첨가된다.
	재백궁	공궁	
전택궁		자미	일터나 거주지가 자미로 명망이 있는 곳을 선호하여 부유하거나 화려하거나 이름이 있는 곳과 관련이 있다.
질액궁 (정서궁)		염정	선악을 겸비한 염정이 정서적인 면에 영향을 주니 인간 본성에 대한 사리판단 능력이 내재되어 있다. 염정은 囚·刑·血를 주관하니 고질병이나 사고, 혈액 관련 질병에 노출되기 쉽다.
조우하는 파		어둠	천부성계의 어둠파와 동충하므로 태양의 밝음에 어둠이 끼는 상이라 태양 본신의 모습이 탁해지는 경우가 많다. 태양이 얼마만큼 밝고 공명정대한지는 태양성의 밝기와 길성 회조냐 살성 회조냐의 영향도 있지만, 사화가 밝음파를 인동시키는지, 어둠파를 인동시키는지에 따라서도 달라지게 된다.

(6) 자미성계의 천동을 명궁으로 놓고 보았을 때

궁		좌성	작용력 해설
부모궁		무곡	존귀파 무곡이 자미와 염정과 삼방으로 회조하니 부모가 능력이 있는 경우 부귀를 누릴 수 있게 되므로, 의존성인 천동은 일생 안락함을 추구하며 살아가게 된다.
형제궁, 질액궁, 전택궁		공궁	형제 중심의 삼방이 공궁이라는 것은 인간관계에 편중성이 없고 사람들에게 온화하게 대하며 융합을 주도한다.
부처궁		공궁	어둠파의 영향을 받지만, 천동은 가정과 자녀를 중시하므로 본성 자체로 이성 인연을 만든다.
복덕궁		태양	태양은 베푸는 성이며 공명정대한 속성이 있으니 천동의 낙천적인 성향과 대인관계에 깊은 영향을 미친다.
삼방	관록궁	천기	천기는 지혜의 성이라 재주, 기술, 기계를 다루는 능력이 있고, 때를 기다리며, 참모 역할을 한다. 밝음파의 태양, 천기, 천동은 재성이 아니기에 재물 추구는 편안한 삶을 위한 수단일 뿐 정신향수를 위해 소비를 하며 축척에 능하지 못하다.
	재백궁	공궁	
자녀궁		염정	천동은 가정의 성이고, 염정은 혈육 집착이 있기에 자녀에 대한 애착이 강하게 된다.
노복궁		자미	노복궁에 자미가 좌하니 아랫사람이 본인보다 신분이 높거나, 높은 위치에 오를 수 있고, 쉽게 본인의 부림을 받지 않은 수하인을 둘 수 있기에 사교적 능력을 발휘하여 관계성을 유지하게 된다.
조우하는 파		어둠	천부성계의 어둠파와 동충하게 되는데, 천량, 태음을 만나면 복락의 기운을 강하게 쓰게 되므로 낙천, 긍정적인 사람이요, 지나치면 나태함이 커져 한량이 될 수 있고, 거문을 만나면 거문의 분석 평가의 기능을 얻게 되니 낙관적인 사고에 분석적 힘이 가해진다. 거문의 어둠이 강하게 작용하면 감정 고충을 겪기도 한다.

2) 천부성계의 해석방식

천부성계도

	천부	태음	탐랑
파군		순행	거문
			천상
		칠살	천량

- 천부성계의 기본 배치표이다. 수성파와 개창파, 어둠파가 천부를 필두로 순행으로 태음 탐랑 거문 천상 천량 칠살 ○ ○ ○ 파군 ○이 된다. ○은 공궁으로 자미성계에 속하는 존귀파와 밝음파가 좌하는 궁이 된다.

(1) 천부성계의 천부를 명궁으로 놓고 보았을 때

궁		좌성	작용력 해설
부모궁		태음	태음과 천부는 재성이라 보수적이며 안정추구형이고, 천부는 전통을 유지하는 습성이 강하므로 부모의 인생관과 금전운용 방식에 많은 영향을 받는다.
복덕궁		탐랑	탐랑은 사교의 별로 보수적 성향의 천부가 대인관계를 맺고 지내기에 유리하게 만들기도 하지만, 복덕궁은 부처의 관록궁이 되면서 개창파에 속하니 배우자의 직업적 변화에 대한 이해과 사업을 하는 것을 반기는 경향이 있고, 배경이 다른 배우자를 만남도 이런 복덕궁의 영향에서 비롯된다.
전택궁		거문	거문은 어둠파로 집안사에 대해서 외부에 잘 말하지 않게 되고, 살성이 가미되면 집안사에 어둠이 있게 된다. 천부는 금고지기이며 전택궁은 재물이 보관되는 곳이니 재물 창고에 대해 쉽게 발설하지 않는다.
삼방	관록궁	천상	천상은 행정관리, 위탁 대행업무와 관련이 있고, 항상성으로 한번 정해진 직업을 꾸준히 유지하려는 성향이 있다. 비록 재백궁은 공궁이나 천부 자체가 재성이므로 경영, 경제에 능하다.
	재백궁	공궁	

궁	좌성	작용력 해설
노복궁	천량	형제궁은 공궁이지만 노복궁에는 천량이 좌하니 한번 맺은 인연은 오래 유지하나, 친구나 주변인들에게는 본인의 속내를 잘 드러내지 않는다.
천이궁	칠살	칠살은 생사를 주관하니 유비무환의 자세로 인생을 살아가나, 살기형이 과하면 신체 상해나 사망에 이르는 일을 당하게 된다.
부처궁	파군	안정을 추구하는 수성파 천부에게 파구창신을 주관하는 개창파 파군이 배우자 자리로 들어오니 파군성이 안정을 이룰 수 있게 길화가 되는지, 아니면 흉화가 되는지가 인생에 큰 영향을 주게 된다. 천부의 고생 정도는 배우자의 역량에 달려 있다.
조우하는 파	존귀	자미성계의 존귀파와 동충하는데, 자미를 만나면 수성함에 존귀함이 더해지는 격이고, 무곡이나 염정을 만나면 활동 성향이나 외향성이 커지면서 욕망도 커진다.

(2) 천부성계의 천상을 명궁으로 놓고 보았을 때

궁		좌성	작용력 해설
협궁	부모궁	천량	어둠파 거문과 천량이 천상을 협한다. 어둠파는 신중한 면이 강하여 드러나지 않게 움직이려는 본성이 있어서 천상 역시 이 영향을 받으며 자란다. 천량의 음덕과 거문의 시비 사이에서 천상은 자신의 속내를 드러내지 않으며 변함없는 모습을 보이며 가정의 안정을 추구한다.
	형제궁	거문	
복덕궁		칠살	칠살로 판단 능력은 칼같이 냉철하나 천상의 자상함과 묵묵함으로 일관한다.
삼방	관록궁	공궁	관록궁은 공궁이나 천상은 보좌의 역할에 능하고, 도장을 맡아 결재하는 성이므로 직업적으로 전권을 위임받거나 위탁, 대리, 관리의 특성이 있는 업무를 맡게 된다. 천부로 재고이면서 재백궁에 좌하니 금전 관리에 유능함이 있다.
	재백궁	천부	
부처궁		탐랑	개창파 탐랑으로 외향적이며 변화가 많은 배우자를 만나게 되며, 부처 주도의 인생을 살기 쉽다. 그러나 본인이 수성파라 항상성으로 가정을 유지하려는 기운이 강해 부처궁에 살기형이 과하지 않으면 안정된 생활을 한다.
자녀궁		태음	태음은 의존적이며 안정적인 것을 좋아하니 천상 입장에서는 가정의 안정을 위한 노력을 한다.
천이궁		파군	변화가 많은 파군으로 바깥세상의 변천을 감지하고 읽으나 천상의 수성으로써의 유지, 관리 능력으로 함부로 처신하지 않는다.
조우하는 파		존귀	천상은 항상 자미성계의 존귀파와 동충하는데, 수성파와 존귀파는 보수적인 성향이 있기에 안정 위주로 움직이려는 기질은 변함이 없다. 천상의 위탁 성질로 인해서 대궁 개창파에 의해서 피동적인 변화가 있는 경우가 많다. 자미와 만나면 내향적인 면이 강하고, 무곡과 만나면 경영 관련 운이 발동하기 쉽고, 염정과 만나면 집안사나 인연과 연관된 일의 발생이 있다.

(3) 천부성계의 칠살을 명궁으로 놓고 보았을 때

궁		좌성	작용력 해설
부모궁, 복덕궁, 전택궁		공궁	부모궁은 공궁이니 신념에 따라 움직일 뿐 윗사람에게 복종하는 사람은 아니다. 부모궁, 복덕궁, 전택궁의 공궁은 존귀파와 밝음파의 영향을 받는다는 것으로 격변을 일으킬 만한 자극이 주어지지 않는다면 가정의 행동대장 역할을 사며 사는 평범한 인생이 되나, 격변이 일어난다면 윗사람의 영향이 크며 자신의 사상과 터전까지 변화하는 대변화를 할 수 있다.
형제궁		천량	칠살은 카리스마가 있는 권력성이고 형제궁 천량은 돌보는 성이니 길하면 인연을 오랫동안 유지하나, 뜻이 안 맞으면 천량의 트집 잡는 성질로 인해서 하는 일에 방해 놓는 인간관계로 고달플 수 있다.
부처궁		천상	칠살은 장군의 별이고 천상은 보좌의 별로 본인이 주도하며 천상이 믿고 따르는 관계가 될 때 지속과 안정성이 있다. 천상은 인연의 별로 부처를 만나 항상성 있게 유지하므로 오랜 인연과의 발전이 있거나 칠살 주도의 인연 발생이 있다.
삼방	관록궁	파군	개창파에는 재성을 의미하는 주성은 없다. 변화와 소모 전환의 별들이다. 그래서 축적이 잘 안 된다. 돈을 벌어도 탐랑으로 인해 자신의 업무 능력 향상을 위해 쓰거나 기호로 소비하게 되며, 관록궁 파군으로 인하여 같은 일을 반복하는 것을 싫어하고, 새로운 일에 도전하는 것을 좋아하며 겸직 겸업을 하는 경우가 많다.
	재백궁	탐랑	
자녀궁		거문	어둠파 거문으로 자녀에 대한 근심이 있게 된다.
질액궁 (정서궁)		태음	칠살의 정서가 어둠파 태음에 영향을 받아 내향적인 부분과 조신함이 있다. 여명은 질액궁 태음으로 여성계통의 질병에 노출되기 쉽다. 칠살 자체가 생사의 별이라 질액궁 태음도 이와 관련되어 사고 상해와 관련이 있다.
천이궁		천부	수성파 천부는 안정을 주관하니 칠살이 바깥 활동을 할 때 조심성이 있게 되나 칠살이 생사를 주관하는 성이니만큼 살기형이 더해지면 사고나 질병에 노출이 되기 쉽다.
조우하는 파		존귀	칠살은 항상 자미성계의 존귀파와 동충하는데, 자미와 동궁하면 권력이 높아지고, 무곡과 동궁하면 일에 대한 공과 업에 집중하고, 염정과 동궁하면 원하는 목표 성취를 위한 집념이 강화된다.

(4) 천부성계의 파군을 명궁으로 놓고 보았을 때

궁	좌성	작용력 해설
부모궁, 형제궁, 부처궁, 자녀궁	공궁	육친궁 공궁은 자신을 제어할 육친관계가 없다는 것이며, 노복궁 거문으로 대중에 대한 생각이 어두우니 자신의 행동에 대한 시비, 구설에 무심할 수 있고, 파군은 묘한 오만함과 자기 멋대로 하려는 성향이 있어 남의 말을 듣지 않는 타입이다.
노복궁	거문	

복덕궁	천부	천부와 태음은 재성이며 전택은 재물 창고이니, 재물의 크기가 파군의 개창의 폭에 영향을
전택궁	태음	미친다. 이 궁에 살기형이 있으면 파군의 살기운을 제화시키기 어려워 파동이 크게 된다.

삼방	관록궁	탐랑	일에서 탐랑의 욕망이 표출되어 수단과 방법을 가리지 않고 성취욕을 부리며, 사람의 시선을 집중시키는 능력 발휘를 한다. 칠살의 격변의 성질이 안정을 추구하는 재백궁을 파헤치니 자연 욕망을 채웠으나 끝내 지키지 못하는 상황이 만들어지니 파모의 성이다.
	재백궁	칠살	

질액궁 (정서궁)	천량	천량의 음덕, 종교, 감찰, 트집의 성향이 파군의 정서에 영향을 미치며 만성적 고질병을 얻기 쉽고, 약물에 탐닉할 수 있다.

천이궁	천상	천상은 일관성 있는 성으로 파군의 변질과 소모를 안정시켜 주는 역할을 하나, 살기형이 동회하면 그 기능에 문제가 발생한 것이라 파군의 살기운을 막아 내기 어려워 파모를 만들기 쉽다.

조우하는 파	존귀	파군은 자미성계의 존귀파와 동충한다. 자미와 동궁하면 제왕의 기운이 더해진 격이라 길함과 흉함의 극단이 발생할 수 있고, 무곡이나 염정과 동궁하면 욕망성, 외향성, 활동성, 쟁취성이 커져서 분주하고 바쁜 일생을 살 수 있다. 밝음파가 어둠파와 동회하면서 밝은 기운을 더해서 파군의 파모적인 성향을 줄여 주어야 파군은 안정세를 얻게 된다.

(5) 천부성계의 탐랑을 명궁으로 놓고 보았을 때

궁		좌성	작용력 해설
협궁	부모궁	거문	탐랑은 소통과 욕망의 성인데 어둠파가 협하니 주변은 소극적이고 신중하다. 본인의 뜻이 부모와 맞지 않는 경우 부모에 대해 무관심하거나 부딪칠 수 있으며, 자신의 취향대로 살아가는 타입이라 자신이 이끄는 대로 따라와 줄 관계를 형성하기 쉽다.
	형제궁	태음	
복덕궁		천상	수성파 천상으로 자애심이 있고, 행동하기 전에 신중히 따지고 깊이 있게 생각을 하나 결정 후에는 저돌적으로 실행에 옮긴다.
삼방	관록궁	칠살	칠살로 공과 업을 이루고자 하는 욕망으로 인해 열정적으로 최선을 다해 일을 이루려 하고, 탐랑의 사교적 행위는 일의 진행을 위해 소비되는 지출의 규모가 손모성인 파군으로 크게 발생한다. 성취에 대한 열망으로 일의 능률 향상을 위한 과감한 투자가 가능하며, 자신의 흥취를 위해 소비한다.
	재백궁	파군	
부처궁		천부	수성파 천부로 본인과 다른 성향의 안정적인 것을 좋아하는 배우자 인연이지만 살기형이 강하게 되면 안정적이질 못하고, 자녀궁이 공궁이므로 가정을 지키기 어렵다.
자녀궁		공궁	
전택궁		천량	기거하는 공간에서 어둠파 음덕성 천량의 탈속, 종교, 신앙, 음양 오술의 기운을 받는다. 천량은 음덕성이니 가정이나 거주공간으로부터 보호받는 기운이 있다.
조우하는 파		존귀	탐랑은 자미성계의 존귀파와 동충한다. 자미와 동충하면 도화의 색이 강해지고, 무곡이나 염정과 동충하면 욕망의 에너지가 증가하면서 경영주의 자질이 강화가 되니 금전적 이득을 위한 행동 성향이 커진다.

(6) 천부성계의 태음을 명궁으로 놓고 보았을 때

궁		좌성	작용력 해설
부모궁		탐랑	탐랑, 천부, 태음은 문화·예술성이다. 협으로 예술성이 좌하니 부모의 환경이 좋으면 예술적인 면이 발휘되며, 좋지 못해서 예술적 자질이 발휘되지 못해도 잠재적으로 갖고 있다. 외향성인 개창파 탐랑과 자애로운 수성파 천부 사이에 끼어 의존적인 면이 있다. 태음 남명자는 천부 모친과의 관계는 원만해도 탐랑 부친과의 관계에서 자신의 여성성과 내향적인 면이 활동적인 부친 성향과 반대되어 부담을 받기 쉽다.
형제궁		천부	
부처궁		공궁	부처궁 공궁이라 배우자에 대한 구체적인 상이 없기에 스스로 먼저 이성에게 다가가지 않는다. 태음은 의존형으로 삶의 안녕을 보장해 줄 멋진 인연을 기다린다.
복덕궁		거문	정신적으로 근심, 걱정과 의심이 많고, 분석 검토하는 신중성이 강하지만 나서서 드러내지 않는다.
삼방	관록궁	천량	천량은 원리, 원칙이 있는 감독성이니 일처리에서 꼼꼼한 관리능력이 있다. 거문 천량과 함께 어둠파라 타인의 눈에 띄지 않게 조심스레 하려는 성향이 있다. 비록 재백궁은 공궁이나 태음 자체가 재성으로 돈 관리 능력이 있다.
	재백궁	공궁	
전택궁		천상	수성파 천상은 의식주와 편의시설과 관련이 있고 보수적이며 안정적인 삶을 희구하니 태음은 자신의 거주지가 편리하고 안정적이길 바라나 대궁 자녀궁 파군의 영향을 강하게 받게 된다.
자녀궁		파군	개창파 파군으로 인해서 자신과 다른 인생을 살 자녀와의 연분이 있고, 신화에서 가부인이 주왕으로 인해 죽음에 이른 것처럼 태음은 파군운에 인생의 큰 변화가 생기기 쉽다.
노복궁		칠살	칠살은 은원(恩怨)이 분명한 성이므로 대인관계에서 겉으로는 부드러우나 속으로는 시기 질투 의심과 은원이 있다.
조우하는 파		밝음	태음은 밝음파와 동충하게 되는데, 천기와 만나면 역마 성향이 강해지고, 천동과 만나면 사교성이 높아지고, 태양과 만나면 갑자기 뜨거웠다가 갑자기 식는 식의 변화가 많다.

(7) 천부성계의 거문을 명궁으로 놓고 보았을 때

궁		좌성	작용력 해설
협궁	부모궁	천상	수성파 천상이 있어 한결같은 인생을 살고자 하는 부모와의 인연이 있고, 거문은 부모의 사랑을 한 몸에 받는 존재이기 쉽다. 윗사람의 신뢰를 얻은 후로는 오히려 자신의 행동이 부모궁에 영향을 주는 상황이 되지만, 개창파 탐랑은 질투와 시기심이 있는 탐욕성이라 거문이 쉽게 조절할 수 있는 존재가 아니기에 탐색하고 자신의 존재감을 잘 감추지 않으면 관계에 시비가 발생하거나 피해를 입게 된다.
	형제궁	탐랑	

궁		좌성	작용력 해설
부처궁		태음	거문은 이기려는 본성과 타인을 어둡게 하는 기질이 있다. 태음의 의존성을 부각시켜 자신에게 의존하게 하려는 기질과 본인의 어두운 성정을 태음에게 위로받고, 확인받고, 인정받으려는 성향도 가지고 있다.
삼방	관록궁	공궁	거문은 재·관이 공궁이라 이 궁에는 밝음파가 동회한다. 밝음파 태양의 밝기가 묘왕해서 거문의 어둠을 해소시키면 공기업, 전문직, 언론·방송, 연구, 교육의 양지의 직업 분야에 종사하고, 태양이 어둠을 해소시키지 못하면 비정규직, 불법적인 직업, 종교인, 역학인 등의 음지의 직업에 종사한다.
	재백궁	공궁	
전택궁		칠살	수성파 천부는 자애, 재백, 전택주이다. 자녀에게 자애롭게 대하며 안정적인 주거환경을 중시하지만, 개창파 칠살로 인해서 집 주변 환경이 삭막하거나 변화가 심할 수 있고, 아니면 자식이 일찍 분가할 수 있다.
자녀궁		천부	
복덕궁		천량	천량은 트집 잡는 기질이 있기에 의심을 통해 연구, 분석, 평가를 하려고 하고, 시비를 가리려 한다.
질액궁 (정서궁)		파군	개창파 파군이 좌하여 정서에 영향을 미치니 욕망과 호색적인 본능이 있고, 소모성 질환이나 뼈와 관련된 부실이나 사고가 있을 수 있다.
조우하는 파		밝음	어둠파는 항상 밝음파와 동충하므로 태양의 밝기가 거문의 어둠 해소에 큰 영향을 미치게 된다. 거문의 교육, 연구 분석적 성향이 밝음파에 영향을 주므로 천기와 동궁하면 역마기질과 배움에 대한 기질이 커지고, 천동과 동충하면 교육, 종교, 철학적 기질이 커진다.

(8) 천부성계의 천량을 명궁으로 놓고 보았을 때

궁		좌성	작용력 해설
협궁	부모궁	칠살	칠살은 카리스마가 있는 성이라 길화된 궁이라면 바른 성정의 부친이라 부모를 따르는 천량의 특징에 의해서 좋은 부모 자식의 인연이 된다. 또 한편 칠살은 개인주의적 성향이 있고 인생의 격변이 발생하는 성이라 흉화되면 풍파 많은 부친이라 유정하기 쉽지 않다. 음덕성이므로 부모궁의 상황이 중요하다. 수성파 천상은 호감형이며, 항상성이 있고, 상대방과 일심동체로 움직이는 면이 있어서 아주 친밀한 관계의 인연을 만들어 곁에 둘 수 있다. 천량이 돌봄의 성이 될지, 한량의 성이 될지는 유년기 부모, 형제궁의 영향을 많이 받게 된다.
	형제궁	천상	
부처궁		거문	천량은 감시와 트집의 성향이 있어 배우자와의 관계에서 집착이나 간섭하기 쉽다. 어둠파라 서로 상대에게 감추는 것이 있고, 확실한 관계로 발전하기 전에 주변인들에게 이성의 존재성을 감추는 경향이 있다.
삼방	관록궁	공궁	태음은 금전 관리에 철저함이 있어서 손해를 보지 않으려 한다. 관록궁은 공궁이나 안정을 중시하는 태음과 함께 관록의 성이면서 음덕성인 천량의 기질로 인해서 직장 생활 유지를 잘한다.
	재백궁	태음	

자녀궁	탐랑	개창파 탐랑으로 반발성이 있으므로 통제하기 어려운 자녀가 있거나, 다른 인생관을 가지고 스스로 개척하는 인생을 사는 자녀가 있게 된다.
질액궁 (정서궁)	천부	수성파 천부가 정서에 영향을 주니 보수적이며 안정적인 기운이 강화되며, 소화기 계통의 질병을 조심해야 한다.
노복궁	파군	개창파 파군으로 다양한 인간관계에서 친밀함을 맺는 능력이 있으나 관계의 파모가 발생할 수 있으며, 자신과 다른 타입의 형제자매가 있다.
조우하는 파	밝음	천량은 밝음파와 동충하는데, 태양과 동충하면 태양의 밝기에 영향을 받아 곧은 성향이 더욱 커지며, 천기와 동충하면 학문이나 종교·철학에 관심이 많으나 고극적인 일이 발생하기 쉽다. 천동과 동충하면 안일함과 편안함을 추구하려는 기질이 커진다.

6

쌍성조합

14개의 주성이 12궁에 배치되다 보면 어느 궁에는 독좌하고 어느 궁에는 비어 있거나, 쌍성이 좌하게 된다. 쌍성조합의 특성을 살펴보기 위해서는 십이궁의 특징부터 알아야 한다.

1) 입명 십이궁

입명(立命) 십이궁은 명궁이 좌한 궁으로 자오묘유궁, 인신사해궁, 진술축미궁으로 나누어서 그 특징을 사패지(四敗地), 사마지(四馬地), 사묘지(四墓地)로 구분한다. 입명 십이궁은 장성 십이신과 연관되어 있다.

입명 십이궁 특징 요약표

사패지 (자오묘유궁)	도화, 낙천, 소비, 풍류, 호색, 사교성, 악을 행함
사마지 (인신사해궁)	유동성, 이동, 소통, 소식, 타향살이, 분주, 변화, 힘써 노력
사묘지 (진술축미궁)	육친 형극·분리, 고생, 종교·철학, 재고(財庫), 고독지, 일해야 함

사마지 巳	사패지 午	사묘지 未	사마지 申
사묘지 辰			사패지 酉
사패지 卯			사묘지 戌
사마지 寅	사묘지 丑	사패지 子	사마지 亥

명궁이 어느 궁에 위치하느냐에 따라 삼방에 속하는 재백궁과 관록궁의 특징이 정해진다. 명궁의 특성에는 직업과 재물 운용에 대한 마인드가 태생부터 정해져 있는 것이며, 이를 명재관 삼합 궁선으로 보는 것이다.

(1) 자오묘유궁은 사패지다

패(敗)는 목욕(沐浴)의 다른 말이다. 장성십이신의 장성궁, 재살궁, 함지궁, 식신궁을 묶어서 사패지라고 한다. 목욕은 도화의 일종으로 자오묘유궁에 입명하면 도화 특성이 있다. 교류를 중시하며 풍류를 즐기려는 기질이 있고, 리더형 인물이 많은 입명지이나 '도가 지나치면 패망을 부른다' 하여 패지라 한다.

* 명궁이 자오묘유궁에 있는 자들의 명·재·관의 특징

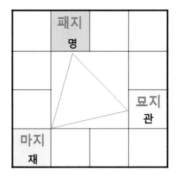

- 사패지의 특징으로 도화, 낙천, 소모가 있다. 자오묘유궁 입명자는 낙천적이고 풍류가 많으며 교제하고 노는 것을 좋아하기 때문에 사람들과 연분이 좋다. 낙천과 소모적 행위가 도를 지나치면 호색해지며 풍류로 몸을 망칠 수 있고, 안정을 이루지 못하고 정처 없이 떠돌 수 있고, 사고를 칠 수 있어 악을 행할 수 있다는 것이지 반드시 악하다는 것은 아니다. 인생을 즐겁게 살고자 하는 마인드를 가지고 있다.
- 명궁이 자오묘유궁에 있으면 반드시 관록궁은 사묘지인 진술축미궁에 있어 사고(事庫)로

일이 모이는 곳이 된다. 자신은 낙천적이고 교제하고 노는 것을 좋아할 수 있지만, 전형적인 리더형 인물들이 많기에 하는 일에서는 고단하고 열심히 일해야만 하는 직종에서 일할 수 있다.

- 재물은 사마지인 인신사해궁에 있기에 재물을 위해 분주히 돌아다니며, 해외 돈을 벌거나 해외로 나가서 돈을 벌려고 하거나, 유동성이 큰 재물을 가지게 된다. 다른 말로 바꾸어 말하자면 빠르게 돌아다니는 돈이란 도박 같은 돈이 될 수 있다. 이상과 정신향수를 추구하는 한편 돈을 벌기 위해 바쁘게 다닌다. 즉, 일하면서도 정신적으로 어떤 혜택을 받아 누리며, 예술적인 아름다움이나 감동 따위를 음미하고 즐기는 것을 추구한다.

(2) 인신사해궁은 사마지다

인신사해궁에 좌하는 사람들로 장성십이신의 세역궁, 지배궁, 겁살궁, 망신궁 위에 앉은 사람들이다. 명궁도 사마지에 앉았고, 전택궁 역시 사마지에 좌하니 이미 변화, 불안정이 존재하며 방향이 한결같지 않게 분산되는 성질이 있는데, 뿌리내리고 살지 않으므로 보호받을 만한 음덕이 결핍되기 쉬워 의지할 곳이 없게 되는 성질이 있다. 몸이 자유롭게 움직이며 소통하는 것을 원하며 이동하는 것에 부담 없는 경우가 많아 타 지방이나 해외로 나가는 것을 선호하나 반드시 이동을 빈번히 하는 것은 아니다.

* 명궁이 인신사해궁에 있는 자들의 명·재·관의 특징

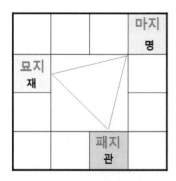

- 사마지의 특징으로 이동, 분주, 변화가 있는 행동을 주관한다. 어떤 성이 이 궁의 자리에 있든지 간에 쉬지 않고 유동(流動)하고, 변화하며 타향살이를 하게 된다. 젊은 시절 안정화를 이루지 못하면 늙을 때까지 편안함을 얻지 못할 수 있다.
- 주성이 개창파나 천기, 태양, 거문, 태음처럼 동성(動星)이면 더욱 분주히 움직인다.
- 관록궁이 사패지인 자오묘유궁에 있으니 타지를 이동해서 쉽게 얻을 수 있는 도화 낙천의 서비스를 주관하는 인적(人的) 요소의 직장이나 쉽게 배워 활용할 수 있는 직종을 선호한다.
- 묘지는 고지(庫地)로 재물적인 면에서는 금고로 쓰인다. 재백궁이 사묘지인 진술축미궁에 있는 사람은 금전주의자로 사람이 현실적인 편이며, 돈이 되기만 하면 무슨 일이거나 한번 해 보려 한다.

(3) 진술축미궁은 사묘지다

진술축미궁 묘지는 장성십이신의 화개궁, 월살궁, 천살궁, 반안궁이며 묘지 위에 앉은 사람은 인간사로 인한 고독과 형극적인 일에 연루되기 쉽다. 묘지의 특성에 따라 종교, 철학, 신앙에 관심이 있고, 인적 창고가 되므로 기억력이 좋고, 인내심과 진득함이 있기에 학업적인 면에서 유리함이 있다.

* 명궁이 진술축미궁에 있는 자들의 명·재·관의 특징

- 사묘지는 고독지로 위인의 겉모습이 침착하고 중후하며, 고독, 고초, 침체, 장애 등이 잘 발생하며 육친의 친밀감 부족 현상이 생기기 쉽다. 돈을 벌기 위해 나서야 한다.
- 진술축미궁에는 녹존이 동궁하지 않고 경양이나 타라가 동궁하게 되므로 자연히 흉성이 끼게 되는 인생이 만들어진다. 육친 형극 또는 분리 현상이 발생하여 고독하다.
- 사묘지에 입명하면 관록궁이 사마지에 있으니 직업적으로 돈을 벌기 위해 분주히 돌아다니거나 해외 관련된 일을 하기 쉽다.
- 재백궁이 사패지에 있어, 때로 현실의 압박으로 인해 어쩔 수 없이 일하는 삶을 도모하려 노력하게 되지만, 도화궁이므로 일이 잘 풀리기만 하면 수입의 많고 적음과 상관없이 정신 향수를 위한 낙천적인 소비를 하게 된다.

2) 성의 밝기

십사주성과 보좌살성에는 성의 밝기가 있다. 그 성의 역량을 표시하는 것으로 묘왕평한함으로 나눈다. 성의 밝기는 입묘와 묘왕, 낙함을 중시한다.

① 묘(廟) : 성에 묘가 있으면 '입묘(入廟)'하였다고 한다. 묘란 최고의 역량을 발휘하게 하는 밝기이며, 그 성의 역량을 완전하게 발휘하게 한다. 삼방사정에서 길성을 만나게 되면 성의 장점이 크게 발휘되며 육살성을 만나더라도 성의 역량이 최강 상태이므로 큰 영향을 받지 않는다.

② 왕(旺) : 왕은 성의 역량 발휘 면에서 역시 길함이 있다. 성의 밝기가 묘나 왕한 것을 합쳐 '묘왕'하다고 한다. 묘왕은 인사물시에서 성의 장점이 발휘되면서 운을 길화하게 한다.

③ 평(平) : 무력함을 의미한다. 평이 되면 그 성의 역량이 발휘됨에 있어서 장점이 발휘되기보다 단점이 나타나며, 독립적이질 못하고 다른 성의 영향을 많이 받게 된다.

④ 한(閑) : 무력함이 더 진화된 단계로 성의 기능을 발휘하지 못하는 상태이다.

⑤ 함(陷) : 그 성의 역량이 낮으므로 장점보다 단점이 부각되어 부정적으로 쓰이거나 전무(全無)함을 의미하며 '낙함(落陷)'이라고 표현한다.

3) 조별 쌍성조합

- 명반은 12가지로 구분할 수 있는데, 자오궁 자미조, 축미궁 자파조, 인신궁 자부조, 묘유궁 자탐조, 진술궁 자상조, 사해궁 자칠조 순으로 구분한다.
- 한 궁에 2개의 주성이 들어 있는 것을 쌍성이라고 하며 입명 십이궁의 특성과 함께 쌍성조합을 결합하면 쌍성의 특징에 대해 쉽게 이해할 수 있다.
- 주성이 좌한 궁에는 연월일시에 의한 소성들이 이미 동궁된 상태이기에 쌍성의 해석에도 보좌살성이나 기타 소성에 의해 길한 궁과 흉한 궁이 나누어져 있으니 이를 먼저 살펴서 쌍성의 의미를 추단하여야 한다.
- 독좌하는 주성도 입명 십이궁과 결합하여 주성의 특성을 인사물로 응용하면 더욱 세밀한 해석이 가능하게 된다.

(1) 자오궁 자미조

태음 함	탐랑 왕	천동 함 거문 함	무곡 평 천상 묘
염정 왕 천부 묘	자궁 자미		태양 한 천량 평
			칠살 묘
파군 함		자미 평	천기 평

천기 평	자미 묘		파군 함
칠살 왕	오궁 자미		
태양 묘 천량 묘			염정 왕 천부 묘
무곡 한 천상 묘	천동 함 거문 왕	탐랑 왕	태음 묘

1] 진술궁 염정·천부

- 존귀파 염정과 수성파 천부는 사묘지인 진술궁에서 동궁하고 대궁에는 항상 개창파 칠살

이 좌하고 있다. 궁의 특성상 형극과 고독의 의미가 배가 된다.

- 두 성의 밝기가 묘왕하며, 염정의 囚와 천부의 財庫가 만나니 재물을 저장하는 성질이 안정되어 있어 염정조합 중에서 가장 안정된 조합을 이룬다.

- 염부조합은 보수적인 성향이라 진취력이 부족하기 쉬운데, 삼방사정에서 약간의 살을 보아 칠살의 개창력과 함께 격발시키면 조기 성취하게 하는 원동력이 된다.

- 묘지에서 염정의 刑과 칠살의 生死를 주관하는 殺이 마주하니 살기운이 강해진 조합이라 살기형이 더해지면 사고, 상해, 사망과 같은 흉한 일이 발생할 수 있다.

- 부처궁 파군이 낙함하고 사마지에 좌하니 부부 인연이 불안하다.

2) 축미궁 거문·천동

- 어둠파 거문과 밝음파 천동은 사묘지인 축미궁에서 동궁하고 대궁은 공궁이다. 거문과 천동은 낙함하다.

- 밝고 낙천적인 정신향수를 중시하는 천동이 형극 속성이 강한 궁에 좌하면서 다른 성을 어둡게 하는 거문과 동궁하니 어두운 감정을 가지기 쉽다. 살기형을 보면 '남모르는 근심'이 크며 가족이나 주변인과 드러내기 어려운 갈등이 있게 된다.

- 거동조합이 길한 경우에는 거문의 심사숙고하고 분석·연구하는 기질이 사리판단을 정확하게 하고 깊은 안목을 가지고 있으며 꼼꼼하게 일처리 하고, 천동의 낙천 복락적 특성으로 부드러운 성향과 대인관계에서 겸손한 자세와 여유와 향락을 즐긴다.

3) 인신궁 무곡·천상

- 존귀파 무곡과 수성파 천상은 사마지인 인신궁에서 동궁하고, 대궁에는 항상 개창파 파군이 있다.

- 천상은 입묘하여 부드러움 자비심 충성심이 부각되며, 체면을 중시하는 천상이 실리를 추구하는 무곡과 만나 신용과 책임감이 강한 경영자 기질을 갖추었다.

- 유동성이 강한 궁에 진취적인 별인 무곡이 함께하니, 천상의 움직임이 활발해지게 되는데,

움직임은 주로 대리 위탁적 성질이 포함된 일로 분주하게 된다.

- 대궁에 파군이 낙함하여 살기형을 만나면 그 영향을 천상이 받아서 온유함은 약해지고, 무정한 무곡의 기질이 강해져서 격렬함이 있게 되어 통치욕이 강한 독재자 스타일이 된다.

4| 묘유궁 태양 · 천량

- 밝음파의 태양과 어둠파의 천량은 사패지인 묘유궁에서 동궁하며, 대궁은 공궁이다. 묘유궁은 태양이 뜨고 지는 자리로 묘궁에선 태양의 밝기가 입묘하고, 유궁에서는 태양은 한한다. 태양 입묘는 천량의 부정적 어두운 성향을 해소를 시키기에 유리함이 있다.
- 태양의 공명정대한 공익적 성향과 천량의 원칙적이며 봉사 성향이 만나니 희생, 봉사, 자비의 성질이 강화된다. 대중에게 영향을 미치는 정치나 교육, 공익적인 일을 하거나, 옳고 그름을 따지는 일을 하거나, 타인을 돌보는 상황이 생기게 된다.
- 양양조합이 길성을 보면, 도량이 넓고 성격이 곧고 청렴하며 자기 소신을 밀고 나가며 대인관계가 넓고 인연이 좋아서 모임이나 단체를 이끌어 나갈 지도자가 된다. 그러나 살기형을 보면 원칙이 강하여 깐깐하며 간섭하거나, 일생 기복이 심하다.

(2) 축미궁 자파조

염정 함 탐랑 함	거문 왕	천상 한	천동 왕 천량 함
태음 함			무곡 왕 칠살 한
천부 평		**축궁 자파**	태양 함
	자미 묘 파군 왕	천기 묘	

	천기 묘	자미 묘 파군 묘	
태양 왕			천부 함
무곡 함 칠살 함		**미궁 자파**	태음 왕
천동 한 천량 묘	천상 묘	거문 왕	염정 함 탐랑 함

1] 축미궁 자미·파군

- 존귀파 자미와 개창파 파군은 사묘지인 축미궁에서 동궁하며, 대궁은 수성파 천상이 좌한다.
- 파군이 자미와 동궁을 하였다는 것은 파군이 제왕을 등에 업은 형국이라 위세가 더욱 커져 저돌적으로 돌격하는 힘이 강하게 되었다. 두 별이 묘왕하므로 장점을 극대화시킬 수 있기에 혁신적이고 창조적인 면이 커져서, 건설적인 혁신과 발전이 있고, 시원시원한 리더십이 있는 공직 성계가 된다.
- 열정이 강해서 새로운 변화와 기회에 관심이 많고, 새로운 환경에 적응을 잘하고, 위기를 기회로 만들 줄 알지만, 최고의 자리로 올라가기 위한 노력을 한다.
- 축미궁은 사묘지로 형극, 고독지가 되므로 살기형을 보면 파괴적이고, 반항적이며, 극단적 이기주의자로, 좋고 싫음이 분명하여 대인관계에 변화가 많고, 기초가 부족할 소지가 있고, 뒷일의 결과를 생각하지 않는 단점이 있어 인생이 불안정하다.
- 자파가 도화성과 살기형을 보면 음란한 일을 크게 저지를 수 있다. 부처궁은 공궁이나 관록궁 염탐을 차성안궁하여 사용하는데, 염탐이 도화성계라 다른 도화성과 살을 보면 음란해진다.

2] 사해궁 염정·탐랑

- 존귀파 염정과 개창파 탐랑은 사마지인 사해궁에서 동궁하고, 대궁은 공궁이며 두 별은 낙함하다. 사마지에 좌하니 주거지 변동과 함께 삶의 변화가 많은 성계이다.
- 염정과 탐랑은 도화성계로 팔방미인 격이라 남들의 시선을 집중시킬 만한 매력과 재주가 있지만, 자유분방하여 다른 도화성과 살을 보면 음란함이 있다.
- 염탐조합은 욕망과 점유욕이 강한 조합으로 집념이 있고, 사교 능력과 수완이 뛰어나서 목표 달성을 위해 열과 성을 다하여 매진하므로 각계각층의 부유한 사회 지도층 인사가 되는 경우가 많지만, 반대로 살기형을 많이 본 경우 불안정한 삶을 사는 인생도 많은 조합이다.

3| 인신궁 천동·천량

- 밝음파 천동과 어둠파 천량은 사마지인 인신궁에서 동궁하고, 대궁은 공궁이다. 신궁에서는 천동이 왕하고, 인궁에서는 천량이 묘하다.
- 천동은 온화하며 친화성이 좋으나 패기가 부족하고 우유부단한 성향이 있고, 천량은 영도력이 있어서 조직을 이끌고 지도하나 보수적이라 깐깐하고 융통성이 부족한데, 동량조합은 천동의 낙천 긍정성과 천량의 노련함이 조화를 이루면 처세에 능하게 된다.
- 천량은 고극성이기도 해서 인생의 우여곡절과 고생이 있게 되는데 사마지에 좌하니 인생 변화가 많아 편안함을 얻기에는 어려움이 따르나, 천동과 천량은 돌봄과 혜택이 따르는 조합으로 해액성이다. 천이궁에 자미와 천부가 협하여 귀인을 만날 기회가 많고 주변으로부터 도움을 받는다.

4| 묘유궁 무곡·칠살

- 존귀파 무곡과 개창파 칠살은 사패지인 묘유궁에서 동궁하고, 대궁은 수성파 천부가 있으나 밝기가 평·한하니 무칠조합의 살기운을 감당하기에는 안정성이 많이 약화된 구조이다.
- 성취를 중시하는 조합으로 자기관리가 철두철미하며, 생활력이 강하고, 자신이 세운 목표를 이루기 위해 어떠한 고난이 와도 참고 견딘다. 시원시원한 결단력과 추진력이 있으며, 돈과 권력을 중히 여기며, 목표 달성을 위해 장시간 근무를 마다하지 않으며, 사업가적인 경영에 수완이 있다. 개창파로 인해서 새로운 목표 설정이 만들어지며 부단히 개창을 하게 되며, 역동적으로 변화하는 환경에 대한 적응력이 뛰어나다.
- 행동력은 강하나 무정한 무곡과 칼날 같은 예리함과 진취적인 칠살의 만남은 돌파력과 실천력, 장악력은 강하나, 묘궁에서는 무곡과 칠살의 밝기가 낙함하고, 유궁에서는 칠살이 한하니 성격적으로 날카롭고 성급하며 극단적이기 쉽다. 무칠조합은 금기(金氣)가 강하여 살기형을 보면 금전 문제로 살상이나 강탈 사건이 발생하거나, 상해 사고나 재난이 있기가 쉬우며 심각한 질병에 노출될 수 있고, 무정한 성질로 인해서 대인관계에 어려움이 따르기 쉽다.

(3) 인신궁 자부조

6가지 조합 중에서 유일하게 공궁이 없는 조로, 차성안궁을 하지 않는다.

거문 평	염정 평 천상 상	천량 왕	칠살 묘
탐랑 묘	인궁 자부		천동 평
태음 함			무곡 묘
자미 묘 천부 묘	천기 함	파군 묘	태양 함

태양 왕	파군 묘	천기 함	자미 왕 천부 평
무곡 묘	신궁 자부		태음 왕
천동 묘			탐랑 묘
칠살 묘	천량 왕	염정 평 천상 묘	거문 왕

1] 인신궁 자미·천부

- 존귀파 자미와 수성파 천부는 사마지인 인신궁에서 동궁하며, 대궁에는 개창파 칠살이 있다. 인궁에선 자미 천부의 밝기가 입묘하지만, 신궁에선 자미는 왕하고 천부는 평하다. 대궁 칠살의 입묘는 자부조합의 보수적, 내향적 기질에 길한 개창이 되는 영향을 준다.

- 자미는 북두, 천부는 남두의 우두머리인데 동궁을 하였다. 자미는 제왕성으로 동궁하는 주성의 특징을 제왕적으로 만들어 주는 면이 있는데, 천부는 수성이므로 수성의 제왕이 된다. 보수적, 안정적인 것을 강하게 추구하게 된다. 역동적인 현대사회에서는 자부조합은 오히려 적응력이 떨어질 소지가 크다. 대궁 칠살의 화권적 속성이 가미되므로 위엄과 권위적인 측면을 고려하느라 이러지도 저러지도 못하는 경우가 많다.

- 자부는 우두머리 조합답게 꿈과 이상이 높아 자신 내면의 교양과 품격을 높이려고 부단히 노력하며, 성공과 출세의 야망이 있으며, 리더십과 위엄을 갖춘 전형적인 지도자상이다.

- 자부조합은 존귀와 권령을 주관하여 길성을 보면 정계와 공직, 대기업, 금융계 등에서 비교적 안정된 삶을 살지만, 살기형을 보면 주어진 기회를 제대로 활용하지 못하고 고립을 자초하며 공허한 삶을 살 수가 있다.

2] 자오궁 염정·천상

- 존귀파 염정과 수성파 천상은 사패지인 자오궁에서 동궁하고, 대궁에는 개창파 파군이 좌한다. 천상의 밝기는 입묘하고 염정은 평하다.
- 천상은 약속, 신용, 책임감이 강한 성이며 안정을 중시하며 보수적이다. 이런 기질이 입묘지에 있으니 염정의 왜곡과 사악의 기운을 견제하며 신중하게 처신한다. 궁이 사패지로 악행으로 흐르게 하는 도화나 살기형과 동궁하면 대궁 파군의 호색한 성질이 염정을 자극하여 관재구설을 불러오고 범법할 확률이 높아진다. 도화의 동궁은 관록이나 사업이 성공을 할 때 주색잡기에 빠져 패가망신하게 된다.
- 염상조합은 관록성계라 가장 공직에 적합하며 정치·관료직, 교육계, 대기업 등에서 근무하는 경우가 많고, 살기형을 보면 이공계로 나아간다.
- 천상의 동업적 속성의 영향으로 동업을 하거나 위임받아 운영하는 대리점 등이나, 염정의 인수합병 능력으로 중개업 등에 적합하며, 대궁 파군의 영향으로 피동적으로 개창하게 된다.

(4) 묘유궁 자탐조

천상 평	천량 묘	염정 묘 칠살 왕	
거문 평			
자미 왕 탐랑 평	묘궁 자탐		천동 평
천기 왕 태음 한	천부 묘	태양 함	무곡 평 파군 평

무곡 평 파군 한	태양 묘	천부 묘	천기 평 태음 평
천동 평	유궁 자탐		자미 평 탐랑 평
			거문 왕
	염정 왕 칠살 묘	천량 묘	천상 평

1] 묘유궁 자미·탐랑

- 존귀파 자미와 개창파 탐랑은 사패지인 묘유궁에서 동궁하고, 대궁은 공궁이다.
- 탐랑은 도화성으로 사교와 소통에 수완이 있는 욕망성인데, 자미와 동궁하니 그 역량이 제왕급의 기량을 얻게 된다. 또한, 자미에 의해서 자유분방함이 절제되어 좋으나 탐랑의 밝기는 평으로 다른 도화성과 살기형을 만나면 사패지의 주색잡기나 방탕적 특성이 드러나기 쉽다.
- 자탐조합은 격조 높은 처세를 하며 풍류를 추구한다. 사교적이며, 스타 기질이 있고, 포용력이 있으나, 지기 싫어하는 기질로 점유욕과 질투심이 강하며 자존심이 세다.
- 자미는 탐랑으로 인해 융통성과 활력이 넘치고, 탐랑은 자미에 의해 절제되고 품위를 생각한다. 탐랑은 다재다능하고 자신의 매력을 어필하는 능력이 뛰어나며, 자미는 경영자 마인드가 있기에 조직 생활에서 중요 요직을 맡거나, 사업적 능력이 발휘하기 좋다.
- 탐랑은 도화를 보지 않으면 탈속승의 성향이 종교·철학, 심리, 역학, 한의학 등의 흥취로 발현이 된다.

2] 축미궁 염정·칠살

- 존귀파 염정과 개창파 칠살은 사묘지인 축미궁에서 동궁하며, 대궁에는 수성파 천부가 있다. 염정과 칠살의 밝기가 묘왕하며, 천부도 입묘하다.
- 염정은 행동력 좋은 수완가이며, 칠살은 민첩하고 용맹하다. 두 별이 동궁하면, 철두철미하고 박력과 패기가 있으며 승부욕과 집착이 강해서 주도면밀하게 앞뒤를 잰 다음 목적 달성을 위해서 돌진하는 열정적인 노력형 타입이다.
- 살면서 고생을 하거나 여러 가지 힘든 상황이 생기지만 강한 독립 정신과 관리 능력을 발휘하여 '자수성가하여 부를 쌓는 조합'이 된다.
- 관록성인 염정과 공과 업을 중시하는 칠살이 만났으니 무관의 수장이나, 컨설팅이나, 경영주의 자질이 있고, 살기운를 이용한 의료계, 이공계, 공예, 기술 계통에서 유능함을 얻게 된다.

- 염정은 刑을, 칠살은 殺을 상징하니 刑殺이 동궁하는 상이며, 사묘지는 형극적 발생이 이루어지기 쉬운 궁이므로 살기형을 만나면 가장 흉한 조합이 되어 관재구설, 소송, 사고, 수술 등의 흉액이 발생하며 '길 위에 시체를 묻거나 천지를 떠돌아다니는 조합'이 된다. 일생 한두 차례 이상의 타격을 받아 감정적인 좌절을 하게 되는 운명이다.

3) 사해궁 무곡·파군

- 존귀파 무곡과 개창파 파군은 사마지인 사해궁에서 동궁하고, 대궁에는 수성파 천상이 좌한다. 무곡과 파군의 밝기가 평하하며, 천상도 평하니 역량 발휘에 미흡함이 있다.
- 무곡은 재부를 주관하는 행동성이고, 파군은 변화가 과감한 추진형이라 두 성이 만나면 돈을 벌기 위한 행동력과 돌파력이 강하다. 사마지는 분주하게 돌아다니는 자리이니 바삐 움직이면서 모험과 도전 정신으로 새로운 분야에 과감하게 도전한다.
- 무곡과 파군이 사해궁 모두에서 밝기가 평·한으로 저조하여 두 성의 장점보다 단점이 부각되는 조합으로, 무곡의 침착성은 경솔함으로 바뀌고, 파군은 소모성이므로 재물 형성과정 또는 형성한 후에 파재의 현상이 크게 일어나기 쉽다. 옛사람들은 '무파조합은 조상의 업을 없애고 집안을 망하게 하고 고생한다'라고 하였다.
- 무파조합은 자수성가하거나, 재주가 많아 손재주가 있는 기술자가 되거나 이공계, 스포츠 등에서 뛰어난 기량을 갖고 있다.
- 무파조합은 성격이 솔직담백하고, 깊이 없이 행동할 수 있고, 남의 지배를 받는 것을 싫어하며, 자기 독단적으로 행동한다. 사마지라 살기형이 강하면 떠돌이 인생이 되기 쉽다.

4) 인신궁 천기·태음

- 밝음파 천기와 어둠파 태음은 사마지인 인신궁에서 동궁하며, 대궁은 공궁이다. 천기와 태음은 역마성인데 사마지에 좌하니 이동 변동이 많이 따르는 인생이 된다.
- 천기는 기획력과 임기응변에 능하고 손재주와 표현능력이 뛰어나고, 태음은 부드럽고 섬세하며 미적 감각이 뛰어나서 문예 방면에 소질이 풍부하다. 감정이 풍부하나 변덕이 있

기 쉽고, 여성 심리를 잘 파악한다. 남명이 기월이면 여성적인 성향이 있다.

- 기월동량 조합에 속하는데 기월동량은 의존성으로 자신이 나서기보다 기대어 사는 운명이다. 기월조합은 자미와 천부가 협하니 귀인들의 부림을 받는 하급관리로 여겨지는 운명이며, 유약한 성이라 독립성이 부족하며 소심하고 의존심이 강하다. 적극적으로 행동하기보다는 조용히 움직이는 것을 좋아한다. 살기형을 보면 쓸데없는 사소한 근심이 많고, 흉하면 도덕 관념이 없고 간교하며, 일생 직업과 가정 풍파가 심하고 안정되지 못하다.

(5) 진술궁 자상조

천량 함	칠살 왕		염정 묘
자미 함 천상 왕	진궁 자상		
천기 왕 거문 묘			파군 왕
탐랑 평	태양 함 태음 묘	무곡 왕 천부 묘	천동 묘

천동 묘	무곡 왕 천부 왕	태양 평 태음 평	탐랑 평
파군 왕	술궁 자상		천기 왕 거문 묘
			자미 한 천상 한
염정 묘		칠살 왕	천량 함

1] 진술궁 자미 · 천상

- 존귀파 자미와 수성파 천상은 사묘지인 진술궁에서 동궁하고, 대궁에는 개창파 파군이 좌한다.
- 자미는 존귀하고 위엄과 리더십이 있으며, 천상은 충성심이 있고 안정을 중시하며 수동적인데 술궁에서는 자상의 밝기가 한으로 역량 발휘가 어렵고, 진궁에서는 천상은 왕하나 자미는 낙함하여 제왕이 무늬만 있는 꼴이다. 대궁 파군은 왕하니 외부의 영향을 많이 받게 되는 단점이 있게 된다. 자미의 카리스마와 진취적 역량이 제대로 발휘되지 못하므로 인한 소극적이고, 보수적, 수동적인 경향이 강하다.

- 천상은 천량과 거문의 협을 보게 되는데, 진술궁 사묘지는 고독 형극의 속성이 있기에 운명적으로 육친 형극의 상황이 발생하기 쉬워서 부모 형제궁의 어둠파 거문과 천량이 주는 암적 요소가 미치는 영향이 크다. 길하면 자상의 명예가 높아지는데 훌륭한 조력자들의 음덕이 있는 상이고, 흉하면 시기, 질투로 인한 방해가 존재하게 된다.

- 자미는 지도력이 있고, 천상은 보좌의 기질과 온화함이 있기에 대인관계를 원만하게 이끌며, 자기 계발을 통해 실력을 갖추려고 최선의 노력을 하므로 자신의 분야에서 제왕적 위치에 있을 기회를 일찍부터 갖기 쉽다. 한번 가진 기회를 놓치지 않고 유지하는 과정에서 자존심을 우선으로 하므로 당당한 모습을 유지하기 위해서 실질적인 실속보다 허세가 끼기 쉽다.

2] 자오궁 무곡·천부

- 존귀파 무곡과 수성파 천부는 사패지인 자오궁에서 동궁하고, 대궁에는 개창파 칠살이 있다. 무곡 천부 칠살의 밝기가 묘왕하다.

- 무곡은 활동을 통해 얻는 재성이고, 천부는 금고이므로 돈을 벌어서 잘 지키며, 천부의 신중함이 무곡의 침착성을 부각시켜서 관리능력과 경영수완이 뛰어난 조합이다. 현실성이 강하고 합리적으로 판단하며 마음먹은 일은 끝을 보는 추진력이 있다. 계산이 정확하며 돈 욕심이 많아서 손해 보는 일을 잘 하지 않고 돈을 헛되게 쓰지 않는다. 길성을 보면 부유하게 살게 된다.

- 무부조합이 좌한 궁이 사패지로 도화성과 동회하면서 살기형을 보면 주색과 방탕의 문제를 일으키기 쉽고, 신중함과 절제력은 약화되어 다툼이 많고, 성공과 실패를 반복한다.

3] 축미궁 태양·태음

- 밝음파 태양과 어둠파 태음은 사묘지인 축미궁에서 동궁하고 대궁은 공궁이다. 해와 달이 한자리에 있는 상이다. 태양의 빛을 반사시켜 자신을 빛내던 달은 축궁에서는 태양은 힘이 없고, 미궁에서는 서로 무력하다. 태양의 빛이 중요하므로 미궁의 일월조합이 낫다.

- 매일 움직이는 동성인 두 성이므로 오히려 동적인 상황을 부채질하여 변화가 많고 민감함이 증가한다. 또한, 태양은 발산을, 태음은 수렴하는 반대되는 성질의 만남이라 변덕스러움이 있다. 불안정한 조합이라 불안 심리가 커서 안달복달하는 타입도 있고, 갑자기 뜨거웠다가 갑자기 식거나, 어떤 때는 적극적이다가 어떤 때는 소극적이다.
- 일월조합은 오늘날에는 변화가 많은 시대이므로 오히려 적응력이 뛰어난 성계가 될 수 있으며 역마로 이동이 많거나 해외와 연관되며, 활동과 말재주와 표현력이 좋다. 시원시원한 성격으로 대중의 마음을 잘 읽으며, 대중을 상대로 하는 언론·방송, 인터넷, 광고, 정치, 교육, 공익적인 일, 공공기관에서 활동하는 데 유리하다. 선동가, 가수, 배우 등 인기인에게 많은 조합이다.

4| 묘유궁 천기·거문

- 어둠파 거문과 밝음파 천기는 사패지인 묘유궁에서 동궁하고, 대궁은 공궁이다. 두 성의 밝기는 묘왕하지만, 살기형에 취약한 민감한 성이라 패지에서 살기형을 보면 인생이 떠돌기 쉽다.
- 거문은 의심이 많고 분석과 평가를 잘하며, 천기는 본질 파악에 능하다. 두 성이 만나면 자신의 의심이 드는 일이 있으면 본질을 분석하고 평가하여 맞으면 인정하고 아니면 받아들이지 않는다. 두 성은 말재주가 있는 성들로, 천기는 그림을 보듯이 자세히 설명하는 말 표현력이 좋고, 거문은 암성이라 다른 성을 어둡게 하며 자신은 드러내는 본성으로 인해 말로 상대를 이기려는 성질이 있어 어느 쪽 말재주를 사용하느냐는 어떤 사화의 영향이 큰지에 달려 있다. 언어적 표현을 중시하는 교육, 기술, IT, 언론·방송, 법, 정치 분야와 인연이 있다.
- 기거조합은 지혜롭고 총명하여 이해력과 사고력이 풍부하며 정보를 연구, 분석하여 새로운 아이디어를 내놓는 데 탁월하다. 천기의 실천력이 부족하고 가벼움을 거문의 집중력과 승부욕으로 누르고, 거문의 어둠을 천기의 낙천성으로 구설과 시비의 성질을 누그러트릴 수 있지만, 살기형을 보면 감정적으로 문제가 있기 쉬운 불안정한 조합이다.

(6) 사해궁 자칠조

자칠조는 6가지 조합 중에서 가장 많은 쌍성조합이 만들어지므로 공궁이 많아서 차성안궁이 가장 많이 이루어진다. 이 조합은 타향으로 이동하는 경우가 많고 타향 발복을 이룬다.

자미 왕 칠살 평			
천기 묘 천량 왕	**사궁 자칠**		염정 평 파군 함
천상 함			
태양 왕 거문 묘	무곡 묘 탐랑 묘	천동 왕 태음 묘	천부 왕

천부 평	천동 함 태음 함	무곡 묘 탐랑 묘	태양 함 거문 묘
	해궁 자칠		천상 함
염정 한 파군 왕			천기 묘 천량 왕
			자미 왕 칠살 평

1] 사해궁 자미 · 칠살

- 존귀파 자미와 개창파 칠살은 사마지인 사해궁에서 동궁하고, 대궁에는 수성파 천부가 좌한다.
- 자미의 제왕성이 칠살 화권성의 권위를 세워 주니 위엄과 지도력을 갖춘 권력을 발휘하게 된다. 자미의 밝기는 왕하나 칠살은 평하므로 길성을 보면 카리스마가 강한 지도자가 되나, 살성을 보면 독불장군이나 독재자가 된다.
- 칠살은 공과 업을 위해서 애써서 일하는 스타일로 자미의 최고가 되고자 하는 야망을 실현하는 과정에서 발생되는 고난과 고독의 상황을 극복하며 전진하게 한다. 복덕궁 공궁은 이런 칠살의 저돌적인 행동을 막지 못하므로 걸림돌 없이 전진하는 스타일이다.
- 백관조공성을 본 자칠은 박력과 패기가 있는 조합으로 모험이나 도전, 생사, 권력을 장악할 수 있는 분야에서 능력 발휘가 되며, 추진력이 탁월하며 결단력이 있고 관리능력이 뛰어나며 일생 환경의 변화가 많고 귀인의 조력이 따른다. 백관조공성을 만나지 못한 자칠은 의욕은 넘치나 실질적인 효율성은 많이 떨어지며, 일생 흥망성쇠가 많아 뜻을 얻지 못하는 삶을 살게 된다.

2] 묘유궁 염정·파군

- 존귀파 염정과 개창파 파군은 사패지인 묘유궁에서 동궁하고, 대궁에는 수성과 천상이 있다. 묘궁에서 파군의 밝기가 왕한 것 외에 묘유궁의 염정과 천상의 밝기는 어둡다. 파군은 항상 천상을 대궁에서 만나니 염정의 영향이 이 궁선 미치는 영향이 큰데, 어두우니 염정의 囚·刑·血의 의미가 부정적으로 발현이 된다.
- 염파조합은 출세, 성공의 열망이 강한 성들이다. 악을 행하기 쉬운 사패지에서 염정의 왜곡 또는 사악성이 파군의 변질성이 만나면 자신의 성공과 출세를 위해 염치없는 행동도 서슴없이 한다. 자미성계에서의 염정과 천부성계에서 파군은 육친궁인 부모궁, 형제궁, 부처궁, 자녀궁이 공궁인 특성을 지닌 별들의 만남이라 대인관계에서 필요로 하는 완만한 상호교류를 잘하지 못하여 일방적으로 자기 방식대로 상대를 대하려는 태도가 있고, 이것이 살기형을 만나면 오만불손, 안하무인의 태도로 나온다.
- 염정의 囚의 속성인 집착과 억제, 보수성과 파군의 기존의 전통과 권위를 무너트리고 개창시키는 힘의 만남은 정반대적 성향의 충돌이기 때문에, 삶의 기복이 심하지만, 행동력이 강하며 자신감이 있다. 안정적인 삶보다는 변화가 많고 위기의 상황에서 적극적인 극복의 의지를 가지고 있다.

3] 축미궁 무곡·탐랑

- 존귀파 무곡과 개창파 탐랑은 사묘지인 축미궁에서 동궁하며 입묘하고, 대궁은 공궁이다.
- 무곡은 재부의 별로 재물에 관한 감이 좋고, 탐랑은 도화의 별로 다재다능하고 수완이 좋은 별이라 무탐은 탐욕과 물욕이 강한 행동성 조합으로 본능이 요구하는 욕망이 강해서 하고 싶은 것과 가지고 싶은 것은 수단과 방법을 안 가리고 성취하려 한다.
- 진취적인 행동으로 실질적인 권력과 리더십을 가진 경영주 마인드가 있으며 과감하게 투자하여 돈 벌 기회가 많다. 명예보다는 현실적 이익이나 실현 가능한 일에서 돈이 되는 것은 무엇이든 잡으려 한다.
- 시원시원한 두 성의 만남이라 교제와 접대에 능한 탐랑의 영향으로 주변 사람들에게 인정

받기 쉬우며 금융계, 방송계, 문화·예술계, 경제계, 종교·철학 등에서 큰일을 도모하고자 하며, 살기형을 보면 도박, 투기, 주색 등으로 패망하기 쉽다. 살을 보면 기예로 전문기술로 나가는 경우가 많다.

- 무탐조합은 개창력이 강하고, 사업심이 크며, 물욕이 강하여 무탐운에는 돈을 버느라 바쁜 세월을 산다.

4] 인신궁 거문·태양

- 어둠파 거문과 밝음파 태양은 사마지인 인신궁에서 동궁하고, 대궁은 공궁이다. 명암파 (밝음파와 어둠파) 수장들이 동궁한 상이다.
- 태양은 명(明)과 발산을, 거문은 암(暗)으로 어둠을 상징하니 의심과 시비 성질에 발산의 힘을 더한 격이라 공명정대함으로 포장된 따지고 드는 성질이 있다. 승부욕이 강한 두 성의 조합이라 지기 싫어하며 말과 논리에서 강세를 보인다. 길화되며 말주변이 좋아 영업성이 뛰어나 비즈니스를 잘하며, 우두머리 기질이 있어서 주도적으로 행동을 하며, 명분을 중시하고 공익을 위해서 노력한다. 흉화되면 작은 일을 크게 만들어 시비, 구설에 휩싸인다.
- 사마지 위에 있으면서 삼방사정인 관록궁, 재백궁, 천이궁이 공궁이라 주변에서 저항세력이 없는 것과 같아서 길을 보면 타향 발복이 있기에 외지 발전에 이로운 외국 성계가 되며, 혼자서 독점하는 상이다. 대중을 상대하는 외국계, 교육계, 언론·방송, 문화·예술, 정치·외교 분야에서 두각을 나타낸다. 흉을 보면 타향이나 외국에서 기만과 사기를 당하고, 도와주는 세력이 약하여 혼자서 고군분투하는 상이 된다.

5] 자오궁 천동·태음

- 밝음파 천동과 어둠파 태음은 사패지인 자오궁에서 동궁하며, 대궁은 공궁이다. 자궁에서는 동월이 묘왕하나 오궁에서는 낙함하는 큰 차이가 있다. 명암파의 문예(文藝) 성들이 동궁한 상이다.
- 천동과 태음 모두 유약한 성으로 감정과 정서를 주관하여 감정이 풍부하고 부드러운 면모

가 많다. 우유부단하고 결단력이 부족한 면도 있지만 자오궁은 사패지로 장성과 재살이 동회하는 궁위이며, 복덕궁에는 지기 싫어하는 태양과 거문이 좌하고 있기에 겉보기와 다르게 매우 고집스럽고 의심이 많으며 지기 싫어하는 성향이 있다.

- 자오궁에 경양이 좌하게 되면 궁이 자동으로 장성이나 재살지가 된다. 동월의 부드러움은 파괴가 되고 감정과 정서에 불리함이 생기고, 인생살이가 불안정하며 편치 못한 삶을 산다.
- 천동은 낙천적이며 복락을 주관하며 사교적이고, 태음은 재성으로 꼼꼼히 완벽을 추구하니, 사리에 맞게 행동을 하는 조합이라 명랑하고 활발하며 가교 역할을 잘한다. 의존심이 많아 자신이 믿고 따를 만한 사람이 곁에서 조력해 줄 때 상당한 성취와 부를 쥐게 된다.

6] 진술궁 천기·천량

- 밝음파 천기와 어둠파 천량은 사묘지인 진술궁에서 동궁하며, 대궁은 공궁이다. 두 성의 밝기는 묘왕하다. 명암파의 종교 신앙 성들이 동궁한 상이다.
- 천기는 총명하여 기획력과 아이디어가 좋으며 재주를 주관하며, 천량은 관리와 감독을 주관하면서 실천력이 부족한 천기의 단점을 보완해 주니 뛰어난 전략과 기획력, 관리력을 통해서 높은 재주로 예능, 기술, 발명, 디자인 등의 전문기술업이나 천량의 돌봄의 역할에 의한 총명함을 갖춘 해결사 역할을 잘한다.
- 사묘지에 좌한 기량은 종교·철학, 신앙, 역학 등에 관심이 많은 조합으로 탈속적인 성향이 강하다. 살기형을 보면 사묘지의 형극적 속성이 강해지므로 '스님이 되는 것이 좋다'라고 하는 것처럼 육친 인연이 박하며 종교, 신앙 등에 의지하며 살아가게 된다.
- 천량은 음덕의 별로 조상의 음복이 많고, 어떠한 액운이 닥쳐도 해액을 해 나간다.

7

장박세장생 십이신

장성십이신, 박사십이신, 세건십이신, 장생십이신을 말한다. 장생십이신을 제외하고 '박사십이신', '세건십이신' 및 '장성십이신'의 삼두마차는 모두 생년의 간지에 의해서 세워진다. 십이신은 12궁에 좌하여 각 궁의 상태를 나타내는 재질이 되며 아울러 명반 중의 궁과 성, 궁간사화 등과 서로 결합하여 종합적인 작용과 효과를 낸다. 그중에서 명궁 중심 삼방사정에 좌한 십이신이 그 명반의 격과 크기를 나타내 준다.

- 자미두수가 아주 상세하게 개인의 성향, 기질, 운세 등 다양한 항목을 추산할 수 있는 이유는 주성과 소성 이외에 십이신의 역할이 들어가기 때문이다. 십이신의 으뜸은 장성십이신으로 사람이 태생적으로 가지고 살아가는 의식계층과 행동성향, 직업 분야를 말해 준다.
- 장박세장생 십이신은 12궁에 골고루 좌하니 이 역시 주성의 삼합 구조처럼 삼합으로 묶어서 인·사·물로 구분하여 해석하는 방식을 익히면 명반 읽기에 수월함을 얻게 된다.

1) 장성십이신

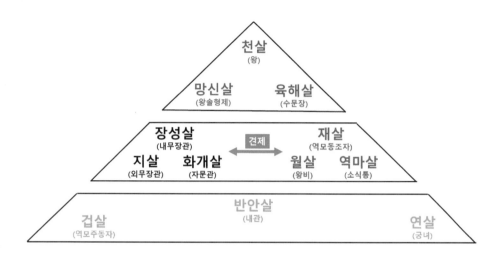

조선시대를 연상하면서 12신살을 상징하는 인물을 이해해 보자. 조선시대에 왕(천살)이 있었다. 국정 운영에서 실질적인 지휘자로 내무장관(장성살), 외무장관(지배살), 자문관(화개살)이 있어서 나라의 안팎을 다스릴 수 있었다. 이들은 국가 수호를 위해서 최선의 정책을 수행하며 목숨을 걸고 일을 하는 사람들이다.

왕(천살)은 미워도 어쩔 수 없이 친인척들인 형제(망신살)와 자신의 왕궁을 지켜 주는 수문장(식신살)을 데리고 살아야 했다. 왕의 형제와 수문장은 왕이 될 생각이 없는 사람들로 이들의 최대 목적은 왕이 집권하는 동안 최대한의 실속을 챙기는 것이었다. 내무장관·외무장관·자문관도 이들 형제와 수문장에게 꼼짝하지 못한다. 왕솔형제는 왕족이여서 자신들의 통제권 밖에서 행동하고, 수문장은 왕의 엄명에 따르는 사람이므로 함부로 대할 수 없는 것이다.

왕에게는 또 다른 세력으로 왕비의 본가인 처갓집이 있다. 왕비는 부친의 권력의 영향에 의해서 간택 받은 여인이다. 왕이 혼례를 한다는 것은 왕비(월살), 왕비의 형제(재살), 왕비의 소식통(세역살)이 한꺼번에 생긴다는 것을 의미한다. 왕비의 형제는 빽줄을 통한 자신들의 세력과 위치를 발판으로 왕에게 보필한다지만 때가 되면 언제든지 왕위를 넘보는 무리이기에 동지로 보이지만 언제든지 적군이 될 수 있기에 내무장관·외무장관·자문관들이 주시하고 보는 이들이다.

왕궁에는 왕을 측근에서 돌보는 내시(반안살)와 시녀(함지살)와 왕의 근처에서 힘을 쓰는 무사(겁살)가 있다. 무사는 언제든지 역모를 꾀하는 역모주동자가 될 수 있는 힘과 권력이 있어서 내시와 시녀들과 내통하며 때를 기다린다. 태어나서 내시와 시녀로 사는 가여운 인생들은 왕이 바뀌어도 자신의 자리보존을 하기 위해서는 역모주동자가 누가 될 것인지를 예민하게 미리 파악하고 줄대기를 해 놓으며 살아야 하는 존재들이었다.

장성십이신은 장성그룹을 중심으로 윗그룹(식신그룹), 아랫그룹(함지그룹), 반대그룹(재살그룹)으로 나누어진다. 이 그룹들의 특징을 파악한다면 명반을 파악하고 유년운을 보는 데 많은 도움이 된다.

그룹 서열 보기

그룹	장성십이신	삼합 서열			
윗그룹	망·식·천	해·묘·미	인·오·술	사·유·축	신·자·진
자기그룹	지·장·화	신·자·진	해·묘·미	인·오·술	사·유·축
아랫그룹	겁·함·반	사·유·축	신·자·진	해·묘·미	인·오·술
반대그룹	세·재·월	인·오·술	사·유·축	신·자·진	해·묘·미

장성십이신은 장성살부터 시작하여 반안살, 세역살, 식신살, 화개살, 겁살, 재살, 천살, 함지살, 월살, 망신살이 있고, 겁·재·천·지는 군위(君位)라 하여 서열이 왕위에 있으니 왕족의 의식 구조로 성공에 대한 열망을 가지고 학업 성취를 꿈꾸거나 이상적 인생을 얻기 위해 노력하며, 함·월·망·장은 신위(臣位)라 하여 서열이 신하 계열이라 양반계층 정도의 의식 구조로 학업과 직업에서 안정적인 삶의 환경을 추구하며, 반·세·식·화는 민위(民位)라 하여 서민계층의 의식 구조를 가지고 무엇을 하며 살든 실익적이고 편안한 삶을 살고자 한다.

- 명궁이 윗그룹인 망·육·천에 해당되면 자신의 의식세계가 왕족에 해당되거나 왕족처럼 상위 계층을 상대하고 싶은 높은 이상과 넓은 무대, 큰 단위의 재물을 추구하고자 하는 심리를 갖게 된다.

- 명궁이 자기그룹인 지·장·화에 해당되면 주도적인 인생관을 가지고 있으며 독립적이고 주체적인 삶을 살려고 노력을 하게 된다.

- 명궁이 아랫그룹인 겁·함·반에 해당되면 자신의 의식세계가 평민에 해당되므로 귀(貴)적인 것보다는 현실적인 또는 도화적인 무대에서 실익성을 추구하고자 한다.

- 명궁이 반대그룹인 세·재·월에 해당되면 인생에 영향을 주는 중요한 일이나 사건이 타의에 의해서 일어나게 되는데 그것이 본인 인생에 미치는 영향이 지대하다.

12신살 정리표

	12신살	의식	유형		추구	스타일	스케일	재물
군위	겁살	평민	자립	주동	실리	경영가	대, 중	▼
	재살	양반	타립	수동	명예	전문가	대, 중	▼
	천살	왕족	의타	수동	명예	전문가	대	◎
	지배살	양반	주체	주동	명예	경영가	대, 중	△▼
신위	함지살	평민	의존	수동	실리	직장인	소	△▼
	월살	양반	타립	수동	명예	직장인	중	◎
	망신살	왕족	의타	주동	실리	경영가	대	◎
	장성살	양반	주체	주동	명예	경영가	대, 중	△▼
민위	반안살	평민	의존	수동	실리	직장인	중	◎
	세역살	평민	타립	수동	실리	직장인	중, 소	▼
	식신살	평민	의타	수동	실리	전문가	중	◎
	화개살	평민	주체	주동	명예	전문가	중	▼
재물의 ◎은 큰 단위, △는 상승 에너지, ▼는 하강 에너지								

(1) 장성살

1] 특징

- 장성(將星)궁에 입명하면 **집안 또는 조직의 중심인물**이 된다.
- 생년 삼합의 우두머리로 활동성이 좋다. **임전무퇴의 정신력**이 있으며 **중용, 안전, 보호, 치안에 관심을 가지고 내무장관과 같은 역할을 수행**한다.
- 고집과 독선의 강골 성향으로 관직이나 조직사회에서 성공하는 순기능이 있는 반면에 자칫 자만심과 안하무인격으로 타인과 불화하는 요소의 역기능을 동시에 가지고 있다.
- 현실지향적 성향으로 미래보다 '지금 당장'에 관심이 있고, 독불장군의 기질이 있어 배타성이 강하고 **자수성가, 리더십과 실천력**이 있으며, 남에게 굽히기 싫어한다.
- 여명의 장성은 똑 부러지고, 책임감이 강하며 본인이 가장 역할을 하는 운명이므로 이로 인해 배우자와 공방수를 두게 되는 경우가 많다.
- 장성은 발전의 원동력으로서 명예가 높아지고, 자력갱생의 아이콘으로 긍정적 요인이 많다.

2] 대한 · 유년 장성운

- 장성운에는 승진, 귀인을 만나는 길한 면도 있지만, 낙상수(落傷數)가 따르거나, 노인이면 병이 났을 때 사망으로 이어질 수 있다.
- 오지랖이 넓어지고 할 일이 많아지므로 학업 시기를 놓치거나 중단하게 되며, 중년 이후 만학하는 경우가 발생한다.
- 책임자의 위치에 오르나 그 결과는 일득삼실이 대부분이다.

(2) 반안살

1] 특징

- '말 등에 놓인 안장'의 뜻으로 **성공과 출세로 안정**되고 반듯한 삶을 영위한다. (주변의 협조를 얻고 수성할 때 운기가 열린다.)
- 반안살은 '임금을 모시는 내시'를 상징한다. 그래서 **반안궁에 입명하면 충성을 하는 자로, 대단한 중책을 능히 감당할 수 있다.** 군왕을 모시는 충신이기도 하지만 궁 안의 사람들의 **소통창구 역할**도 하므로 약방의 감초 격이며, 신분 보장이 완전하고 관리들의 **비밀통로 역할을 충실히 담당**하는 자이다.
- 지혜가 출중하고 학문에 흥미가 많으며 **임기응변에 능한 수완가**이며 목적의식이 분명하여 공직자로 출세하며, 자금 회전력도 좋아 의식주가 풍족하기 쉽다.
- 군대의 보급창고와 같다. 군대가 진군을 할 때 '**보급창고**'를 가져가는데 그것을 지키는 사람은 가장 안전한 곳에 있는 것이며, **가장 이득을 챙기기 쉬운 자리가 된다.**
- 재생산이 불가능한 것으로 보기 때문에 고초살이라고 한다.
- 왕이 공격받을 것을 대신해서 맞는 화살받이 역할로 남다른 책임감이 있고 변절이란 있을 수 없다.
- 내시는 자신의 의지대로 살아가는 자리가 아니므로 **의지 부족, 에너지 부족, 생기 부족, 용두사미의 삶**이 될 수 있다.
- 내시는 생산능력이 없어야 하고 충복심이 월등해서 군왕의 명령이라면 목숨을 다 바쳐도 될 정도가 되어야 하기에 가족이나 자식이 없어야 하니 **육친 친밀감 부족**이 발생한다.

2] 대한 · 유년 반안운

- 유년에서 학생은 진학하며, 직장인은 승진 · 승급하며, 사업자는 번영의 기틀이 마련된다.
- 반안운 시기에는 노력 끝에 귀인의 대접을 받는 격이므로 모두의 부러움을 받는 지명도나 학위를 얻게 된다.

- 안정기가 중점이 되어야 하므로 사업 확장 및 창업은 금물이며 오히려 수성해야 한다.

(3) 세역살

1] 특징

- 세역(歲驛)은 인신사해궁에 좌하며, 정보 교환, 외교 소문, 신문 방송 통신, 교통 이동과 관련이 있으니 문화공보부장관, 외교관, 보건사회부, 무역·여행업, 홍보·영업직, 보험업, 운송업, 분쟁해결사, 유흥업, 이동을 많이 하는 직업 분야에 종사한다.
- 진취적이고 활동적이다. 긍정적 마인드로 대인관계가 원만하여 사업적 기질이 다분하다. 다만 분잡하고 유동성이 심해 일관성 유지가 힘들며, 다소 신뢰가 결여된 듯 보이기도 한다.
- 세역궁에 입명하면 박식하며 소식 전달을 잘하며, 새로운 세계로의 진출을 꿈꾸고, 봉사와 양보, 이동을 잘한다.
- 세역살과 지배살은 실제 활동성을 나타낸다. 지배살은 자발적 이동이라면 세역살은 비자발적 이동이다.

2] 대한·유년 세역운

- 세역살 운은 변화의 시점으로서 길흉의 변환점이 된다. 지금까지 좋았다면 흉운이 작용할 것이나, 바닥을 헤맸다면 길운이 작용하는 시기가 된다.
- 세역살 유년은 환경 변화를 암시하므로 무엇인가 크게 변화를 주고 싶을 때 움직이면 의외의 소득을 얻는 경우가 있다. 이직, 해외 이동 등이 발생한다.
- 세역살 시기에는 대체로 다니던 직장을 그만두거나 윗사람과 갈등국면에 놓이게 된다.

(4) 식신살

1] 특징

- 식신(息神)은 화개살 직전에 놓여 모든 것이 멈추는 '침체의 시기'로 충동력의 결핍과 의기소침한 것을 의미며 위축되는 시기이다.
- 식신은 천살과 망신살과 삼합을 이루니 왕과 왕솔형제를 모시는 궁궐의 수문장으로 낮은 위치에서 높은 신분의 사람들을 상대하는 사람이다. 궁궐이 뚫리면 큰일이 발생하게 된다. 궁궐의 수위란 중요한 위치에 속하니 중앙의 위치이며, 저승사자라 불리며, 왕에게 가는 지름길이 된다.
- 수문장이므로 문단속을 하듯 자기관리에 철저한 특성을 보인다. 예민하게 반응하거나 눈치가 빠르며 센스가 있다.
- 수문장은 실리 추구가 목적이 되는 사람으로 집안의 지탱수단이 되는 종신자식으로 돈줄, 빽줄이 되는 동아줄이며, 탈세의 장본인이 될 수 있다.
- 서둘러 결과를 취하려는 속성 때문에 '빨리빨리'의 전형으로서 성격이 급하고 다소 경망스럽고, 동작이 민첩하며, 승부욕이 대단하여 일을 억지로 하는 속전속결형의 사람이다.
- 사지(死地)에 몰리거나 궁지에 몰리게 되는 일이 많이 생기니 산전수전을 많이 겪는 사람이라 할 수 있다. 위기에 처했어도 빨리 빠져나오는 잽싼 기지가 있다.

2] 대한·유년 식신운

- 식신 대한에 입하면 집안이나 조직의 핵심 부서에 배속되어 주요 정책들을 조정하는 인물로 부상하기 쉽다.
- 식신 유년에는 각종의 사고수에 취약하여 질병과 관재구설, 수해나 화재에 의한 폐해가 발생하기 쉽다.

(5) 화개살

1] 특징

- 화개(華蓋)는 문장, 예술, 종교의 별이며, 세상에서 뛰어난 **총명함과 지혜를 갖춘다고 이해할 수 있고** 게다가 늘 철학적 이치를 가까이하며, 공명 이익과 세속을 구하지 않는다. 고상한 삶을 영위하려 하며 교육, 철학, 역학에 관심이 많다.
- 화개살 명궁자는 학술에 관심이 높은 학자이며, **내무장관과 외무장관의 자문관 역할을 하는 참모격**이다.
- 화개살은 묘고지(墓庫地)로 화개살 명궁자는 일생 장애를 만나거나 막히는 일이 많다. 땅에 묻혀 **침잠하는 성향**으로 행동보다 생각이 많은 형태이며, **조용하고 관조적 태도를 가진**다. 고독하며, 꼼꼼한 성품이며, 머리가 총명하고 설득력이 있다.
- '화려함을 덮다'는 뜻에서 볼 수 있듯이 자신의 능력과 재능을 비장하고 없는 듯 고요하다. 반복적인 생활습관이나 업무에 익숙해 게으를 수 있고, 끼를 제대로 펴지 못하는 경우가 많다.
- 완전한 **휴면상태**의 정지기인 화개살은 시작의 분기로서 절처봉생의 **재생살, 반복되는 성향**이 있어 복고살이라고도 한다.
- 부모의 상속을 받는다 해도 일단은 영점으로 되돌아가서는 다시금 **복구과정**을 밟게 된다.
- 옛것과 관련 있는 고고학, 종교학, 철학, 심리학, 복구과정이 있는 재활용사업, 휴면상태와 관련 있는 휴양과 요양업이 화개살 속성의 직업군에 속한다.

2] 대한 · 유년 화개운

- 남녀의 재결합, 복학, 복직, 미제사건 등의 회귀, 재등용, 정치인은 선거 재출마, 미납 독촉장 등의 재반복과 관련된 일이 발생한다.
- 유년의 화개가 명궁에 있을 때는 주로 재난을 화해시키는 역량이라 할 수 있다.
- 화개운에는 운기의 순환작용 때문에 그간 좋았던 사람은 침잠하고, 나빴던 사람은 비범한

발전의 기틀이 마련되는 시기이다.

- 평소 은혜를 베풀지도 않았던 사람으로부터 도움을 받게도 된다.
- 화개운에서는 외교적 로비활동이 잘되는 특수한 작용이 있다.

(6) 겁살

1] 특징

- 겁살(劫煞)은 겁탈하는 살로 열악한 환경 속에서 아주 크게 역량과 심신을 소모해야 한다는 뜻이다.
- 겁·재·천·지가 좌한 궁은 군위(君位)에 해당되어 신분과 권세가 높아지는 작용력이 있다.
- 명궁에 겁살이 있는 사람은 진취적, 과단성이 있고 보기보다 강인한 사람으로 역모주동자와 같은 강성의 기질이 있다. 투기 심리가 있고 쿠데타, 폭행, 반항, 철거, 차압, 박멸 등의 강탈적인 행위를 할 수 있다. 강제적 방법을 동원해서라도 밀고 나가는 작용력이 있다.
- 사람됨은 조금 모가 나는 사람이며 몸이 강건하고 노동력이 있다. 강건함과 승부욕이 요구되는 스포츠, 강탈적 행위가 요구되는 집달관, 법조인, 칼날과 같은 도구를 사용하는 약사, 간호사, 재단사, 미용사가 겁살 직업군에 속한다.
- 무엇인가를 취하려다 오히려 재물을 강제로 수용당하거나 도난, 이별의 액운에 휘말려 곤란을 겪는 살로 스스로 큰 재앙을 자초해 그 속에 빠진다는 의미가 있다.

2] 대한·유년 겁살운

- 겁살 연운에는 동산과 부동산에 압류·경매·질권 등의 횡액이 있을 수 있다.
- 겁살운이 유리하게 작용이 되는 경우 오히려 횡재수가 되어 불로소득할 수 있으나, 불리한 경우라면 강탈적 행위가 야기되는 손재수로 고생한다.

- 화개운 다음이 겁살운이므로 화개운에 정리하고 겁살운에 새로운 터전으로 옮겨 새로운 시작을 해 보려 한다. 전쟁터에 있는 장수와 같이 험난함, 고달픔이 발생한다.
- 외과적 질환에 해당되는 수술, 교통사고 등이 있다.

(7) 재살

1] 특징

- 재살(災煞)은 **타인 또는 외부의 힘으로부터 강탈당하거나 빼앗기는 신살**이다. 이 시기에는 실물수가 발생하고 **불안 심리**가 팽배하여 의기소침하고 기가 눌리기 쉬운 상황이다.
- 재살은 재난의 살로서 일명 '**수옥살**'이라고도 한다. 이는 상대의 공격으로부터 자신을 지키기 위한 치열한 생존경쟁 속에서 자칫 관재구설에 노출되거나 납치 및 감금 등으로 감방에 갇히게 되는 살이다.
- 왕의 측근에서 신하 노릇을 하며 역모의 때가 오기를 기다리는 역모 동조자이다. 질투심이 많고 **표독함과 잔인성**이 있어 사람됨은 못됐지만 싹싹하고 깔끔한 행동거지가 있다.
- 총명하고 지혜가 출중하며, **분석력과 비판력을 동시에 겸비한 수재형 인간**으로 눈치가 빨라 상대를 배려하며 기분을 맞추거나 동조하는 편이다.
- 인류 발전에 이바지하는 총명한 사람, 혹은 고단수의 사기꾼, 또는 **정신노동 분야의 직업**에 종사한다.
- 두뇌와 수완을 교묘하게 활용해서 합법을 가장하거나 유력한 인물을 신분의 방패막이 삼으며, **빽줄을 이용하여 상대를 정복하여 실리를 추구하는 과정**이 있다. 내심으로는 칼을 품고 만약을 대비해서 언제나 칼을 뺄 준비태세를 갖추고 있다.

2] 대한 · 유년 재살운

- 대세운에 타인의 이간질과 구설과 방해가 발생하며, 소소한 사고가 끊이질 않고, 부모 형

제의 덕이 없거나, 육친과 다툼이 발생하기 쉽다.

- 수단과 방법을 가리지 않고 상대의 공격으로부터 자신을 수호해야 하기에 신경이 곤두선 예민한 상태로서 자칫 폭력성을 노출하기 쉽다.
- 자신의 정보 및 비밀이 누설되어 공든 탑이 무너지는 경우를 겪게 되며 손재를 당한다.
- 재살운에는 건강운이 불리하고, 노상 횡액에 취약하므로 주의해야 한다.
- 재살은 군위에 해당하니 학업에 대한 열정과 노력을 하게 되어 학생은 진학에 유리하다.

(8) 천살

1] 특징

- 천살(天煞)은 '임금님'을 상징한다. 그래서 명궁에 있으면 뛰어남이 있기에 **일등의식과 선민의식(選民意識)**이 있어 예의범절을 따지고 근엄함을 추구한다. 길한 경우에는 기억력도 뛰어나서 포부를 갖고 학업을 열심히 하여 출중한 인물이 되거나, 흉한 경우 그냥 노는 한이 있어도 아무런 일이나 하질 못하며 빈털터리가 되어도 고급생활만 추구한다.
- **돕는 자가 많고, 받을 복이 있다** 보니 **의타심**이 있고, 왕족이므로 남으로부터 받을 줄만 알아서 받은 은혜에 대한 고마움을 모르고, 그 은혜를 갚을 줄도 모른다.
- 천살은 천고살(天苦殺)로서 문자 그대로 '**하늘이 내리는 형벌**'이며 '천재지변'을 의미한다.
- 겁살과 재살의 뺏고 빼앗기는 치열한 공방전을 통해 하늘이 심판자로 나서는 형국이라 **상벌에 대한 영향을 받는다**. 잘한 일에는 승진이나 상을 받고, 잘못한 일에는 벌을 받게 된다.
- 여명은 아버지와 남편에게 불리하며, 남명은 부친에게 불리함이 있다. 남녀 모두 **남자 윗사람의 해**를 입기 쉽다.
- 직업으로는 이상적이고 멋있는 것, 학습을 많이 하고 상벌과 관련이 있고, 꿈과 야심이 있는 분야를 선호한다. 정치, 교육, 종교 계통에서 종사하며 **청탁과 관련**이 있기에 중개인이 될 수 있다.
- 로또 등의 복권에 당첨되거나 **생각지 않았던 재물운**이 있다.

- 천살 방위는 귀신이 진을 치고 있는 귀신방위로 조상과 제사와 관련이 있다.

2] 대한·유년 천살운

- 천살 유년에는 상벌의 작용력에 의해서 누구는 승진, 승급 또는 언론·방송 출연으로 신분과 명예가 높아지는 영광도 있지만, 문제가 있었다면 이 운에 좌천이나 퇴직의 불운을 맛보게도 된다.
- 천살 연운에는 윗사람의 방해가 따르며, 사고나 관재구설, 수술수, 부부 이별수가 발생할 수 있다.
- 개종 및 파계 등의 종교적 변화는 물론 관재구설 또는 직업의 중단이 있고, 노이로제 등의 신경질환에도 취약하다.

(9) 지배살

1] 특징

- 지배(指背)는 12신살의 '지살'과 같이 **주도적으로 자신의 길을 개척하고자 하는 행동을 하게 된다**.
- 지배는 **배후에서 다른 사람이 이런저런 비방이나 시비나 뒷말을 한다는 뜻**이다. 만약 지배와 문성(화과, 문창, 문곡, 용지, 봉각 등)이 동궁하면 이름이 높아 훼방을 초래하거나 재주가 높아 질투를 초래하는 등의 일이 있게 된다. 생년지 비렴(蜚廉)이나 박사십이신의 비렴(飛廉)이 동회하는 경우 다른 사람으로부터 배후의 시비를 받는다.
- 은연중 자신을 과시하거나 뽐내려는 기질 때문에 주변의 질시를 받아 망신을 당한다.
- 지배살은 세역살을 상대하니 **소식과 관련**이 있으니 **외무장관 역할이며 외교의 핵심인물**이며, 정치, 외교, 언론, 신문 방송과 관련이 있고, 자신을 드러내니 명함, 간판, 선전광고, 이동과 관련한 관광업종, 외국어, 영업 등이 있다.

- 어떤 일에 착수한다는 의미에서 시작살(삶의 영역을 넓히려 고군분투하는 시기)이며 내가 주체가 될 일에 부름을 받거나 타인의 부탁이나 지시로 움직일 일이 있다.
- 지배살은 인신사해궁에 좌하니 <u>이동이 빈번</u>하여 가족과 인연이 박할 수도 있으나, 대인관계 등을 통하여 견문을 넓히거나 재물과 인연을 맺을 수도 있다. 부평초 같은 심리가 작용하여 정처 없이 떠돌아다니는 신세가 될 수 있다.
- 장성살과는 불가분의 관계로 가장 친해야 하는 사이로 내무장관과 외무장관 활동을 원활하게 해야 경제가 부흥된다.

2] 대한·유년 지배살운

- 평소 마음먹거나 결심했던 일은 지살운에 실행하고자 한다.
- 지살운에는 망신과 관재구설, 국내 이동, 해외로 나가는 운, 취업에 따른 승진 및 승급 등의 영광이 있다.

(10) 함지살

1] 특징

- 함지(咸池)는 궁궐의 시녀로 왕의 <u>시중을 들기 위한 반복적인 일을 하는 사람</u>이며, 시녀는 언제나 왕을 유혹할 수 있도록 요염해야 하고, 화려해야 하고, 다재다능해야 하며, <u>끈기 있게 기다리는 인내심</u>이 있어야 한다.
- 반복적 업무로 인한 피곤한 시기가 있지만, 윗사람으로부터 부름을 받는 등으로 일약 스타덤에 오르는 <u>벼락출세의 호기</u>를 맞이하기도 한다.
- 함지는 도화살이니 '미적 감각'과 '서비스'와 관련이 있어 <u>예술 재능</u>으로 보며, 이외에도 <u>의료계통, 서비스직</u>이 함지의 직업군에 속한다.
- 타인에게 멋지게 보이기 위해 치장에 관심이 있고, <u>주색(酒色)</u>과 연관이 있다. 함지를 밀

애·탈선·성교로 보아 '통속적인 색정'의 의미가 있지만, 오히려 **대인관계에서 인기도** 좋고 활동적이기 때문에 현대적 관점에서는 바람직한 신살로 본다. 그러나 목욕, 대모, 천요 등과 동궁하면 도화 범람으로 인해 색정사로 손해를 본다.

- 타인의 시선을 끄는 성분이기 때문에 자신을 공교하게 드러낼 수 있는 서비스직, 구술업, 의료업, 디자인, 인테리어, 예술, 기예 등이 좋다.
- 허영심과 소비심리가 있고, 외관이 화려하거나 보여 주기 식으로 실익이 없다.

2] 대한·유년 함지운

- 함지운에서는 인내심을 가지고 기다려야 하는 대기인고(待期忍苦)의 시간이 있다. 어떤 일의 결과가 더디게 나타난다.
- 전문영역의 직업들은 연살행운에 명성을 날려 성업한다.
- 자신을 공교하게 드러내는 시기로 개업, 결혼, 모임, 선거 등의 알리는 행사에 적합하다.
- 사람과의 빈번한 접촉으로 인해 소비가 늘어난다.

(11) 월살

1] 특징

- 월살(月煞)은 '내당마님'으로 본다. 왕인 남편의 **권력을 등에 업고 뒤에서 권세를 누리는 사람**이다. 왕에 대해서는 **현모양처**로서 보필하는 게 본분이기 때문에 개인적으로는 **최고 선망의 대상**이고 동시에 **최고의 영복을 누린다**. 왕비의 역할이 주로 국민의 복지와 건강 등을 돌보는 사회 사업가적 위치인 것처럼 사회복지와 관련이 많다. 왕비의 신분이 귀족 집안 출신인 것처럼 '상속'과도 관련이 있다.
- **종교 및 초자연적(occult) 현상에 관심**이 많아 실제 그러한 분야에 종사하거나 몰입한다. 여명의 월살은 종교 활인명으로서 부부관계가 적막하고 무정하다.

- 어둠을 밝혀 주는 등불의 역할로 <u>사회사업, 육영, 교육</u>에 관심이 많고, 선한 마음이 있다. 활인적덕(活人積德)으로 의약계, 주방, 심리, 역사, 철학 등의 직업군에 속한다. 현대에는 가정생활을 중시하는 '전업주부형'에 속한다.
- 월살의 재액은 주로 여성 육친과 관계가 있어 모친이나 <u>여자 윗사람으로 인한 해</u>가 있게 된다.
- <u>나락의 길로 떨어져 인고의 세월을 보내야 하는 시기</u>로 광명의 시기를 맞을 준비하는 기간으로 자숙의 천명(天命)이 담겨 있다. <u>함부로 행동하지 못할 제약을 감수해야 하는 고통</u>이 반드시 수반되며, 만물이 고갈되고 자칫 신체장애를 입게 되는 살이다.
- 신병(神病) 증세, 우울증, 마약 등 반사회적 일에 손대거나 하여 패가망신할 수 있다.

2] 대한·유년 월살운

- 가정과 직업에 재앙이 닥쳐 몰락으로 한직과 퇴직, 휴직이 발생하기 쉽다.
- 모든 일이 성사될 듯해도 중도에서 좌절, 답보 현상으로 허무하게 끝나는 경우가 대부분이다.
- 월살운에는 재운이 상승하여 유산 및 상속, 사례금, 위로금 등과 관련한 반사이득으로 불로소득이 생긴다. 세건십이신의 초상사를 의미하는 조객 상문과 회조를 하므로 생기는 '생각지도 못한 이득'이 있게 된다.

(12) 망신살

1] 특징

- 망(亡)은 '망하다·죽다·달아나다'의 뜻으로 자신의 몸(身)을 망하게 하는 의미로 망신살 시기에 조심하지 않으면 <u>다양한 일들로 심신이 만신창이</u>가 됨을 암시한다. 그러나 <u>몸을 팔고 망신을 당할지라도 실리를 추구해서 이득만 취하면 그만이라는 심리상태</u>를 가지게 된다.

- 신위에 있으면 천살과 삼합을 하니 **왕족 형제로 재물 실속 면에서는 최고이다.** 왕이 되지 못하는 처지이니 **치부에 관심**이 많고, 왕족이라 제재를 받지 않으니 **마음대로 하려는 기질**이 커서 억지 부림이 심하여 억지살, 원망살이라 한다.
- 성격상 부끄러움이나 노여움이 있고, 구경을 좋아하고 호기심이 많고, 거기에다 먹고 싶은 것도 많으며, 지식은 박식에다 견문도 넓은 실력자이면서 사치가 심하고 비윤리적인 면의 애인을 두는 등 **부도덕하고 불륜적인 행위**를 한다.
- 망신은 **생각지도 못한 부분에서 '의외의 파괴력'이 발생**한다. 재물적인 면으로 예를 들면, 잘 진행되고 있던 사업이 생각지도 못했던 경쟁자 출현으로 인한 금전손실의 발생과 같은 손실수가 생긴다. 건강적인 면에서 망신운에는 부끄러운 부위를 보여야 하는 경우나 <u>예기 치 못한 수술</u>을 받게 된다.

2] 대한 · 유년 망신살운

- 사랑 고백, 청탁, 선거 출마, 부탁 거절 등의 용기가 필요한 일에 적합한 시기이다.
- 망신운에서는 서로가 예기치 않은 일로 원망하고 억지를 부리다 망신을 당하게 되는 시기이다.
- 망신운이 살기형과 동주하면 반드시 대흉의 관재구설을 타게 되니 바람을 피우면 발각되어 망신당한다.
- 부끄러운 부위를 보여야 하는 망신으로 불치병, 수술수, 사망이 따른다.
- 의외의 돈이 들어와 재물이 늘어나게 된다. 망신대한에 길성이 회조하면 상속 및 증여, 위로금, 사례금 등의 재복이 좋아진다.
- 망신운에는 비교적 일이 빨리 성사가 되지만 결과는 꽝이다. 망신 운에 취한 재물은 가급적 빨리 이익 실현하고 손을 털어야 한다. 그리고 다음의 길운까지 인내해야 한다.

2) 박사십이신

박사는 항상 녹존과 동궁하며, 이 궁으로부터 박사십이신(博士十二神)이 양남음녀는 순행으로 배치되고, 음남양녀는 역행으로 배치된다.

(1) 박사

- 박사(博士)가 입명하면 총명과 지혜가 있고, 성향이 빈틈없이 꼼꼼하며, 권귀와 수명에 길하다.
- 박사는 文을 주관하여 백관조공성과 화과를 만나면 문필로 이름을 얻거나, 학업과 시험에 유리하다.
- 박사는 항상 녹존과 동궁하므로 육길성과 동궁할 경우, 돈을 벌려는 생각이 많아지거나, 혹은 수입이 생기는 상황에 놓인다. 보너스, 표창장을 받는 일 등의 길함이 있다.

(2) 역사

- 역사(力士)는 경양이나 타라와 동궁한다. '유력(有力)'하다는 뜻으로 권(權)으로 쓰인다.
- 명궁에 있으면 힘을 써서 일하는 사람으로 생사의 권력을 잡는다. 묘왕한 주성이 길성과 동회하면 권세을 얻어서 발달하는 성이 되어 복이 될 수 있으나, 유약한 성을 만나면 크게 다치게 하거나 잔악하게 함이 있다. 묘왕한 살성이 동궁하면 문무권신이 되지만, 낙함한 살성과 만나면 반드시 가난하고 허약한 사람이 된다.

(3) 청룡

- 기쁜 일을 주관하고, 명성에 이로우며, 정신향수를 누린다.
- 청룡(靑龍)은 경사(결혼·이사·승진·출산 등)로 인해 돈을 번다. 월급이 올라가는 기회가 있다.
- 주성이 낙함한 궁에서 살기형을 보면 즐거움을 탐하다 병이 된다.

(4) 소모

- 소모(小耗)는 작은 손해를 뜻하며 대궁에는 항상 대모가 좌하므로 낭비, 금전손실, 유실(遺失)이 발생한다.
- 소모에 창곡화기와 같은 것이 가해지면 사기를 당하거나, 속임수에 넘어가 손해를 볼 수 있다. 요즘은 보이스 피싱에 걸려드는 경우가 많다.

(5) 장군

- 장군(將軍)은 어떤 세력에 힘입어 위세를 부리는 것를 주관한다. 입명하면 자긍심을 느끼게 되거나 다른 사람에게 폼 나게 보이기 위해 과시하는 경향이 있고, 성격이 거칠며 성급하다.
- 항상 박사와 삼합으로 만나므로 육길성이 더해지면 사람들의 협력을 받는다는 뜻이고 지위가 올라가 위세를 얻고 커다란 성취가 있다.

(6) 주서

- 주서(奏書)는 '국왕에게 올리는 문서'라는 뜻으로, 즉 '문서와 상소문'으로서 文에 속하여 창

곡, 화과 등의 문성이 동회하면 문장이나 글로 인해 돈을 벌어들일 수 있다. 예를 들면, 글이나 글씨, 책, 편지 등과 관련되어 누리는 복록으로 원고료나 인세를 받는 것이 여기에 해당한다.

- 주서는 항상 양타, 관부를 상대하므로 살기형을 만나면 관재구설, 소송과 관련된 문서를 작성하거나 상소문을 올릴 일이 있다.

(7) 비렴

- 비렴(飛廉)은 항상 박사를 상대하며, '구설'을 주관한다.
- 비렴 대세운에는 가벼우면 시비, 구설이 있고, 갑자기 지엽적인(사물이나 사건 따위에서 본질적이 아니라 부차적인 부분에 속하거나 관계된 것) 문제가 생기는데 생각지 않은 것에서 생긴다. 살기형을 만나면 다툼이나 관재 소송을 일으키기 쉽다.

(8) 희신

- 희경사를 뜻하며 결혼, 출산 승진과 같은 기쁜 소식을 의미한다.
- 희신(喜神)은 대궁에 역사와 양타가 좌하기 때문에 창곡과 길성을 보지 못하면 '지연'을 의미하여 화기와 동궁하면 일이 지연되고, 기쁜 소식을 전달받지 못하거나 손해를 본다.

(9) 병부

- 질병을 뜻하며, 병부(病符)는 명신궁, 질액궁에서 가장 잘 발휘된다. 또한, 이 궁 안에 天月과 살기형이 중첩되거나 세건십이신의 병부와 만나면 질병이 발생한다. 육친궁에 있으면 해당 육친이 질병이 노출된다.

- 본궁에 살기형이 없고 병부만 있다면 단지 싫증을 자주 느끼거나 냉담함이 있다.
- 대한이든 유년이든 병부, 天月 등을 보면 질병에 주의해야 한다.

(10) 대모

- 박사십이신 대모(大耗)는 '재물을 흩어 버리고 잃어버림'을 의미한다. 대모가 도화성과 만나면 색욕으로 인해 재물을 낭비하게 된다.
- 명궁에 있으면 물건을 자주 잃어버리고 비교적 물건을 정리하는 습관이 없다. 가업을 지키지 못하고 집안의 돈을 까먹는 것을 의미한다.

(11) 복병

- '남을 해칠 음모를 꾸민다'는 뜻이며 상황이 마치 다른 사람에게 암중 타격, 매복공격을 하거나 당하는 것과 같다. 천요와 동궁하면 권모술수, 음모를 뜻하고 대개 사기성을 띤다. 비렴, 음살, 지배 등과 회조하면 구설, 시비나 비방을 받거나 한다.
- 복병(伏兵)은 타라와 비슷한 성질이 있으나 그 능력은 타라보다 약하다. 타라처럼 '지연되다'라는 뜻으로서 살기형을 중하게 보면 일이 지체되며 사정이 번잡하게 된다.

(12) 관부

- 관부(官符)는 언제나 경양이나 타라와 동궁하므로 이미 시비의 성질이 내재되어 있는 성으로 소송이나 구설을 의미한다.
- 세건십이신에도 관부가 있으니 두 관부가 동충하고 해당 궁위에서 살기형을 중하게 보면 관재수가 발생한다.

3) 세건십이신

세건십이신(歲建十二神)은 연지인 세건을 기준하여 순행 배치하는 것으로, 태어난 생년지를 중심으로 매년의 진행에 따라 변해 가는 삶의 모습을 형상화한 것으로 장성십이신과 동회한다.

그룹	장성십이신	세건십이신
윗그룹	망·식·천	용덕, 병부, 관삭
자기그룹	지·장·화	세건, 관부, 백호
아랫그룹	겁·함·반	회기, 소모, 천덕
반대그룹	세·재·월	상문, 조객, 대모

(1) 세건

- 세건(歲建)은 '해(年)을 세우다'라는 의미로 태어난 연도 궁에 좌하며 반드시 장성십이신의 지배궁, 장성궁, 화개궁 중에 좌한다. 세건은 태세(太歲)로도 쓰인다.
- 일년의 길흉을 주관하고 길성과 동궁하면 즐거운 경사가 많은데, 흉성과 동궁하면 재난이 많다. 세건궁선이 화기를 만나면 세건충이 되어 불길하다.
- 세건은 생년 세건과 유년 세건으로 나뉜다. 유년 세건은 그해에 해당하는 궁이다. 세건과 길성이 동궁하면 주로 일 년이 무사하다.

(2) 회기

- 회기(晦氣)는 '어두운 기운'으로 세건궁에서 1칸 순행하며 반드시 공망성인 천공과 동궁한다. 유년에서 보면 회기는 내년을 상징하는 자리에 있으니 미래에 대한 걱정과 환상이 존재하는 궁이 되므로 불안 심리가 내재되는 울적한 기운이 있다. 심정이 열악하고 마음이

답답한 것으로 일이 순조롭지 못하며 살기형이 동회하면 원한, 원통함으로 발전한다.

- 어떤 사람의 심정이 좋지 않아서 분풀이 대상을 찾게 된다면 회기가 겁살과 동궁하거나 삼방에서 만나기 때문이다.

(3) 상문 조객

- 상문(喪門)은 조객(弔客)과 삼합으로 만나며 초상(初喪)과 관련이 있다. 대한이나 유년의 명궁에 있거나 육친궁에 조객 상문이 동충하면서 사화로 인동되면 장례식과 연관이 된다.
- 상문은 사망이라면 조객은 조문객을 의미하며 부조금이 발생하게 된다. 상문과 조객은 장성십이신의 월살 재살 세역궁에 동회하며 월살그룹의 상속의 의미는 상문 조객과 동회하기 때문이다.

(4) 관삭

- 관삭(貫索)은 새끼줄로 엮어 놓은 상태를 말하는 것으로 '줄로 묶고 지체한다'는 뜻과 성격적으로 '집착'과 '융통성 없다'는 의미가 있다. 오늘날에는 '수갑'과 같은 형상으로 투옥과 관련이 있는 성으로 살기형과 동충하면 시비, 관재, 소송이 발생하기 쉽다. 길성과 관삭이 만나면 주로 지연과 착오가 있거나 의외의 손실이 있다.
- 질액궁에서 관삭이 天月, 형요성, 천곡, 천허와 만나면 만성질병이 있다.

(5) 관부

- 관부(官符)는 '통제나 제지하는 명령이나 명령서'와 같은 것으로 주로 관재, 시비, 소송, 형법을 의미한다. 항상 조객을 상대하니 갑작스런 초상사 연락처럼 장례식장에 가야 하는

반강제성을 띤 명령서의 작용이 있다.

- 관부는 관청과 관련된 일로 일반적으로 유월, 유일에서 보면 관청으로부터의 미납 청구와 같은 독촉서, 재산세나 부동산세, 또는 주차위반 고지서, 벌금통지서 등의 고지서가 나오거나 관청 법원 병원 등의 기관에 신분증명이나 각종 필요 서류를 의뢰하는 일이 있게 된다.

(6) 소모

- 세건십이신의 소모(小耗)는 대궁에 병부가 항상 좌하므로 병으로 인해 재물 소모의 의미가 있으며, 天月이 동궁하면 더욱 확실하다.
- 박사십이신의 소모와 그 기본성질이 같아서 이 두 개의 소모가 서로 중첩되면 더욱 물질 손실의 징조가 커진다.

(7) 대모

- 세건십이신의 대모(大耗)는 언제나 세건을 상대하고 있고, 상문과 조객을 삼방에서 만나니 초상사와 같은 흉한 일과 연관이 되며, 세건충이 되면 사고나 관재구설 등의 재난이 발생하기 쉽다.

(8) 용덕 천덕

- 삼덕성과 같다.

(9) 백호

- 백호(白虎)는 '피를 보는 형상(刑傷)'의 의미가 있다. 백호는 상문과 상충하고 관부와 상회하니 주로 상병(喪病)이나 관재를 뜻한다. 장군, 역사 등과 동궁하면 그 운에는 상심하는 근심이나 관재, 소송, 육친 형극의 흉한 일이 있다.
- 백호살이 명궁이 있으면 강단이 있고, 직관적이며 주체성이 높다. 활동성과 전투력이 있으며 집중력이 강하여 끝까지 한 분야만 파서 성공하는 힘이 있어 사회적 성취를 이루어 낸다. 타인의 말을 잘 안 들으며, 버럭 하는 기질과 불같은 성미가 있다.
- 직업적으로는 생사를 다루는 전쟁터와 같은 환경에 사는 것으로 의료계, 금융계, 군인, 경찰, 소방업, 요식업, 순간적 힘을 쓰는 스포츠, 종교 · 철학, 무속, 역술가 등이 좋다.
- 백호살에는 예측불허의 힘이 있고 변동성이 커서 육체와 정신, 건강에 불안 요소로 작용한다. 백호살 기운에 지게 되면 건강상의 문제가 발생한다.

(10) 병부

- 박사십이신의 병부와 같으며, 세건십이신의 병부는 항상 유년 형제궁에 들어가기 때문에 단지 유월, 유일을 추단할 때 사용한다.
- 박사십이신의 병부, 장생십이신의 병, 天月 등과 중첩되면 병의 상황이 좀 더 심하다.

4) 장생십이신

- 장생십이신(張生十二神)은 생명의 잉태와 탄생과 죽음에 이르는 과정을 12단계로 나눈 것이다. 장생십이신은 궁의 기운의 성쇠를 대표하는 것이기 때문에 십사주성의 왕·쇠, 궁의 왕·쇠 등에 큰 작용을 한다.
- 사주의 12운성과 의미는 같지만, 두수에서는 오행국을 기준으로 장생지를 잡는다.
- 장생·목욕·관대·임관·제왕지에 입하면 적극적이고 진취적 기상이 있고 세상에 나가 출세하려는 마음가짐과 행동을 한다.
- 쇠·병·사·묘·절·태·양에 이르면 적극성보다는 숨으려는 성질이 있어 부정적인 면으로 자신감이 결핍되거나 저조하고 소극적인 태도를 보이기도 하지만, 기질적으로 화려하게 보이는 세속적인 삶보다는 종교, 철학, 역학, 독특한 감성의 예술이나 창작 등과 같은 분야에 관심을 가진다.

(1) 장생

- 장생(張生)은 세상에 태어남을 의미한다. 세상에 갓 태어남이란 시작을 의미하니 무서움, 두려움이 없다. 단 어린아이와 같아서 타인의 도움으로 발전과 성장, 순종과 개혁, 장수와 번영이 있다.
- 명궁에 있으면 온화하고 총명하고 생기와 활력이 있고, 생명력이 강하다.
- 형제궁에 있으면 형제 간 정이 깊거나 좋은 친구를 얻기 쉽다.
- 관록궁에 있으면 활동력이 강하고 항상 움직이며, 매사 직접 하려는 성향이 있다.
- 재백궁에 있으면서 길화되면 재물이 쌓여 있음을 의미한다.

(2) 목욕

- 목욕(沐浴)은 말 그대로 태어나서 알몸에 붙은 피나 찌꺼기가 씻겨지는 단계로 발가벗고 있는 것이 부끄럽다는 것을 모르는 아이처럼 인생은 개화되지 못하고, 교화되지 못한 기간을 의미하며, 일체의 행위는 원시적 본성에서 나오고, 희로애락의 온갖 감정과 욕망이 모두 제 마음대로다. 목욕이 도화 기질이 있다는 것은 여기에 근거하며, '불량한 도화'로 본다.
- 목욕이 사패지인 자오묘유궁에 들어갈 때는 도화의 의미가 증강되고, 사묘지인 진술축미궁에 들어갈 때는 묘고(墓庫)의 특성으로 인해서 도화의 의미가 감소된다.

(3) 관대

- 관대(冠帶)는 '벼슬'하여 관직에 나아가기 위해 '복장을 갖추는 것'으로 주로 매우 기쁜 경사를 의미하며 모든 궁에서 길하다.
- 관대는 성숙하고 성년이 되었다는 의미로 '성장을 대표'하며 비약적인 발전의 궁으로 '성숙, 발달'하는 의미가 있다.
- 관대 입명자는 명예과 권위에 대한 욕망이 있고, 이해타산적이고 포용심이 적다 보니 말썽과 대항이 있다. 세상에 대한 호기심이 많다.
- 관대는 제복을 의미하니 직업군으로는 제복을 입는 의료계, 법, 군경찰계, 소방계 등과 관련이 있다. 흉살이 동회하면 수의복이나 죄수복을 입게 된다.

(4) 임관

- 임관(臨官)의 다른 이름은 '건록(建祿)과 망신'이다. 건록의 의미로는 성년이 되어 벼슬길에 올라 출세하는 것을 의미한다. 사회활동을 왕성하게 하며 한 분야의 의사결정권자로 책임감과 성취감이 있다. 고도의 지식과 경험이 있고, 의욕이 왕성하고 독립심이 강하나

오만함이 있다.

- 입명하게 되면 자수성가하는 성으로 초년운은 대체로 나쁘지만 중장년에 이름이 있다.
- 제왕의 바로 아래 단계로 최고가 될 잠재적 소질이 무한하므로 이를 '내일의 별'이고 하며 '상승 발전의 상'이며 재물 실속이 최고의 시기이다.
- 임관에는 망신의 의미가 있기에 '의외의 파괴력'으로 몸을 망치게 되는 작용으로 비윤리적인 행위의 치부가 드러나거나 질병으로 인한 고통이 있게 된다.

(5) 제왕

- 가장 최고봉의 시기로 제왕(帝旺)은 활력과 박력이 모두 극치에 달해 패기가 있게 된다. 최고의 단계이므로 묘왕한 주성과 동궁하는 것을 좋아하는데, 그런 경우 앞장서서 이끌고 지도하는 능력이 강하다.
- 입명하면 자존심이 강하며 일처리에 있어 독자적으로 하고, 지기 싫어하며, 남에게 고개 숙이지 않으려 한다. 소유욕, 명예욕, 승부욕이 강하고 지모(智謨)와 실리가 있다. 타인에게 존경과 경청함을 보이고 겸손함을 가져야 한다.
- 제왕이 자·오·묘·유궁에 거하면 활동력이 증가되고, 진·술·축·미궁에 거하면 비교적 수렴하는 성향이 있다.

(6) 쇠

- 쇠(衰)는 진취적인 것이 다하여 기가 쇠약해짐을 의미한다. 노쇠하여 제왕의 자리에서 물러나니, 적극적인 활발함과 생기가 부족하고 사회성의 결여가 있으나 과거 권좌에서 부린 오만과 자신감의 그림자는 남아서 온화한 것 같으나 거칠며 고집이 있고, 괴팍한 기질이나 행위가 있다.
- 쇠란 에너지가 식어 가는 것이므로 육친궁에 있으면 관계성의 친밀함이 부족하다.

- 명신궁에 있으면 생기가 없고, 투지나 에너지가 부족하여 용두사미가 되기 쉽다.

(7) 병

- 쇠보다 더 진일보한 기력 쇠진으로 신체가 병(病)이 듦을 의미하는데, 활동성이 부족하고, 야무짐이 없어 일처리에 있어서 말과 행동이 다르고, 명성에 좋지 못하고, 환상이 많고, 일에 대한 흥취가 나지 않는 상태이다.
- 병이 육친궁에 들어가면 관계가 그다지 친밀하지 않다는 뜻으로 연분이 박하고, 그 육친에게 병이 있을 수 있다.
- 병은 사마지인 인신사해궁이 떨어지며 천마와 동궁하기 쉽고 대궁에는 반드시 장생이 좌하니, 마치 경주마가 달리다가 병이 나면 쉬면 낫는 것처럼 계속 달릴 수 없고 휴식을 취했다가 다시 기량을 회복하고 나가면 성과가 더 좋은 것처럼 휴식하거나 휴양을 하게 되면 종종 뛰어난 능력이 나오게 된다.

(8) 사

- 사(死)는 병 다음 단계로 병이 있는 연후에는 사망의 기회가 증가하는데, 명이나 운에서 사지에 들면 하락과 정지의 시기로 이별, 관재, 파재, 질병, 사망이 발생하기 쉽다.
- 성격으로는 우유부단한 면이 있으면서도 고집이 있고 완고하며 충동력이 결핍되어 있다.
- 사가 입명하며 삼방에서 양과 임관이 회조하니 재·관이 부강한 삼합 구조를 가지고 있기에 '지탱수단'이 있는 구조로 사회적 상승, 발전을 이루기에 나쁜 위치는 아니다.

(9) 묘

- 묘(墓)는 생명의 기운이 감춰지는 단계인 '동작 정지'의 상태로 저장하는 것이고, 물러나 숨는 것이고, 잠복하는 것이며, 휴양하는 것이며 안정을 희구한다.
- 묘궁에 있으면 침체와 고통이 따르나 영혼은 건강하다. 종교·철학에 관심이 많고, 재능은 있으나 내성적으로 꺼내지를 못하며 애늙은이같이 비밀이 많다.
- 장생십이신 중에서 '생·왕·묘' 삼합은 태어남과 최고봉의 시기와 죽음의 단계로 구성이 된 인생 이정표이다.

(10) 절

- 절(絶)은 '절처봉생(絶處逢生)'으로 절지를 통과하게 되면 환골탈태하여 종종 사람이 어떤 상황에 대해 완전히 새롭게 되는 체험을 하는데 이것이 절지의 긍정적인 효과이다.
- 새로운 시작을 위한 단절로 모든 인연을 끊으니 이별, 고독, 고립이 있다. 육친궁에 있으면 관계가 소원하기 쉽다.
- 절은 명궁에 있으면 고독하거나 소극적이기 쉽고, 싫증이 많고 분위기에 잘 휩쓸리고, 생각만 많고 행동이 부족하다.
- 장생십이신 중에서 절은 쇠와 목욕을 삼방에서 만나고, 병은 태와 관대를, 사는 양과 임관을, 묘는 장생과 제왕을 삼방에서 만난다. 병·사·묘가 부정적 의의가 강하더라도 삼합의 긍정적인 궁의 지원과 보상을 받아서 부정적 기운을 약화시킬 수가 있는데, 그러나 절의 의의는 활력과 생기가 완전히 소실된 상태에서 삼방에서 쇠와 목욕이 부정적 성향이 강하게 나타나면 이별, 고독, 고립의 상황이 강하게 되어 불길하다.

(11) 태

- 태(胎)는 배 속에서 생명체가 잉태됨을 의미하기 때문에 기운이 강하지 못하며, 돕는 자가 없으면 아무것도 하지 못하고 의타심이 강하다.
- 태는 비록 생기가 아직 강하지는 않지만, 희망의 밝은 그림자이며 곳곳에서 싹이 돋는 것이다. 따라서 태는 사상적으로 거듭 새롭게 정리하는 것이므로 어떤 일에 대해 새로운 사유, 새로운 이념에 따라 행동해야 하는 일이라면 태에 부합되는 일이다.
- 관록궁과 재백궁에 좌하는 것이 적합한 성으로 새로 전개하는 계획을 의미한다.

(12) 양

- 양(養)은 태어나기 전에 배 속에서 배양되고 키워지는 단계로 희망과 잠재력이 무한함을 의미한다.
- 양은 무언가를 자발적으로 하기에는 시기가 무르익지 않은 단계이며 '돕는 자'를 필요로 하는 때이다. 양은 숨어서 배양되는 시기이므로 모든 것이 암중으로 진행이 된다.
- 양을 행하는 운한에서는 움직이지 않는 것이 아니고 여지를 남겨 두고 부단히 누적되는 상황이며 충동적이지 않고 경솔하게 행동하지 않는다.

8

보좌살성

십사주성을 제외하고 나머지 성들은 소성에 속하는데, 그중에서 중요한 성들을 보좌살성으로 분류하였다. 8개 보좌성과 8개 살성은 주성의 힘의 강약과 길흉에 많은 영향을 준다. 십사주성의 길흉은 함께 동회하는 소성에 의해서 만들어진다. 그중에서 녹존, 천마, 육길성, 육살성, 형요성의 영향력이 크게 미치는데, 명궁 중심으로 육내궁에 녹존과 육길성이 많다면 살아가는 데 이로운 복이 따르는 경우가 많다. 단 길성이 많다고 선한 사람이고 육살성이 많다고 악한 사람이라는 의미는 아니다. 길성이 많아서 자신의 이익만을 먼저 생각하는 사람이 있고, 살성이 많아도 타인에게 양보하고 희생하는 사람이 있기 때문이다.

쉽게 설명해 보자면, 한 공간에 길성의 공과 살성의 공들이 바닥에 놓여 있고, 각자 운명에 맞는 공을 줍는 게임을 하는데, 공을 줍는 사람 4명이 있다고 하자. 두 사람은 길성을 많이 갖고 태어난 A, B이고, 나머지 두 사람은 살성을 많이 갖고 태어난 C, D이다. 바닥에 놓여 있는 공들을 주우려고 할 때, 이왕이면 길성의 공을 줍고 싶지 살성의 공을 줍고 싶은 사람은 없을 것이다. 줍는 과정에서 A는 함께 공을 줍는 다른 사람들을 배려하고 도우면서 자신에게 들어오는 길성의 공을 줍게 되는 상황이 만들어지고, 자신에게 돌아온 행운을 다른 이와 함께하겠다고 한다면 A는 인품도 좋고 복도 많아서 큰 인물이 될 사람인 것이나, B는 길성은 운명적으로 자신의 몫이니 "내 거야" 하며 타인에 대한 배려나 감사하는 마음 없이 이기적으로 쟁취하며, C나 D에게 돌아간 흉성의 공들을 보면서도 당연하다 여기니 B는 길성 값으로 자신에게 유리한 것을 차지하겠으나 인성이 좋은 사람은 아니다. C와 D는 길성을 갖고 싶어도 운명적으로 자기 것이 아니니 결국 가질 수 없고 자기 몫의 살성을 줍게 되는데, C는 그래도 "남이 잘됐으면 됐지" 하며 살성을 가지고도 좋은 마음을 가지고 사니 큰 복은 없어도 안정이 될 것이고, D는 이런 살성이 내 자신의 거라는 것에 화가 나 타인에게 살성 값만큼 난폭함을 휘두른다면 본인과 타인에게 피해 입히는 존재가 된다. 세상에는 크게 세상을 이롭게 할 소수의 A와 자신의 이득만을 쫓는 많은 B, 대다수의 서민적인 C와 악행을 저지르는 소수의 D의 인생으로 나눌 수 있다. 길성과 흉성의 차이를 선악으로 구분하지 않길 바라는 마음에서 설명하였다.

1) 보좌성

- 보성 : 좌보, 우필, 천괴, 천월
- 좌성 : 문창, 문곡, 녹존, 천마
- 육길성 : 좌보, 우필, 천괴, 천월, 문창, 문곡

*보좌성은 빈부귀천과 격의 고하에 결정적인 영향을 미치는 중요한 성이다.

- 보성(輔星)은 자기의 의지적인 노력이 없이도 길상이 나타나지만, 좌성(佐星)은 자기의 노력이 없으면 길상이 나타나지 않는다. 공부하지 않으면 창곡의 길상이 드러나지 않고, 돈을 벌기 위해서 움직이지 않으면 녹마의 길상이 드러나지 않는다.
- 짝성이 있는 보좌살성 및 기타 소성에서 짝성의 특성을 문(文)인 것과 무(武)인 것, 강한 것과 부드러운 것, 실(實)한 것과 허(虛)한 것, 정신인 것과 물질인 것으로 나눌 수 있다.
- 천괴 · 천월을 줄인 말은 '괴월', 좌보 · 우필은 '보필', 문창 · 문곡은 '창곡', 녹존 · 천마는 '녹마'라 줄여서 부른다.
- 괴월은 생년 발생으로 '국가나 조직, 윗사람의 혜택'을 의미한다.
- 보필은 생월 발생으로 '친구나 사회에서 만난 사람의 혜택'을 의미한다.
- 창곡은 생시 발생으로 '문예, 아랫사람이나 제자'를 의미한다.

(1) 보성

1] 천괴 · 천월

- 괴월은 '신성한 은인 역할'을 하는 성이며, 해액 작용이 있다. 괴월은 불행을 억제하고 행운을 가져오는 힘을 가지고, 적절한 시기에 괴월의 유익한 효과를 활성화를 시킬 것이다.

① 괴월에는 기회, 발탁의 의미가 있다

- 관직, 시험, 인사가 시험성적이 좋다거나 공부를 잘해서가 아니라 발탁됨으로써 얻게 되는 합격이나 명예이다.
- 선거에서 당(黨)으로부터 발탁이 된다.
- 괴월의 기본적인 의미인 정치나 학교나 조직의 규칙 등의 제도나 방침, 법령이 바뀌어서 생기는 '우연과 기회'를 통한 반사이익을 얻고, 주성이 강하면 부귀가 적지 않게 된다.

② 우승, 경쟁, 명예와 지위를 구하는 데 유리하다

- 천괴의 괴(魁)는 우승을 쟁취하고 우두머리가 된다는 의미가 있으며, 천월의 월(鉞)은 도끼, 병기(兵器)로 힘이 있다는 것을 상징한다. 괴월은 문무(文武) 등과에서 모두 우수하고 유력한 영향력을 주어 출세를 위한 학업이나 시험에서 유리한 기회를 가질 수 있게 한다.

2] 좌보 · 우필

- 좌보(左輔)와 우필(右弼)의 의미는 '황제의 좌우에서 보필하는 신하'이다. 현대에서는 참모와 같이 가장 실질적인 협조를 하는 사람을 의미한다.
- 좌보는 '남성 조력'의 별이고, 정도(正途), 메이저, 회사 동료, 친구나 같은 또래 귀인의 조력을 의미한다.
- 우필은 '여성 조력'의 별이고, 이도(異途), 마이너, 형제자매, 친구로부터의 도움을 의미한다.

① 보필은 貴를 의미하며, 조력성이다

- 보필은 친구니까, 형제니까, 친하니까, 이런 식의 도움이 되는 조력성(助力星)이다.
- 보필은 보조 역량이 있으며, 보필이 짝성이므로 동궁, 협, 대궁, 삼합으로 둘 다 보아야만 역량이 100% 발휘된다.

② 보필에는 효율성, 보편성, 지속성, 안정성, 당위성의 성질이 있다

- 보필은 도와주는 친구나 조력자가 되므로 자신의 계획을 실행하는 과정에서 지속성과 안정성을 이루도록 힘을 보태 주고 성취를 얻게 해 주는 힘이나 인맥이라 우연한 기회를 제공하는 괴월보다 유용하다.
- 보필은 마땅히 해야 하는 성질의 일, 보편적 상황, 무언가를 이루어 나갈 때 필요한 효율성 등에서 유용하다. 예를 들면, 스케줄, 계획(학업, 운동, 고시 등), 사업을 실행할 때 충실하게 한 단계, 한 단계 진행할 수 있도록 한다.
- 보필의 보좌하는 성향으로 문성(文星)이 동궁하면 문예적 기질이 지고, 무성(武星)이 동궁하면 법, 무예나 전문기술, 이공계열의 기질이 있다.

→ 백관조공성으로는 좌보 · 우필, 천괴 · 천월, 문창 · 문곡, 삼태 · 팔좌, 은광 · 천귀, 태보 · 봉고, 용지 · 봉각 등이 있다. 여기서 보좌하는 역량이 가장 큰 것은 좌보 · 우필이고, 다른 성 없이 보필만 비추더라도 백관조공이 된다. 괴월과 창곡 역시 보좌하는 역량이 큰 편이지만 보필의 역량에는 미치지 못한다.

(2) 좌성

1] 문창 · 문곡

- 창곡은 학자(Scholar)의 별로 문성(文星)이며 '좋은 시험성적'을 주관하므로 시험이나 각종 고시에 이로운 성이다.
- 창곡은 예악(禮樂)의 별로, 길하면 혼례나 경사스러운 일을 주관하고, 흉하면 상례(喪禮)를 뜻한다.
- 창곡은 총명과 재주를 주관하지만, 성공을 이루기 위하여 많은 시간을 공을 들여 노력하여야 빛이 난다. 노력이 없다면 단지 영리함으로 그칠 뿐이다.
- 보좌성에서 창곡만이 화기가 있어 주성과 함께 흉한 작용을 일으킨다.

① 문창이 문명과 학문을 주관한다

- 문창(文昌)은 '문화가 창성한다'라는 의미이다. 문명의 생활을 기록하므로 문화적인 전수와 전통이 이어질 수 있어 인류문명 발전에 이바지한다. 문창은 전통적 학습방식, 고전과 같은 종류의 품격을 선호하고, 이지적이고 논리적인 사고를 한다.
- 문창은 문학·학문을 추구하며 더 높은 지식이나 학문을 쌓기 위해 공부하는 것과 같다. 문창은 공무원 시험과 같이 관리 채용 시험으로 정상적인 출세로 나아가는 것이며, 문창은 문곡보다 더 힘들게 노력하여 얻은 글이나 학문적 성과로 관리의 길을 가는 것이다.
- 문창은 '문자기록'이므로 '책' 이외에도 소송문건, 주식매매, 공문서, 계약서, 증서, 증명 문건 등 대량의 기록문서(documentation)에 문창이 쓰인다.

② 문곡은 말재주, 예술, 기술, 공학을 주관한다

- 문곡은 음악, 철학 등의 문예 재능을 주관한다. 주로 기예 쪽으로 편향되어 공무원 시험과 같은 정상적인 출세의 길이 아닌 다른 출세의 길을 간다. 생각하는 것이 새롭고 색다르다.
- 문곡은 말재주를 주관하며, 장난기와 가벼움이 있고, 움직이기 좋아하고, 활동적이므로 웅변, 연설, 예술공연이나 삽화·회화 등의 예능적인 분야에 관심이 많다. 풍속(風俗), 노래, 술수, 역학 분야에 관심이 있다.
- 현대는 문과보다 이과가 주목받는 시대이다. 수학, 자연과학, 기술과 공학을 주관하는 문곡이 적당한 살성을 만나면 공학에 종사한다.

③ 문창은 혼인계약서이고 문곡은 예약과 희경사이다

- 창곡은 문예적인 면이 강하니 이성과의 연분에서 기쁨과 사랑의 연애편지를 주고받으며 사랑을 키워 나가게 된다. 문창은 혼인 계약을, 문곡은 결혼식의 예약과 희경사(喜慶事)를 주관한다.

2| 녹존

- 녹존은 '재물창고'를 의미하며 부, 장수, 악의와 불행을 억제하는 힘을 가져다주는 하늘이

부여한 길성이다.

- 녹존은 재정을 관리하는 능력이 있고 신중하며, 보수적, 계산적이라 돈을 함부로 쓰지 않으며 절약하는 면이 강하다.
- 녹존은 대표적인 길성이며 다른 길성과 동궁하면 그 길성의 힘이 더욱 커진다.
- 녹존은 연간에 의해서 배치가 되니 고정 궁이 발생한다. 그 녹존궁과 명재관의 연관성으로 빈부의 정도를 예측할 수 있다. 녹존은 항상 양타의 협을 받으니 다른 살기형을 보지 않고 명재관 궁에 입하거나 사화로 연결되어 있으면 일생 재원(財源)이 풍부하다. 녹존은 화성·영성, 지공·지겁, 화기(化忌)의 영향을 더 받는다. 이런 살기형의 충파가 있으면 발전함이 오래가지 못하게 되는데, 처음에는 좋은 징조가 나타나나 후에는 실패함이 많게 되며 심리상의 번뇌가 발생한다.
- 녹존과 화기가 동궁할 경우, 양타협기 위패국(羊陀夾忌 爲敗局)으로 주로 좋지 않은 재앙, 실패, 좌절, 손실, 질병 등의 악재가 발생하게 된다. 실제 수입도 자신의 예상보다 적거나, 수입이 들어오자마자 곧 지출해야 할 곳이 생기거나, 발병, 수술, 뜻밖의 사고 등으로 인해 손재가 있다.
- 녹존은 재성의 의미가 없는 주성으로 인해 생기는 낮은 수입을 중상층 이상의 수입으로 끌어올리거나, 혹은 물질적으로 궁핍한 생활을 하지 않도록 도와준다.
- 대한이나 유년이 녹존궁에 좌하면 불량한 환경이라도 좋게 전환이 되며, 안 좋았던 일들이 사라지고 전화위복이 되며, 기쁨이 생기고, 더욱더 새로운 능력이 발생하게 되어 입지가 좋아진다.
- 녹존이 화록을 동궁, 삼합, 협궁, 대궁에서 보면 '쌍록'이 되어 재원이 왕성하고 수입이 풍족하다.

3| 천마

- 천마는 인신사해궁 사마지에 좌한다.
- 천마의 기본성질은 동(動)하는 것으로서 곧 활동, 활약이다.
- 천마는 동궁하는 성의 성격에 따라 변하므로 길성과 동궁하면 길하게 되고, 흉성과 동궁하

면 흉하게 된다.

- 이동성과 활동성이 강한 직종이 적당하여 해외, 여행, 운행, 운동, 언론·방송 같은 직군이 적합하다.
- 천마궁에 살기형이 동회(同會)하는 대한이나 유년에는 교통사고를 조심해야 한다.

① 천마가 녹존과 동궁하면 녹마교치가 된다

- 천마의 특성 중에는 동반하는 능력이 있어서 '명성과 재록'을 나를 수 있다.
- 녹존은 천마를 만나면 녹마교치(祿馬交馳)가 되는데, 돈을 벌 기회가 많아지고 재원이 원활하다.
- 천마가 화과인 주성과 회합하면 '명성'을 널리 퍼뜨린다.

② 천마가 육살성을 만나면

- 천마가 타라를 만나면 '다리가 부러진 말'이 되어, 일이 진행되다가 좌절되거나, 중도에서 관두는 현상이 발생한다.
- 천마가 화령과 동궁하면 '전쟁터의 말'이 되어 이동이 분주하고 바쁘고 피곤한 삶을 산다.
- 천마가 공겁을 만나면 빈 수레의 말이니 '부실한 말'이 된다.

2) 육살성

- 육살성(六煞星)에는 경양·타라, 화성·영성, 지공·지겁이 있다. 육살성이 흉하게 작용하면 형벌, 수술, 흉액, 사고, 사망, 폭력, 파재, 충격, 격발과 같은 일이 발생하며, 인간사 흉한 일에 개입되는 소성 중에서 가장 강력한 흉한 의미를 지니고 있다.
- 줄임말로 경양·타라는 양타, 화성·영성은 화령, 지공·지겁은 공겁이라 부른다.
- 육살성 이외에 형요성, 공망성, 고독손모성이 살성에 속한다. 육살성과 동회하면 살성의 기운이 강해진다.

(1) 살성의 의미

살성을 보다 정확하게 이해하기 위해서는 과거 농사짓고 살던 시대를 생각해 볼 필요가 있다. 농사일은 사람이 피땀을 흘려야 하니 이렇게 되면 '몸을 상하는' 거친 노동이 되는데, 이렇게 몸살이 나는 것을 살(煞)이라 부른다. 공부한 소수의 사람만이 시험을 통해서 관리로 나갈 기회가 있고, 육체노동의 일에서 벗어난 삶을 살 수 있는 상류사회 생활을 누리기에 '록·권·과'는 좋게 여기면서, 살에 대해서는 지극히 꺼리는 현상이 생기게 되었다. 과거 양반 사회에서는 사회가 文을 숭상하고 武를 하대하였으며, 신체 노동을 하는 일은 전부 고생하며 사는 하인들이 하는 일이 되었다. 죄인에게 형벌을 가하는 사람은 가혹한 관리이고, 공구를 다루는 사람은 장공(匠工)이며, 칼을 든 이는 도살을 하는 사람이거나, 혹은 국경을 지키는 군인이었다. 선비는 칼을 다루지 않으며, 기구를 개량하고 과학기술을 발전시키는 것은 하급의 기예로 여겨졌으므로 대접받지 못하였다. 양타와 화령이 나뉘어 대표하는 것은 '고생, 불안, 단련, 멸시'이다. 경양·타라는 삶을 개간해 나가야 하는 기계와 같은 도구이고, 화성·영성은 변방의 삶이고 정서와 심경에 고달픈 영향을 미치는 것이고, 지공·지겁은 비우는 삶이다. 육살성이 동회하는 사람 중에는 처해진 고생에 대해 묵묵히 받아들이고 어려움을 극복하려는 인내심이 강한 경우가 많다.

1] 육살성이 육내궁에 많이 동궁한 명궁자의 특징

다양한 사람들의 모습처럼 살성이 보여 주는 모습도 다양하다. 살성이 많으면 불리함이 존재하지만, 어떤 면에서 살성은 희생정신과 양보심, 배려를 만드는 힘도 된다. 고된 것을 받아들이고 수행하려고 하기 때문이다. 예를 들면, 선하게 살면서 기부하는 사람이 재복선에 공겁이 있어서 하는 것이라면 자신에게는 금전손실이 되지만 타인에게 이롭게 하는 것이니 살성의 길한 작용이 된다.

- 자미두수는 100여 개의 성들이 있기에 반드시 길성도 동회하므로 살성이 있다 하여 인품이 나쁘다고 평가할 수 없다. 오히려 살성으로 인한 고생, 멸시, 불안 등을 겪어 본 사람은 남의 고통도 알기에 이해하는 마음이 있다. 오히려 육내궁에 육살성이 없고, 길성만 많은 사람 중에서 남을 배려할 줄 모르고, 타인을 함부로 대하는 사람들이 있는 것은 살성이 타궁에 있기 때문이다. 타육친궁에 살성은 내가 그 육친을 그렇게 대할 수 있다는 것이 된다.
- 시대를 변화시킬 만한 역량은 길성보다 살성에서 나온다. 창의적이고 혁신적인 분야로 남들이 안 가 본 미지의 세계에 대한 도전이거나, 일반인은 쉽게 도전할 수 없는 모험이나 고난도 분야에서 장시간 일하며 성과를 만든다. 살성으로 인해서 단련된 세월 끝에 성공하여 이름을 날리게 된 세계적인 유명인들도 많다.
- 쉽게 갈 수 있는 인생을 선택하지 않는 사람들로 선택한 것이 바로 성과가 나지 않는 일이거나, 오랜 세월 고생 끝에 이루어야 하는 일에 속하여 장기간 고생하며 실력을 쌓아 가니 이루었을 때는 그만한 업적이 남게 되고 성취감을 가지게 된다.
- 초년에 어려운 일을 겪었다. 안 좋은 경험을 통해서 불안한 심리를 갖게 되거나, 내성적으로 성장하거나, 조심성이 많아진다.
- 살성의 흉한 면으로 인한 나쁜 경험을 통해 일부의 사람은 부정적 심리를 갖고 삐딱해지며 사납고 난폭한 인생을 만들기도 한다.
- 대인관계에 어려움을 겪으며 관계 유지에 어려움을 느낀다.
- 트라우마나 콤플렉스가 있게 되어 '기회'가 왔을 때도 망설여서 놓치거나, 적극적으로 기회를 활용하지 않는 경우가 많다.

- 좋은 기회가 쉽게 오지 않는다고 생각한다. 기회가 와도 오래 유지하지 못하는 경우가 발생한다.
- 기질적으로 독특한 영역에 관심 가지게 되며 직업적인 면에서 메이저보다 마이너 무대나 분야를 선호한다. 종교, 철학, 역학, 신앙인에게 살성이 많이 보인다.

2] 육살성이 대한이나 유년에 좌하는 경우

- 어렵고 힘든 일이 발생한다. 충격과 좌절을 경험하기 쉽다.
- 자신이 직접 겪지 않더라도 주변에서 어려운 일을 겪은 사람을 보게 된다.
- 힘든 노력 끝에 성과를 얻는다.

(2) 경양·타라

경양·타라는 오행이 금이면서 화로 보기에 육살성 모두는 화에 속한다. 화는 불이 나면 모든 것이 타 버리듯이 위험함이 있지만, 평소 인간 생활에는 없어서는 안 되는 중요한 것이다. 그래서 화는 필요한 도구이면서 손해를 불러오는 양면성이 있다.

1] 경양

- 경양은 관재구설, 상해, 흉액을 담당한다. 그 화(禍)는 모든 사람이 알 수 있게 드러난다.
- 경양은 녹존의 한 칸 앞에 좌하며 발전의 태과를 의미하며 파괴력이 크고, 변동이 심하고, 극단적인 면이 강하다.
- 경양이 입명하면 주동자가 된다. 내가 칼을 쥔 장군이니 행동을 주동하므로 집행, 진취 및 쟁탈을 뜻한다. 칼을 잘 쓰면 집행하는 데 힘이 있는 것이고, 그렇지 못하면 충동행위나 데모꾼 같은 난폭한 공격성을 띠는 것이다.
- 경양은 성격이 강하고 급하고 난폭하며 오만하고, 감정적으로 일을 처리하고, 저돌적으로

공격하기 때문에 다른 사람과 충돌하기 쉬우며, 일이 자기 뜻대로 되지 않아 실패하는 경우가 많다.

2] 타라

• 타라는 꺼림, 깨짐, 불화를 담당한다. 경양보다 가벼우나 파괴력은 암중 진행되어 다른 사람은 모르게 혼자서만 고통을 느끼게 된다.

• 타라는 지연, 우여곡절, 정체, 중복 등의 현상이 있다. 동궁한 성이 불길하면 행동이 지체되거나 발전하는 것이 정체된다. 사람의 의지력, 시간, 자원을 소모하게 하는 부정적인 면이 있다.

• 타라의 영향을 받는 사람은 오랜 시간 한 가지 일에 빠져서 반복하는 면이 있고, 시일이 오래 걸리는 일도 꺼리지 않으니 연구나 학술의 일에 종사하면 좋고, 부정적인 면으로는 침체되어 가라앉아 있다.

• 타라가 불량한 조합을 만나면 손실과 소모가 일어나는 것 이외에 침닉(술이나 노름, 여자에 빠짐) 현상이 있다. 예를 들면 타라와 여러 도화성이 동궁하면 침닉하여 후유증이 오래 간다.

3] 경양과 타라 비교

• 양타는 녹존을 사이에 두고 경양은 앞에 있고 타라는 뒤에 좌하니 순서상 경양은 길을 여는 것이고 타라는 뒤를 받치는 것이다. 그러므로 경양은 공격, 타격의 의미가 있고, 타라는 뒤에서 잡아끄는 것이 된다.

• 경양은 나서서 정정당당하게 싸우고, 타라는 암투나 음모로 싸운다.

• 웅크리는 것은 도약하기 위한 것으로 경양이 도약이면 타라는 웅크리는 것이다.

• 경양의 질병은 급성질병이거나 당장 수술해야 할 병이고, 타라는 만성 질병처럼 서서히 진행되는 병이다.

(3) 화성·영성

- 화령은 양타 다음으로 강렬한 살성으로 '분리(分離)와 불협화음'을 일으킨다.
- 화성은 과감하고 파괴력이 겉으로 드러나지만, 영성은 더 절제되고, 영성의 파괴는 '악의, 앙심, 원한, 분노'의 측면이 내부로부터 발생하며 세월이 지나서 드러난다.
- '화명영암(火明鈴暗)'으로 화성은 양화로 '불타는 별'로 맹렬하지만, 영성은 음화로 '어두운 불빛'처럼 약하지만 끈질김이 있다.

1] 화성

- 화성은 '불끈하기, 충동, 격렬, 난폭'한 특징이 있으며 엄청난 파괴력뿐만 아니라 엄청난 힘의 잠재력을 가지고 있다.
- 화성은 맹렬한 남성의 이미지로 진취적이고 용감하여 마치 말을 타고 달리는 전사와 같아서 화성 입명자는 일 진행을 명쾌하게 하며 언행이 일치할 수 있다.
- 화성궁이 불길해지면 그것이 급변하는 중에 파괴하는 역량을 발생시키기 쉽다. 화성의 급변은 마치 산불이 돌연히 일어나는 것 같아 사람들이 화재를 진압하느라 어려움과 고통을 겪게 되고, 진화 후에는 환경의 면모가 전혀 다르게 된다.

2] 영성

- 영성은 암(暗)이니 음냉(陰冷)하다. 어떤 생각에 장기간 집착하여 그것이 목적하는 방향으로 가려는 은근한 고집을 부려 결국 자기 의견을 다른 사람이 따라 주게 만들어서 상황을 지배하려는 지배욕을 가지고 있다.
- 영성의 성질은 사태를 밝게 드러내지 못하게 하고 오히려 오랫동안 누적된 시간 속에서 진행되다가 나중에 구체적인 형태나 행동으로 드러나거나 실현된다.

3] 화령의 공통 특징

① 화령은 변동을 만든다

- 화령은 모두 변동을 뜻하여 양타의 타격하고 지연하는 성질과는 다르다. 화령은 빛과 열이 있어서 태우는 것이 가능하고 일이 갑자기 일어나는 것 말고도 소모가 있다.

② 화령은 불협화음과 육친분리의 현상이 있다

- 화령은 어떤 집단 내의 사람들 사이가 원만하지 않게 되며, 화령이 낙함하면 관재구설이나 예기치 못한 재앙이 임하여 파재, 요절, 상해, 고향을 떠난다.
- 화령이 육내궁에 있는 사람 중에 양자로 가거나, 양부모 밑에서 성장하거나, 서출로 태어나거나, 외방 자식이 있다. 과거에는 이러한 출생은 높은 관직에 오르기 어려웠다.
- 영성의 음냉한 기질은 감정(애정) 관계에 영향을 주어 육친 간에 실질적으로 서로 멀리 떨어져 살거나, 혹은 만남은 적고 헤어져 있는 시간은 길다.

③ 탐랑이 화령을 만나면 이름을 떨친다

- '혹' 하고 일어나는 활성화되는 에너지인 화령이 사교적 능력이 뛰어난 탐랑을 만나면 사람들의 시선을 집중시킬 만한 능력이 탁월하게 된다.
- 화성은 폭발의 역량이 훨씬 크고 빠르나 빨리 폭발하고 실패하는 경향이 있어서 '갑자기 일어났다가 갑자기 무너지기' 쉽다.

④ 화령은 모두 불안하여 동요한다

- 화령은 불안과 동요를 양산하는데, 영성으로부터 동반되는 심란함은 헛되이 시일을 보내면서 오래 질질 끌기 쉽다.

(4) 지공·지겁

- 지공은 공허하고 허망한 신으로 광활한 대지가 텅 빈 거와 같고, 재물을 모으지 못한다.
- 지겁은 물질을 겁탈하는 신으로 재물을 약탈당한 것과 같고, 파재, 고독, 불안정, 감정이 불리하다.
- 공겁은 재물적인 면에서 양타나 화령보다 더 흉하다. 재물 손실이 있더라도 지공은 자발적인 손실이라면, 지겁은 피치 못한 손실의 의미가 있다.
- 공겁의 영향을 심하게 받는 사람은 규칙적이고 관습적인 일은 안 맞고, 창의적인 일을 해야 유리하다.

1] 지공

- 지공은 사회적인 규칙, 도덕, 전통, 등을 따르지 않는다.
- 지공은 정신적인 면에서 더 불리하여 환상이나 이상적인 경향이 있다.

2] 지겁

- 지겁은 시대 흐름의 경향이나 동향을 거스르는 행위를 의미한다.
- 지겁은 물질적인 면에서 더 불리하며, 재물에 관해서 간사하고 비도덕적이고 경박한 면을 보일 수 있다. 육친궁에 있으면 그 육친이 파재를 불러오는 행위를 한다.

3] 공겁의 공통 특징

① 공겁은 창의적인 일을 주관한다

- 공겁은 파구창신(破舊創新)의 성으로 옛것을 생각하는 것이 거의 없다. 예술성, 창작성의 일과 관련이 있다.
- 공겁은 이과·공과계의 과학, 건설, 토목, 컴퓨터 프로그래밍 등의 無에서 有가 생기는 사

무와 관련된다.

② 공겁은 비세속적이다

- 공겁의 '무재(無財)'의 속성은 비세속(非世俗)면을 의미하니 재물에 무관심한 수행자나 출가자, 정신적인 일에 종사하는 사람, 연구자들에게는 길하게 작용한다.
- 공겁의 추상성에는 종교·철학, 심리상담과 같은 종류도 포함이 되며, 심지어는 남들이 하기 싫어하는 일도 한다.

③ 근무시간이나 수입이 고정되지 않는 일을 한다

- 명재관에서 공겁을 보면 9시 출근, 6시 퇴근과 같은 고정적인 직업을 갖지 않고, 프리랜서, 자유직, 예체능직, 창작적인 일에 종사하는 경우가 많다.

9

기타 소성

소성(小星)은 조성(助星)으로 백관조공성, 사선성, 삼덕성, 소길성, 도화성, 형용성, 공망성, 고독손모성이 있다. 소성은 함께 배합되기를 반기는 십사주성이나 보좌살성이 있다. 소성은 주성이나 보좌살성에 비해서는 역량은 적으나 분명한 용도가 있고, 세밀한 운추론에 상당히 중요한 역할을 한다.

① 백관조공성 : 삼태·팔좌, 은광·천귀, 태보·봉고, 용지·봉각

② 사선성 : 천관, 천복, 천재, 천수

③ 삼덕성 : 천덕, 월덕, 용덕

④ 소길성 : 해신, 천무, 천주

⑤ 도화성 : 홍란, 천희, 대모

⑥ 형요성 : 천형, 천요

⑦ 공망성 : 절공, 순공, 천공

⑧ 고독손모성 : 천곡·천허, 고진·과숙, 음살, 비렴, 파쇄, 天月, 天傷, 천사

→ 기타 소성도 연월일시에 의해서 규칙적으로 12궁에 배열되기에 그룹별로 묶어서 보는 연습하는 것이 명반 보기를 수월하게 익힐 수 있다. 내궁에 백관조공성, 사선성, 삼덕성, 소길성이 많으면 유리하고, 형요성, 공망성, 고독손모성이 많으면 불리한 것으로 판단한다. 도화성에는 장성십이신의 함지, 장생십이신의 목욕, 형요성의 천요도 포함되기에 불량 도화가 될 가능성이 높다.

1) 백관조공성

- 백관조공성(百官朝拱星)은 학업, 시험, 고시에 유리함을 주는 소성으로 사회적 귀를 주관하며 교양과 품위가 있다. 학습 능률을 높여 주고, 자기의 신분, 지위, 학식, 성취 등에 좀 더 많은 자신감을 얻게 한다.
- 백관이란 옛날 조정의 문무백관의 대신들을 말하는 것으로 그 대신과 같은 역할을 하는 보좌성과 소성을 의미한다. 우량한 주성과 배합이 되면 조력으로서의 수행능력이 제대로 발휘가 된다.
- 백관조공성은 짝성으로 이루어져 있기에 이 별들의 배치가 협, 삼합, 동궁, 대궁하면 그 짝성이 가지고 있는 힘들이 증폭된다.
- 백관조공성은 독특하게 좋아하는 주성이나 보좌성이 있고, 그들의 특징과 역량을 증가시키는 경향이 있다.
- 백관조공성은 귀를 주관하므로 부와는 직접적인 관계는 없지만, 공부를 잘해서 좋은 직업을 갖거나, 시험 합격으로 전문직 종사자가 되면 얻는 수입의 단위가 커지므로 사회적 지위의 향상으로 생기는 이득이 있게 된다.
- 백관조공성과 불량 도화성(대모, 함지, 목욕, 천요)이 만나면 음란, 주색잡기, 방탕의 역량을 증강시키므로 이런 경우에는 귀로 여기지 않는다.

	삼태	팔좌	은광	천귀	태보	봉고	용지	봉각
짝이 되는 주성	태양	태음	태양	태음			천부	천상
짝이 되는 소성	좌보	우필	천괴 문창	천월 문곡	좌보	우필		

(1) 삼태·팔좌

- 삼태(三台)와 팔좌(八座)는 사회적 지위를 증가시키고 재산이나 사업에 명성이 있게 하거

나 안정시켜서 '인생 절정기'를 만든다. 대한에서 길성을 보고 삼태·팔좌를 만나면 지위가 올라가고 발전하는 기회가 생긴다.

- 삼태·팔좌는 '국왕의 행차'에 이용되는 '수레나 의장(儀仗)'이라는 의미의 성이다. 국왕의 행차에는 많은 수행원과 군중이 따른다. 그래서 따르는 무리, 외출과 장거리 이동을 주관하며, 현대는 고급승용차와 같은 것을 상징한다.
- 삼태·팔좌는 '군중의 수'이다. 사람을 많이 만나는 일을 하는 것이 유리하다. 그러므로 군중의 지지가 필요한 정치인, 지도자, 언론과 관련이 있다.

→ 성공한 사회활동가나 정치가가 되기 위해서는 첫째는 후원자, 둘째는 참모 그룹, 셋째는 여론, 넷째는 군중이 있어야 한다. 나를 뽑아 주는 사람이 후원자(괴월)이고, 나를 도와 일하는 사람이 참모(보필)들이며, 이들이 자료수집과 여론조사를 하여 선전으로 글(창곡)을 써서 여론을 조성하고, 나를 지지하는 군중(삼태·팔좌)이 많으면 당선이 되게 된다.

(2) 은광·천귀

- 은광(恩光)과 천귀(天貴)는 제도적인 시험이 아닌 '특차로 뽑히는 영광'을 의미한다. 은광은 '특별한 영예를 얻는다'는 뜻이고, 천귀는 '현달하다'라는 뜻이다.
- 은광·천귀는 문예에 유리한 성으로 작가, 출판이나 언론·방송 계통 종사자에게 많이 보인다. 은광은 일종의 위로부터 아래로의 총애, 협력 및 보살핌이다.
- 은광·천귀가 유력한 주성이나 문성과 공조하면 시험, 입찰, 경쟁 등에 유리하다.
- 대세운에서 진행하는 일이나 대인관계 속에서 재물적 이득을 얻을 수 있다.

(3) 태보·봉고

- 태보(台輔)와 봉고(封誥)는 귀를 주관하며, 사회적인 지위를 증가시킨다. 문성과 동회하면

시험이나 경쟁에 유리하다.

- 다른 백관조공성들과 동회하며 록권과로 인동이 될 때 성과를 내고 표창장과 상패를 받는다.

⑷ 용지·봉각

- 용지(龍池)는 예(藝)를 주하고, 봉각(鳳閣)은 재(才)를 주관한다. 용지·봉각은 '재주 있는 장인'이 되게 한다. 의류, 음식, 건축, 인테리어, 재예, 수공예 등 기술적인 능력을 향상시킨다.
- 용지·봉각은 천재, 창곡, 화과 등과 학업 시기에 동회하면 시험이나 고시에 이롭고, 공예를 하더라도 상당한 지명도를 얻게 한다.
- 용지·봉각은 의학, 철학, 역학, 신선술이나 술수를 좋아하며 영감이 좋다.
- 수성파 천부와 천상은 의식주를 주관하는 성이다. 용지는 천부의 음식을 음미하고 즐김을 증가시키고, 관록의 성인 천상을 보좌하는 봉각은 의복을 잘 갖추어 입게 하는 데 일조한다.

2) 사선성

사선성(四善星)은 천관, 천복, 천재, 천수의 4성을 '선'이라 칭하는 것으로 성의 역량이 부정적인 의미보다 긍정적인 의미가 강하다.

(1) 천관

- 천관(天官)은 관록, 관직을 주관하며 직업상의 직위, 지위의 귀를 높인다.
- 천관은 직업과 관련되는 성이므로 관록궁이나 전택궁에 좌하는 것이 좋다. 천관이 우량한 주성과 만나면 개인 사업이 순조롭거나 근무하는 회사에서도 많은 사람이 알아주고 명성을 얻는다.
- 격국이 좋으면 중·말년에 은퇴한 후 생활이 안락하며 학술 또는 예술로 이름을 날릴 수 있다.

(2) 천복

- 천복(天福)은 복락(福樂)을 주관하며 명궁, 신궁, 복덕궁에 좌하면 낙천적으로 유쾌하며 남과 잘 화합하고 거스르는 일이나 시비가 일어나지 않으며 일생 일정 이상의 복을 누린다.
- 복과 장수를 상징하며 주로 중년에 발달하는 성이다.
- 천복이 기성(忌星)과 동궁하면 역시 기성이 갖는 부정적인 면을 감소시킨다.
- 천복은 복성인 천동과 기질이 맞으므로 천동의 보좌성으로 쓰인다. 여명이 천동과 천복이 동궁 시 남편과 자식에게 현명하게 행동한다.

(3) 천재

- 천재(天才)는 학습능력이 좋고 손재주가 뛰어난 별로 공예, 기술성인 성과 배합되면 좋다. 특히 실용적인 효과, 실용 가치적인 일에서 능력이 발휘되므로 기능성적인 학습을 익히는 데 유리하며, 손발이 재빠르고, 행동이 민첩한 면이 있다.
- 명·신궁에서 천재가 재예를 주관하는 창곡, 괴월, 화과, 용지, 봉각을 만나면 재능이 아주 뛰어나며 이름을 얻게 된다.

(4) 천수

- 천수(天壽)는 장수의 별로 사람의 수명뿐만 아니라 어떤 일의 상태가 오래가고 수명이 긴 것을 의미한다.
- 천수가 육친궁에 있으면 그 육친이 무게가 있고, 점잖고, 노련하며, 성숙하고, 침착하며, 온화하다.
- 천수는 또한 고전(古典), 보수(保守), 시한을 넘긴 것, 저조(低調) 등과 같은 의미가 있다. 동궁하는 주성의 특성과 함께 그 사람의 성격, 사고방식 및 직업이나 활동성향에 보수성, 고전, 오래된 것과의 연관 지을 수 있다.

3) 삼덕성

두수 중에서 용덕과 천덕, 월덕을 합하여 '삼덕성(三德星)'라 부른다. 이른바 천덕의 天은 父이고, 월덕의 月은 母이므로 부모를 덕행의 표준으로 삼고, 용덕은 인류가 추앙하는 고상한 도덕 경지를 추구하는 德으로 보았다. 삼덕성은 천덕을 기준으로 한 칸씩 건너 용덕과 월덕이 좌한다. 명궁 중심으로 육내궁에 좌하게 되면 '돌봄, 보호'의 역량이 강화되니 재난에서 구제받거나 상속 등의 길한 역량을 입게 된다.

(1) 천덕

- 천덕(天德)은 윗사람 남성을 대표하며 남성인 어른, 즉 부친, 상사, 스승 등으로부터의 돌봄, 제휴의 역량을 가지고 있다.
- 천덕의 의미가 확대될 때는 관권(官權)을 가늠하는 데 쓴다. 예를 들면 천덕과 태양이나 천량, 염정 등이 동궁하여 공익적 목적을 위해서 다수를 위한다는 명목하에 획일적인 사회정책의 시행을 하게 되면 어떤 사람에게는 이로울 수가 있지만 다른 사람에게는 원망을 사는 일이 될 수도 있기에 절대 권력을 상징하는 것으로 의미가 확대될 수 있다.

(2) 월덕

- 월덕(月德)은 윗사람 여성을 대표하며 모친, 장모, 조모로부터의 돌봄을 받는 의미가 있다. 남명자의 부처궁에 월덕이 있으면 부인이 장모 덕이 있어 본인이 그 덕을 볼 수 있다.
- 천덕, 월덕은 덕을 행하는 별이므로 이 소성으로 인해 이성의 호감과 신임을 얻고 조력이 생겨도, 천덕과 월덕은 결코 도화의 성질을 띠지 않는다.

(3) 용덕

- 용덕(龍德)은 용왕의 덕이니 특수한 영예가 있다. 명궁에 있으면 일생 중대한 재난에서 피할 수 있다.
- 용덕에는 해액 능력이 있어서 운에서 용덕궁에 입할 때 재난을 피하거나 해액의 일이 생긴다. 인류는 고대부터 용을 인간이 대적할 수 없는 강한 존재로 여기며 용의 위상을 높게 보았다. 용은 곧 물이고, 물은 생명의 근원이라고도 볼 수 있으니, 농부들은 용을 비와 풍작을 비는 신으로 모시면서 한 해의 농작물이 잘될 수 있도록 빌었다고 한다. 이처럼 용의 기세에는 재난을 없애고 해액의 능력이 있다고 믿었다.
- 용을 신으로 모신 것처럼 용덕은 '대중이 추앙하는 표준'이며 대한이나 유년에서 만나면 '군중의 모범'이 된다.
- 용덕이 녹존이나 화록을 보면 배상금의 의미가 있다. 관록궁에서 용덕이 있으면서 입명하면 학창시절에 장학금을 받는다. 운에서 보면 유산이나 보험배상을 받는다.

4) 소길성

소길성(小吉星)으로는 해신, 천무, 천주가 있다.

(1) 해신

- 해신(解神)은 '묵은 문제의 해소(解消)'를 뜻하므로 '어떤 상태나 사건 또는 관계를 풀어 없애서 장차 사정이 해결되는 것'이다. 재난을 끄고 어려움을 풀기도 하니 흉을 풀 수 있어서 사건, 시비 등이 사라지나 해신의 해액 능력은 결코 정밀하지 못해서 나쁜 것만 풀어 버리는 것이 아니라, 정상적인 좋은 기능 또는 일이나 관계도 풀어 버리는 작용이 있다.
- 해신은 '문제를 해결할 시기'로 이미 전부터 쌓여 있던 문제가 해신의 운에 드러나서 문제를 해결하게 된다. 문제의 상황이 복잡하면 해신운에 드러나서 다음 해신운에 해결되기도 한다.
- 해신은 년해(年解), 월해(月解)의 두 가지가 있고 년해보다 월해의 힘이 더 크다. 년해는 운이 중첩되어야(대한·유년·유월, 유년·유월) 해신의 역량이 발휘된다.
- 예를 들면 부처궁에서 해신이 천마와 살기형과 동회하면 이혼할 수 있다. 배우자와의 관계에서 살기형으로 인해 오랫동안 참고있던 문제가 해신의 운에 드러나면서 관계성에 나쁜 결과를 초래하므로 인연을 풀어 배우자가 나가게 되므로 이혼을 하게 된다.

(2) 천무

- 천무의 巫는 곧 '무당의 巫'이다. 무당의 일은 제사를 지내는 것 말고도 주요한 역할은 인간과 하늘을 중개하는 것이다. 문곡과 천무의 조합이면 구류술사의 잠재적 소질이 있다.
- 천무는 귀를 뜻하고 부를 뜻하지는 않는다. 천무가 괴월를 보면 쉽게 제휴를 받거나 승진

한다. 혹은 추천으로 요직에 발탁된다.

- 천무는 중개인을 뜻한다. 즉 중개인의 안배를 통해서 쌍방을 관련짓고 접촉하게 한다. 천무와 재록의 별이 만나면 곧 중개인이 끼어서 물질적 이익을 얻는다. 천무가 부처궁에 좌하면 중매인이나 혹은 친구 소개로 배우자를 찾을 수 있다.
- 전통적 풍습 혹은 유산을 얻는 것이다. 부모궁이나 전택궁이면 유산을 이어받는 징험이 있다. 천무가 질병과 연관될 때에는 가족의 유전병인 특성이 있다.
- 학술을 뜻한다. 천무는 교육을 맡고 전하는 역할을 한다.

(3) 천주

- 천주(天廚)는 음식이나 음식 솜씨와 관련된 성으로 주방을 대표하며 식록, 관직과 작위를 상징한다.
- 천주가 화령과 동궁하면 음식 솜씨가 좋다. 화성과 동궁하면 센 불을 사용하는 요리가 되고, 영성과 동궁하면 불을 약하게 사용하거나 오래 끓이는 '탕'과 같은 음식이 된다.
- 명궁이나 복덕궁에 천주가 있으면 식탐이 있고, 질액궁에 있으면서 살기형이 동궁하면 음식으로 인한 탈이 발생한다.

5) 도화성

도화성(桃花星)으로 홍란, 천희, 대모, 천요, 목욕, 함지가 있는데 천요는 형요성에, 목욕은 장생십이신에, 함지는 장성십이신에 속한다. 천요, 대모, 목욕, 함지는 불량 도화성에 속한다.

(1) 홍란·천희

- 홍란(紅鸞)과 천희(天喜)는 연지 기준으로 정해지는 도화성으로 홍란은 '혼인', 천희는 '생육(生育)'을 주관한다.
- 홍란과 천희는 연애나 결혼, 출산, 승진 등 경사스럽고 기쁜 일을 주관한다.
- 청년에게는 주로 혼인과 출산과 관련되고, 중년에는 도화 문제가 발생하며, 노년에는 배우자를 잃는 슬픔이 있다.
- 홍란·천희가 주성 및 화록 등과 합하면 종사하는 직업이 예술 성질의 활동이나 오락, 사교 등의 성질의 직업을 가지거나 혹은 겸직하며 도화로써 금전 수입을 얻는다.
- 홍란·천희가 살기형와 기타의 불량한 도화성를 만나면, 색으로 인해 금전손실이 발생한다. 만일 단지 한두 개의 살기형를 보면 곧 희경사로 인한 지출일 뿐이다.

(2) 대모

- 대모(大耗)는 모손(耗損)과 도화 특성이 있다.
- 생년지로 세우는 대모는 '도화'의 성질을 띠며, 투기나 모험을 좋아해서 금전손실이 일어나게 하거나, 혹은 방임하거나 낭비하고, 또한 색욕으로 인해서 파재가 일어난다.
- 대모는 생년지로 만들어지는 것 이외에 박사십이신과 세건십이신에도 하나씩 있다. 대모가 중첩될 때에는 손실의 상황이 커진다.

- 대모가 '거시적인 손실'이라면 소모는 '사소한 손실'에 해당된다.
- 대모는 천허와 짝성으로 손실을 주관한다. 대모는 천허(天虛)와 이웃하며 허모(虛耗)라는 짝성을 이루며 두 궁에서 손실이 발생하게 된다. 허모의 예를 들면, 하나는 형제궁에 있고 나머지 하나가 부처궁에 있으면 형제로 인해서 부처 관계가 나빠지고, 재백궁과 질액궁에 하나씩 좌하면 병으로 인해 파재하는 식의 영향을 준다.

6) 형요성

천형과 천요를 형요성(刑姚星)이라고 한다. 천형과 천요는 출생월에 근거하여 삼방에서 만나는 짝성이다.

천형과 천요의 밝기가 묘와 함이 되는 궁

궁	자	축	인	묘	진	사	오	미	신	유	술	해
천형		함	묘	묘				함		묘	묘	
천요		함		묘				함		묘	묘	묘

- 천형과 천요는 성의 밝기가 중요하다. 천형과 천요는 묘왕하냐, 낙함하냐에 따라 길흉이 크게 달라진다. 천형이 낙함하면 육친에게 가장 불리하고 관재구설, 질병, 사고, 요절 등 나쁜 일이 다 일어난다. 천요가 묘왕하면 부귀하면서 학식과 풍류가 있고 주위에 친한 사람들이 많으나, 낙함하면서 살기형을 만나게 되면 손재하고 실패하거나, 심하면 주색으로 인하여 분규가 발생하고 관재 소송까지 가게 된다.
- 천요가 대표하는 것은 '도화'이고 천형이 대표하는 것은 '규범'으로 두 성은 서로 견제하는 역량을 가졌다고 볼 수 있으므로, 궁극적으로 도화가 중한지 아니면 자제력이 강한지 살펴야 한다. 만일 평형을 잃으면 이는 저울이 어느 한 방향으로 기울어진 것으로 간주할 수 있다.

(1) 천형

- 천형(天刑)은 의약이나 관재, 고극, 형벌을 담당한다.
- 천형이 사회를 바르게 하는 도구인 만큼 구체화, 형상화하여 표현하자면 '잣대'가 되니, 자율(自律)과 규율(規律)과 질서를 세운다.

- 천형이 길하게 작용하면 천희신(天喜神)이라고 부르기도 하는데, 입묘(立廟)하면 권위로 나타나고 학문으로 성취가 있게 된다.
- 천형은 刑의 본질 때문에 법과도 관련이 많아서 법관, 변호사, 경찰, 군인 등이 되기도 한다.
- 천형이 육살성이나 기성(忌星)을 만나면 화재, 손재, 관재구설 등을 겪는다. 두수서에서 살기형(煞忌刑)에 대한 묘사가 많다는 것은 煞에 刑忌가 가해지면 험한 일을 겪는 정도가 높아지기 때문이다.
- 천형이 좌하는 궁은 반드시 해당 궁의 원칙, 기율, 형법 등 엄격한 성질이 강화되어 육친관계, 재백, 관록, 수명, 감정 등 전방위적으로 흉한 영향을 미친다. 명궁이나 육친궁에서는 육친과의 인연이 박하거나 육친의 형극을 뜻하며, 감정이 냉담해진다. 천형은 강제와 무력을 의미하니 부처궁의 천형은 배우자의 무력행사가 될 수 있다.

(2) 천요

- 천요(天姚)는 주성인 염정, 탐랑을 제외하면 가장 강력한 도화적인 의미를 가지고 있다.
- 천요는 다른 도화성과 만나면 도화적인 역량을 증폭시킨다. 대모, 함지, 목욕, 홍란, 천희 등을 만나면 매우 강력한 도화적인 속성을 띠게 된다.
- 천요는 가볍고 활기차며 총명한 특성이 있으며, 천요가 이미 도화에 속하는데 가령 묘왕한 길성을 만나면 곧 총명하여 배우는 것을 좋아하고 잘 배우는 것이 천요의 긍정적인 면이다.
- 인간관계에서 친화적이다. 천요의 친화적 속성은 '손짓으로 부를 만큼의 친한 관계가 되는' 성질이 있어서 아주 빨리 아주 쉽게 서로의 관계가 밀접해지므로 그 사람에 대해 의심하지 않게 되며 이 때문에 욕을 보게 되는 것이다.
- 천요가 남녀의 감정(애정)에 쓰일 때는 우연히 이루어지는 것이어서 갑자기 사랑에 빠지는 경우가 많다. 자유 연애주의자로 '자유분방'하고 '방종'의 면이 있는 연애관을 갖고 있다. 이 역시 입묘하냐, 낙함하냐에 따라 차이가 크다.

- 천요성의 권모술수적인 본질로 인해 복병이나 음살과 같은 불길한 성이 더해지면 권모술수로 음모를 꾸미기가 쉬우므로, 만약 살을 보면 색을 멀리해야 함정에 걸리지 않는다.
- 천요가 도화성을 많이 만나면 꽃을 탐하고 술을 그리워하며 낭만적인 감상에 젖는 성질이 있다. 천요가 낙함하면 마음 씀씀이가 올바르지 못하거나 혹은 풍류 호색하여 살기형을 보면 색으로 인한 범죄를 짓기 쉬워서 재산 손실을 일으킨다.
- 천요가 길성과 동궁하면서 명궁, 재백궁, 사업궁에 있으면 이성으로 말미암아 돈을 버는 경향이 있으므로 이성접촉이 많은 직업에 종사하면 좋다.

7) 공망성

공망성(空亡星)에는 절공(截空), 순공(旬空), 천공(天空)이 있으며 육살성의 지공만큼은 아니지만 상당한 영향력을 미치는 성들이다.

- 공겁에 공망성이 비치면 공겁의 역량을 증폭시킨다. 공겁이 없으면서 이 성이 비춘다면 공망의 역량이 약한 것으로 본다.
- 공망성에서도 강약이 있어서 천공보다 순공, 순공보다 절공의 역량이 더 크다. 천공이나 순공은 지공과, 절공은 지겁과 그 의미가 유사해서 천공이나 순공이 절공에 비해 그 해가 적다고 한 것이다.
- 공성은 모두 재성과 연분이 좋지 않지만, 비교적 창의적인 일로써 재물을 늘리는 것을 선택한다면 그 부정적인 영향이 적은 편이다. 공망성은 재백궁에 동궁하는 것은 좋지 않다.
- 천공·순공·절공 모두 환상적인 경향이 있으며 천공·순공의 '공성'은 명·신궁에 들어가면 개인의 성격, 사상에 영향을 주지만, 절공은 진행하는 일에 영향을 준다.

(1) 절공

- 절공은 갑작스런 간섭이나 중단, 장애를 발생시킨다.
- 절공의 '截'의 자의는 '길이 가로막힌다'는 의미로, '하던 일이 중도에 가로막히고 차단당하여 정지가 된다'는 뜻이다. 여러 공성 중에서 절공이 가장 사람을 낙담하게 한다. 따라서 적극 진행성인 별과 같이 얽히는 것을 반기지 않는다.
- 절공은 진행되던 일이 갑자기 다른 일로 인해 중단되는 것이다. 또한, 원래 가려던 길에 새로운 길이 나타나서 돌아가게 하는 작용력도 있다. 살이 동회하면 다른 길로 접어든 걸 후회하게 된다.
- 타라와 천마가 만나 절족마가 형성되면 중도좌절이 있는데 이러한 조합이 절로공망과 만

나면 그 좌절과 장애의 속성이 한층 더해진다.

(2) 순공

• 순공은 흥취와 적극성이 없다. 요즘은 '번아웃(burnout) 상태'일 때 쓰인다.
• 순공은 'Nothing'으로 '본래 아무것도 없는 것'이다. 따라서 절공처럼 곁가지가 나서 타격을 받는 것이 아니라 순공의 호은 자기가 흥취가 없고 적극적으로 일을 추진해야 할 필요를 못 느끼며, 따라서 일을 그르치거나 내버려 두는 것이다.

(3) 천공

• 천공은 환상적이고, 실천력은 부족하다.
• 천공은 지공에 비할 때 훨씬 부드럽다. 명궁에 천공이 있으면 도량은 있지만, 환상적인 경향이 있어 성실하지 못할 염려가 있다. 실천적이지 못한 주성과 동궁하면 환상만 있을 뿐 실천이 따르지 않는 성격을 형성하게 된다.
• 광활한 대지를 상징한다. 천공은 년지 다음 궁에 좌하니 '전면(前面)에 영원히 하나의 광활한 공간이 있는 것'이다. 이것을 물상론으로 확대하면 천공은 먼 경치, 먼 시야, 상상 속에서 선회하는 것, 광활한 가슴으로 비유할 수 있다. 전택궁에 좌하면 집 안에 중정(中庭)이 있는 것을 많이 볼 수 있다.
• 천공은 창작력이 풍부한 예술 문성과 동회하면, 예술적 상상력과 창작력을 높인다.

8) 고독손모성

고독손모성(孤獨損耗星)은 소성 중에서 고독, 음모, 겁탈, 손해, 질병, 소인배 등의 의미가 있
는 성들의 조합으로 음살(陰煞), 비렴(蜚廉), 파쇄(破碎), 천월(天月), 천상(天傷)·천사(天使),
고진(孤辰)·과숙(寡宿), 천곡(天哭)·천허(天虛)가 있다. 이 성들은 대체로 어둡고 고독하며
좋지 않은 에너지를 갖고 있기에 성격이나 분위기에 많은 영향을 미친다. 살성이나 고독손모
성들은 운에서 움직일 때 직접 살을 써서 문제를 일으키는 사람도 있지만, 많은 경우 그런 살
의 피해를 보는 입장에 처하게 된다. 운추론이란 당사자가 일으킨 문제인지 당하는 문제인지
를 구별할 줄 알아야 한다.

(1) 음살

- 음살은 살성의 어두운 면을 증가시키는 작용을 한다. 인간사의 어두운 부분이나 명확하지
  않거나 의문스런 일들이 발생한다.
- 육친궁에 음살이 있으면 그 육친이 본인에게 불성실하다.
- 음살은 귀신살이라고도 한다. 지나치게 민감한 주성과 동궁하지 않는 게 좋고, 명궁, 복덕
  궁이나 전택궁에 거하면 귀신이나 도깨비와 같은 환각이 잘 나타난다.
- 명궁이나 질액궁에 음살이 있으면 치료하기 어려운 숨은 질병이 있기 쉽다. 영성과 같이
  어두운 성질의 성을 많이 보면 질환이 잠복되어 있다는 뜻으로서 발견했을 때에는 이미 수
  습하기 어렵다.

(2) 비렴

- 비렴의 蜚는 바퀴벌레를 가리키며 침식, 파괴하기를 좋아한다. '벌레처럼 구는 소인'을 의

미하며 등 뒤에서 좋지 않은 비방을 하고 시비가 생긴다. 비렴의 비방은 낭설을 퍼트리는 것에 속하여 대부분 일을 할 때 다른 사람의 오해로 말미암아 발생한다.

- 고독손모성의 蜚廉은 박사십이신의 飛廉과 같은 의미이고, 장성십이신의 지배와 동회한다. 지배도 구설를 동반하니 '헛소문'에 관한 일이 퍼지기 쉽다.
- 비렴의 廉은 '청렴, 살핌'을 의미하는 자이나 자미두수에서는 염정(廉貞), 비렴(蜚廉), 비렴(飛廉)에서 쓰이고, 염정은 간신을 상징한다. '소인배'의 특성으로 간사함이 있거나, '간신배'로 앞에서는 잘하고 뒤에서는 딴소리하는 특징이 있거나, 평소 잘 투덜거리거나 욕이나 경박한 말을 사용하는 경우이다.
- 비렴은 살기형과 함께 시비, 소송이나 관사 투쟁의 성을 만나거나 혹은 천요, 음살과 같은 권모술수의 별과 같은 종류를 만나면 소란이나 말썽을 일으킨다.
- 현대는 인터넷의 발달로 자신의 일상이 공개되고 있는 상황에서 비렴과 지배 등의 구설, 음해, 시비와 관련된 성들은 당사자에게 치명적인 상처가 될 수 있다.

(3) 파쇄

- 파쇄는 '깨고 부수는' 의미로 '자잘하게 부서지는 것', '깨지니 분리되어 나눠지는 것'으로 분리·분석의 의미가 있다. 정밀하고 세밀한 일을 주관한다.
- 깨지고 부서지는 것이니 '감정'상에는 좋지 않다.
- 파쇄는 사유축궁에만 좌하는 소성이며, 괴월을 만나면 범사가 어느 정도 이루어진 후에 패함이 있으며 일의 진행 중에 문제가 발생한다.
- 상사(喪事)와 관련이 있는 소성으로 백의살(白衣煞)이라고 해서 상복을 의미한다. 운에서 조객·상문이 동회하면 집안의 어른이나 친인척이 상을 당할 수 있다.

(4) 천월

- 천월(天月)은 질병성이고, 만성병, 고질병과 관련이 된다.
- 다른 의미로는 '만성적인 침식'이 있다. 月은 '달'이고 달은 밤에 뜬다. 밤에는 사람들은 감정이 가라앉고 활동의 에너지를 줄이듯이 밤 시간은 침식 현상이 있게 되는데, 이와 같은 현상을 天月은 오랫동안의 만성적인 '병고'인 것처럼 '만성적인 침식'을 가져온다. 노복궁에 좌하면서 살과 화기성을 보면 아랫사람이 '횡령'과 같은 만성적으로 남모르게 이익을 침식해 오는 못된 짓을 할 수 있다.
- 대한이나 유년에서 天月이 병부, 홍란, 천희, 천형, 등의 질병성이 보이면 질병을 조심해야 한다.

(5) 천상 · 천사

- 천상(天傷)은 허모(虛耗)의 신으로 파모(破耗)를 주관하고, 천사(天使)는 재병(災病)을 주관한다. 노복궁과 질액궁에 고정적으로 배치되므로 천이궁을 협한다. 사망, 사고, 질병 등에 관여한다.

(6) 고진 · 과숙

- 孤辰은 고진과 고신으로 읽을 수 있고 남자에 속하며, '孤'로 '외로움'을 주관한다. 寡宿은 '寡'로 '(수량이) 적음'을 주관하며 여자에게 속한다. 고진 · 과숙을 줄여서 '고과(孤寡)'라고 하고, 홀아비 · 과부살이라고도 한다.
- 고과는 때로는 독특한 철학자, 문학가, 예술가처럼 일종의 난해한 식견이나 자기만의 전문적인 학식이 있고, 또는 평범하지 않는 심정(心情)을 나타내는 것으로 독특한 세계관이 있는 사람이다.

- 여명이 만일 고과를 보면서 고독한 성을 만나면 성격이 지나치게 강하고 지나치게 고집이 있어 결혼하기 어려울 수 있으며, 독신으로 사는 경향이 있다.
- 부처궁에 고과가 있으면 결혼에 불리하나 남녀의 명궁에 똑같이 고과가 있으면 사상과 기질이 통해서 오히려 궁합이 맞는 경우가 있다.
- 고독한 성인 거문, 천기, 천량, 무곡, 칠살, 파군, 양타, 화령, 화기 등과 만나면 혼인에 불리하고 더욱 고독하게 된다.

(7) 천곡 · 천허

- 천곡은 상심(傷心)과 울음을 나타내고, 천허는 공허를 나타내며 사람의 심정에 어두운 영향을 많이 주어 우울함이나 비관적 경향이 있다.
- 곡허는 짝성으로 동궁, 회조, 상협, 삼합, 대궁에 좌하며 천곡 · 천허를 줄여서 곡허라고 한다.
- 곡허가 육친궁을 동회하거나 협하면 생리사별의 의미가 있고, 마음이 상해 눈물 흘리는 것을 주관한다.
- 천허가 공허를 뜻하는 것은 감성, 정서적 의미 이외에 물질적 의미도 있다. 따라서 재백궁에 좌하면 소모, 탕진이 발생한다.
- 질액궁에 좌하면 체력이 허약하거나 혹은 소모성 질환에 걸리기 쉽다는 뜻이다.
- 곡허는 어두운 주성이나 소성이 지나치게 많이 모이면 진정으로 어두운 인생이 이루어지고, 필연적으로 어떤 일이 발생하였거나, 감정으로 인해서 우울하고 상심한 심정이 이루어진다.

10

사화

1) 연간궁과 세건궁

(1) 연간궁

- 연간궁(年干宮)은 '명반의 중심 도로'이다. 연간궁에서 발생하는 상(象)이 일생에 드러나게 된다.
- 연간궁은 생년 천간이 좌한 궁을 말한다. 그 궁에서 생년사화가 발생을 한다. 연간궁은 명반의 기가 응결되어 생화(生化)한 궁으로 생년사화는 다른 사화(궁간사화, 자사화, 명궁사화 등)보다 강하며 일생 동안 명주의 인생을 지배한다.
- 명운(命運)이 가진 일체가 연간궁을 바탕으로 하여 변화하며 그 궁직분야(宮職分野)의 인·사·물에 따른 상을 분명히 드러낸다.
- 명반을 하나의 마을로 본다면 연간궁은 그 마을의 중심 도로가 된다. 중심 도로가 잘 정비되어 통행에 유리하다면 살기에 좋은 운명이 되는 것이고, 중심 도로가 살기형으로 흉해지면 전쟁터의 장수와 같은 인생이 되거나, 어려운 환경 속에서 살아가게 된다.
- 연간궁에 의해서 스스로 명운을 개척하며 주도적으로 살아가는 자립격(自立格)인지, 환경이나 타인에 의존하며 살아가는 타립격(他立格), 타음격(他蔭格)인지를 살핀다.
- 연간궁은 명반 해석의 기초가 되니 만약 연간궁이 형제궁이라면 죽을 때까지 형제, 친구, 사회 군중과 관련된 일이 있다. 인생 전반에 미칠 만한 영향을 주는 사람이 있게 되며, 인간관계에 집착하거나 지배하거나 지배당하거나, 군중이나 단체를 위한 일을 하거나 인간관계에서 얽힌 일로 인한 나의 운명의 길흉이 정해진다.
- 자·축·인·묘궁은 궁간이 자궁와 인궁이 같고, 축궁과 묘궁이 같다. 신간(辛干)은 신묘궁과 신축궁이, 임간(壬干)은 임자궁과 임인궁의 천간이 같다. 신묘년·신미년·신해년생은 신묘궁이 연간궁으로의 역할이 더 크며, 신유년·신축년·신사년생은 신축궁이 더 크다. 임자년·임진년·임신년생은 임자궁이, 임오년·임술년·임인년생은 임인궁이 연간궁 역할이 더 크다 할 수 있다. 이는 장성십이신이 주는 영향과 관련이 있기 때문이다.
- 연간궁은 반드시 장성십이신의 화개그룹(지·장·화)이나 월살그룹(세·장·월) 궁에 좌하

고, 천살그룹(망·식·천)과 반안그룹(겁·함·반) 궁에는 좌하지 않으므로 천살과 반안그룹의 명궁자들은 외궁에서 주는 생년사화의 영향에 의해서 인생 운로가 결정이 된다.

(2) 세건궁

• 세건궁은 그 명반의 대문과 같다. 지배궁, 장성궁, 화개궁 중에 세건궁이 좌하게 되는데, 이는 대문 밖으로 세상과 소통하는 길이라 할 수 있다.

• 지배살, 장성살, 화개살 유년에 자신의 존재감이나 행위가 자연스럽게 드러나는 작용이 있기에, 자신이 주도적인 길을 가게 될 운명의 일에 호명이 되거나, 스스로 주체적으로 길을 바꾸려 한다. 이때 길성이 동회하면 비단길처럼 순조롭고, 살기형이 강하게 동회하면 그만큼의 고난이 발생하게 된다. 이것은 대문을 열고 나서는 길이 흉한 것과 같다.

• 대한에서 대한 화기로 세건궁을 충하면 그 대한에 불길한 사건, 사고, 사망, 파재 등의 일을 겪게 되며, 유년에서 세건궁을 충하면 1년이 흉하다. 이것은 대문 밖에 장벽이 세워져 있는 것과 같다.

(3) 자립격과 타립격

• 명궁, 관록궁, 재백궁, 복덕궁, 천이궁에 연간궁이나 세건궁이 좌하면 자립격으로 스스로 명운을 개척해 나간다. 예를 들면, 의존형에 속하며 소극적인 면이 많은 태음일지라도 자립격에 해당하면 스스로 주동적으로 선택하며, 조직의 2인자일지라도 실세 역할을 한다. 내외궁과 아타궁으로 나눌 때 천이궁만은 내궁이면서 타궁에 속한다. 천이는 바깥 활동을 주관하는 궁이라 타인의 영향을 받는 궁이 되지만 명천선에 해당하므로 바깥 활동을 하는 명으로 사회생활에서 생년사화를 본인이 주도적으로 사용하므로 자립형에 속하는 것으로 보아야 한다.

• 타육친궁인 부모궁, 형제궁, 부처궁, 자녀궁, 노복궁이 연간궁이나 세건궁에 좌하면 타립

격으로 타의에 의한 영향을 받는 운명이다. 그 궁의 육친과의 인연이 중요하며 인생 길흉의 이벤트가 그 육친으로 인해 발생한다. 부처궁은 내궁이면서 타궁에 속하는데 부처 인연이 발생하지 않았을 때는 부관선으로 보아서 자립격이 될 수 있으나 부처 인연이 발생했을 때는 육친관계가 형성된 것이므로 부처의 영향이 지대해지므로 타립격이 된다.

- 질액궁이 연간궁이면 부질선에 해당하므로 부모가 미치는 영향이 자신의 신체 건강과 정서에 심대한 영향력이 있고, 전택궁이 연간궁이면 부모의 음덕, 국가의 운명, 단체, 직업환경, 가정환경이 운명에 미치는 영향이 크다.

- 정묘년생의 연간궁은 정미궁이며, 관록궁이 연간궁에 해당된다. 명궁은 세건궁이 되니 자립격이 되어 주도적으로 직업적인 일을 해 나간다.

기년생 巳	무년생 午	정년생 未	병년생 申
경년생 辰	10천간의 연간궁		을년생 酉
신년생 卯			갑년생 戌
임년생 寅	丑	子	계년생 亥

巳	午	관록궁 未	申
辰	정묘년생 연간궁		酉
명궁 卯			戌
寅	丑	子	亥

(4) 연간궁과 생년사화

- 생년사화가 좌하는 궁이 대한에 들어서야 인생의 중요한 일들이 발생하게 된다. 명궁에 생년사화가 있으면 제1 대한에 인생의 중요한 이벤트가 발생한다. 예를 들어 관록궁이나 재백궁이 연간궁이고 생년사화 중 1개 이상이 명궁에 있으면 일찍부터 직업과 수입이 관련된 재능이 발달하게 된다. 요즘은 일찍 연예인이 되기 위한 준비를 한다든지, 기술이나 예체능을 배운다든지 하는 것과 같다. 만약 부모궁이 연간궁이고 화기가 관록궁에 있으면 제2 대한 학업 시기에 나와 부모가 진로에 대한 이견이 있어 갈등이 심하게 된다.

- 생년사화가 좌한 대한에 들어서야 인생의 궤도가 구체적으로 만들어진다. 사화도 길성 회

조냐, 살기형이 회조하냐로 길흉의 차이가 크지만, 길한 쪽으로 본다면 생록이 좌하는 대한에서는 돈을 벌 기회를 얻을 수 있는 직업 분야나 수단을 찾게 되고, 생권이 좌한 대한에 권세가 높아지고 세력확장을 추진하고, 생과가 좌한 대한에는 좋은 인연의 발생과 학업 성취나 명예가 높아지고, 화기가 좌한 대한에는 정리, 결과, 수렴과 관련된 일들이 발생한다. 흉한 쪽으로 본다면 생록 대한에는 돈 벌 기회를 잡아도 오랜 세월 연마, 단련, 노력해야 하는 힘든 분야이거나 돈이 되지 못하는 결과를 얻는다. 생권 대한에서는 다툼, 분쟁의 발생이나 의외의 사고로 고통을 받고, 생과 대한에는 나쁜 인연의 발생을 명예가 추락하며, 생기 대한에는 좌절과 실패를 겪게 된다.

생기가 좌하는 궁은 같으나 연간궁과 세건궁 차이로 인한 운명의 차이

명 巳	부모 午	복덕 未	전택 申
형제 辰	① 신축년생 남자		관록 酉
부처 卯			노복 戌
문창생기 자녀 寅	연간·세건 재백 丑	질액 子	천이 亥

복덕 巳	전택 午	관록 未	노복 申
연간 부모 辰	② 경술년생 여자		천이 酉
명 卯			세건 질액 戌
형제 寅	부처 丑	천동생기 자녀 子	재백 亥

① 신축년생 남자는 재백궁이 연간궁이면서 세건궁이 되어 자립격 인생이 된다. 생기는 자녀궁에 입하니 인생에서 자전선에 대한 문제가 고민점이 된다. 전택궁은 재물의 창고인데 화기로 충이 되니 집안 형편이 가난하여 초년에 고생 많았고, 성실하게 기술직으로 자립 대성하여 부유해졌지만, 자녀궁 문창생기로 학업을 상징하는 문창에 화기가 붙으니 자녀는 대학 졸업 이후 십수 년째 고시 공부한다며 세월을 보내고 있고, 사 놓은 부동산이 재건축 허가가 떨어졌지만 득보다 실이 큰 상황이 되어 단체 투쟁에 앞장서게 되었다.

② 경술년생 여자는 부모궁이 연간궁이고 질액궁이 세건궁이니 인생에서 부모의 영향력이 크다. 부모 덕에 부유하게 자란 타립격으로 일찍 결혼해서 자녀를 낳았지만, 천동은 복락과 가정과 자녀를 상징하는 별인데 화기가 붙어서 자녀궁에 좌하니 자전선이 인생의 고통

점이 된다. 부질선은 자녀의 부관선이 되니 성인이 된 자녀 한 명은 이성 문제로 자살하였고, 다른 자녀는 잦은 진로변경과 일반적이지 않은 애정 문제를 가지고 있다. 본인 소유의 부동산을 이혼 위자료로 받아 내려는 전남편의 소송으로 인한 고통도 겪고 있다.

→ 자전선 생기로 인한 두 사람의 인생을 논할 때 부동산과 자녀에 대한 문제점은 똑같아 보이나 내막은 차이가 있다. 이처럼 차이 나는 점을 연간궁과 세건궁을 통해서 살펴보면 인생 스토리를 디테일하게 알 수 있게 된다.

⑸ 연간충과 세건충

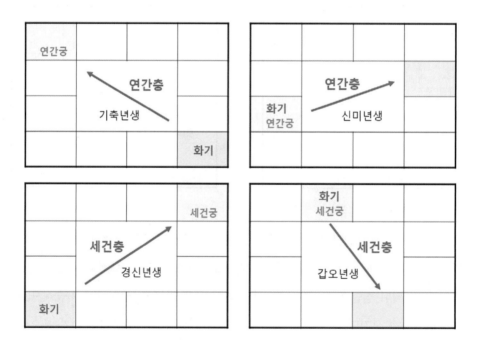

- 연간궁과 대궁이 연간궁선이 되고, 세건궁과 대궁이 세건궁선이 된다.
- 연간궁선에 화기가 좌하게 되면 연간충이라 하고, 세건궁선에 화기가 좌하게 되면 세건충이라 한다.
- 충이 되면 인생의 중심도로나 대문 앞에 문제가 발생한 것으로 보아 사건, 사고 등의 일이

발생한다. 쌍기(雙忌) 작용에 의한 충작용이거나 살기형이 가미된 충작용이면 그 일의 발생의 정도가 크게 된다.

(6) 궁의 활용

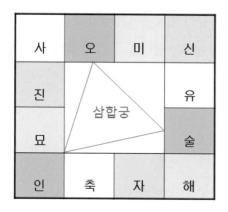

1] 삼합궁

- 12궁 중에서 인오술, 신자진, 사유축, 해묘미가 궁으로 삼합을 이룬다.
- 명궁 중심 삼합과 부처궁 중심 삼합을 육내궁으로, 형제궁 중심 삼합, 부모궁 중심 삼합을 육외궁으로 나누어 인사물의 움직임을 살펴볼 수 있고, 대한에서 궁의 중첩을 통해 운세 스토리를 만들 수 있다. 예를 들면 선천 복덕궁에 녹존이 있는데 제5 대한에 이르며 대한 천이궁에 속하게 된다. 그러면서 대한 복덕궁(선천 부처궁)에 대한의 화록이 입하면 선천과 대한 복덕궁이 길상이 되어 이 대한에 금전 이득을 크게 보게 된다. 부처궁 중심의 삼합의 길상이기도 하여 이 대한에 부부관계가 좋다. 육내궁에 길상이 몰리면 육외궁에 흉상이 몰리기 때문에 다른 육친관계에서는 문제가 발생하게 되므로 형제 간의 다툼, 자녀의 학업 문제가 발생할 수 있다.

2| 협궁

- 태극을 세운 궁의 양옆의 궁을 말한다. 명궁에 태극을 세우면 부모궁과 형제궁이 협궁(夾宮)이 된다.
- 협궁은 본궁, 대궁, 삼합궁만큼 중요한 역할을 하는데, 상황에 따라 본궁과 상응할 정도로 중요한 위치를 차지하기도 한다.
- 자미두수에서는 많은 짝성들이 있다. 이런 짝성들이 협궁에서 영향을 주는 경우가 많다. 보좌성으로는 괴월협, 보필협, 창곡협, 육살성 중에서는 양타협, 공겁협, 화령협 등은 매우 중요하게 살펴야 한다.

3| 공궁

- 십사주성이 없는 궁을 비어 있는 궁이라 하여 공궁(空宮)이라 한다. 보좌살성과 소성이 있어도 공궁이 된다.
- 공궁은 빈집과 같아서 무력함을 의미하지만, 저항이 없는 것을 상징하기도 한다. 예를 들어 천이궁이 공궁이라면 밖에서 아무런 저항세력이 없으니 마음 놓고 움직일 수 있는 조건이 형성된 것과 같다. 낯선 곳, 타향, 외국 등에서 쉽게 적응하게 되는 것으로 해석할 수 있다.

4| 차성안궁

- 공궁은 대궁에 있는 주성과 소성을 끌어다 쓴다. 주로 비궁사화가 입하여 궁이 인동될 때 차성안궁(借星安宮)이 일어나게 된다. 차성안궁하여 만들어지는 삼합, 협궁의 사화로 운세를 알 수 있다.

2) 천간 사화

자미두수에는 주성에 붙어서 에너지를 생성시키는 4개의 사화(四化)가 있다. 사화는 화록(化祿), 화권(化權), 화과(化科), 화기(化忌)라 한다.

- 화록·화권·화과·화기는 화성(化星)을 의미하는 것으로서 주성의 성질에 '재록·권세·명예·실패'라는 에너지가 생성되는 것이다. 사화는 선천 명반의 길흉을 살피는 데 중요한 역할을 한다.
- 사화는 태어난 년에 의해 만들어지는 선천사화가 있고, 대한, 유년, 유월, 유일, 유시에 생성되는 사화가 있다. 선천사화로 명격이나 운명의 길을 알 수 있고, 선천사화와 대한사화로 10년 운에서 일어날 일들의 양상을 알 수 있고, 유년에서 발생하는 사화로 그해의 운을 알 수 있으며, 유월과 유일에 의해서 발생된 사화가 그해 운의 구체적인 스토리를 만들게 된다. 유시로 그날에 중요한 일의 시점을 찾을 수 있다.

10천간 사화

	갑간	을간	병간	정간	무간	기간	경간	신간	임간	계간
화록 (재록)	염정	천기	천동	태음	탐랑	무곡	태양	거문	천량	파군
화권 (권세)	파군	천량	천기	천동	태음	탐랑	무곡	태양	자미	거문
화과 (명예)	무곡	자미	문창	천기	우필	천량	태음	문곡	좌보	태음
화기 (실패)	태양	태음	염정	거문	천기	문곡	천동	문창	무곡	탐랑

- 14개의 주성이 있지만, 천간이 10개라 사화는 각각 10개씩 40개가 있고, 여기에는 보좌성인 문창·문곡과 좌보·우필의 화과와 화기도 포함된다. 주성의 배치는 12가지로 고정되어 있고 생년에 의한 궁의 천간도 고정이라 사화가 인동되는 형태는 같을 수 있지만, 태어

난 월과 시로 인해 보필과 창곡이 좌하는 궁이 달라지기에 사화의 운용체계는 훨씬 다양해
진다.

- 록·권·과·기 사화가 모두 있는 주성은 무곡, 천기, 태음뿐이다. 칠살, 천부, 천상에는 사
  화가 없다. 칠살 자체를 화권성, 천부 자체를 화과성으로 본다.
- 창곡은 기간에서 문곡화기, 신간에서 문창화기가 발생하여 창곡이 좌한 궁의 주성과 연관
  되어 사건, 사고 등의 일에 영향을 많이 준다.

파별 사화 분포도

	존귀파	수성파	개창파	밝음파	어둠파
화록	갑간 염정 기간 무곡		무간 탐랑 계간 파군	을간 천기 병간 천동 경간 태양	정간 태음 신간 거문 임간 천량
화권	경간 무곡 임간 자미		갑간 파군 기간 탐랑	병간 천기 정간 천동 신간 태양	을간 천량 무간 태음 계간 거문
화과	갑간 무곡 을간 자미			정간 천기	기간 천량 경간 태음 계간 태음
화기	병간 염정 임간 무곡		계간 탐랑	갑간 태양 무간 천기 경간 천동	을간 태음 정간 거문

- 살기운이 강한 염정, 파군, 탐랑, 태양, 거문에는 화과가 없다. 천동이 화과가 되면 안일함
  과 게으름이 극대화되어 오히려 화과의 특성이 흉해질 수 있어서 없다. 존귀함을 주관하는
  자미는 화권과 화과만 있고, 무곡은 재부를 주관하면서 존귀파에 속하니 존귀파 운에는 명
  예와 부를 얻을 기회가 있기에 무곡화과는 재부를 쌓을 수 있는 지명도를 얻는 것이 된다.
- 사화는 동궁, 삼방, 협궁, 대궁에서 영향을 준다. 존귀파와 개창파의 사화가 서로 동궁, 삼
  방, 협궁, 대궁에서 영향을 주며, 밝음파와 어둠파가 서로 동궁, 삼방, 협궁, 대궁에서 영향
  을 준다. 어느 쪽이 육내궁에 속하느냐가 명운에 영향을 준다.

3) 사화의 의미

사화의 의미 요약

사화		의미
화록 (재록)	인	욕망, 경영주, 재능, 낙관, 총명, 유쾌, 기쁨, 여유, 연기(緣起)
	사	새로운 일 발생, 시작, 원인, 돈 벌 기회의 증가, 원만, 순조로움, 경제, 경영, 금융계, 영업, 허망(虛)
	물	재물(현금·자금·투자), 증가, 증대, 많은 것, 좋은 것, 가치가 있는 물품, 아름다운 물건
화권 (권세)	인	책임자, 수호신 역할, 유능함, 재능, 주동적, 자립적, 행동적, 간섭, 집착, 억지, 강직, 반항, 강박, 다툼, 연변(緣變), 업보
	사	권세, 질변(質變), 힘, 창업, 책임, 운동, 전문기술, 법, 정치, 의료계, 이공계열, 성장, 성취, 일이 많음, 소송, 수술, 상해
	물	형질 변경을 통한 이득, 노력이나 투쟁을 통한 쟁취, 사채, 의외의 사고
화과 (명예)	인	선비 기질, 귀인, 인기, 체면, 평판 중시, 온화, 총명, 재예, 우아함, 청백, 심리적 만족 추구, 정(情), 오지랖, 그리움, 번뇌, 연속(緣續)
	사	명성, 공훈, 업적, 전파, 학업, 예술, 철학, 문과계열, 문서, 질병(만성), 완만한 변화
	물	문서상 이득, 지명도에 따른 이득, 보상금, 상여금
화기 (실패)	인	비관, 집착, 열등감, 불행, 낮은 자존감, 나쁜 버릇, 인연이 나쁨, 일반적이지 않은 사고(思考), 후회, 연정(緣定), 연멸(緣滅)
	사	결과, 정지, 수렴, 실패, 좌절, 장애, 시비, 잘못된 판단, 질병, 신체 사고, 사망, 트라우마
	물	채무, 손실, 최종 기간, 적은 것, 기쁘지 않은 것, 결핍, 재물의 획득(시비財, 쟁취財, 구속財)

성이 사화로 인해서 활성화된 에너지를 갖게 되고 그것은 록·권·과·기에 맞는 상(象, 이미지)이 만들어지는데 좌한 궁에 의해서 인·사·물로 나누어 해설해야 한다. 육친궁에서 사화가 발동되었다면 인적으로 해석을 하고, 관록궁, 천이궁, 질액궁에서 발동이 되면 사적으로 해석하며, 재백궁, 전택궁, 복덕궁에서 발동이 되면 물적으로 해석을 한다.

(1) 화록의 기본 의미

① 재록(財祿), 식록(食祿), 복록(福祿)을 대표한다. 주성을 재성화(財星化)시키는 작용을 한

다. 주성의 본질에 따라 재물의 성향이 다르게 되며, 화록은 혼자서 작용하기보다 녹존과 만나서 작용을 하면 쌍록이라 하여 좋게 본다. 화록은 천마를 보게 되면 녹마교치가 이루어진다. 돈을 벌 기회가 많아지고 재원(財源)이 원활하다.

② 발생, 시작을 의미한다. 새로운 개시나 새로운 변화의 시점이 된다.

③ 화록은 순조롭고 원만하며 풍부하고 좋다는 의미가 있다. 화록은 가장 영화로운 것으로 문무(文武) 모두에서 길하다. 주성이 재물과 직접적으로 관련이 있지 않으면 화록이 붙어도 재록이 발생한다고 말할 수는 없지만, 그 주성의 성질에 낙관, 총명, 많은 것, 좋은 것이라는 의미를 부여하며 사람을 유쾌하고 기쁘게 한다.

④ 재물방면으로 계획과 전략을 잘 세우며, 재물 면의 증가, 증대를 나타낸다. 해액제화(解厄制化)의 공이 있으며, 건강하고 장수할 수 있는 근본이 된다.

⑤ 록기는 한 조로 보며 원인과 결과 중 화록은 원인이고, 화기는 결과이다. 경우에 의해서 허록(虛祿)이 되기도 한다. 길한 의미는 없고 단지 화기 작용을 일으키는 원인으로 인동이 될 때의 화록을 허록이라고 한다. 허망한 결과를 만드는 원인이다.

⑥ 연기(緣起)가 발생한다. 육친궁의 화록이면 그 육친과의 인연의 발생이 일어나며 인연이 좋다.

⑦ 화록은 육내궁에 있으면 경제, 경영, 영업, 금융, 회계, 재무, 세무 등의 분야에 관심이 있고 종사하는 경우가 많다.

(2) 화권의 기본 의미

① 권세를 주하며, 힘 능력 노력을 의미하며, 집권과 영도력을 갖춘 실세이다. 강건함으로 주성의 적극성을 증가시킨다. 주성에 화권이 붙으면 그 주성을 권성화(權星化)시킨다. 전략을 잘 세우고 추진력이 있어 업무, 외무 외교, 공정, 관리에 능하다.

② 성장, 성취, 투쟁을 주한다. 주동적, 자립적, 개척적, 행동적이며 투쟁을 통해 쟁취한다. 강경하며 반항과 억지를 부릴 수 있고, 집착이나 강박이 있다. 허세가 있고, 제멋대로 할 수 있다. 제1, 2 대한에 생년화권이 있으면 운동선수로 나가는 경우가 많다.

③ 의외의 사고, 수술, 소송이 있게 된다. 선천화권이나 대한화권이 유년의 명천선에 좌하면서 살기형을 만나면 그해에는 생각지도 못한 사고나 수술, 다툼, 소송 등이 발생하게 된다.

④ 전문기술성이다. 주성의 특성에 맞는 전문기술 능력을 갖추게 된다. 법, 정치, 이공계열과 연관이 되며 의사, 변호사, 검사, 정치인과 같은 직업군에 종사한다. 유능함과 재주가 있고, 창업할 능력이 있다.

⑤ 화권에는 권력, 지위와 같은 가치의 증가나, 혹은 부동산 분야에서의 상승이 있다.

⑥ 연변(緣變)과 질변(質變)이 발생한다. 인연이 변하고, 질이 바뀌는 '변화와 돌변'의 성질이 있다. 연인이었으면 결혼으로 인연의 변화가 발생하는 것, 직업을 바꾸는 것과 같은 변화가 발생한다.

⑦ 전생의 업보를 화권으로 본다. 생년화권은 수호성(守護星) 역할을 한다.

(3) 화과의 기본 의미

화권이 동태(動態)로 움직임이나 변하는 모습이 있다면, 화과는 정태(靜態)로 움직이지 아니하고 가만히 있는 상태의 상이다.

① 공훈과 업적, 명성과 지위를 뜻한다. 문성으로 학업, 시험 합격을 통해 얻는 명예를 나타낸다. 화과는 막료·참모성이며, 보수적이고 수성(守成)한다. 화과는 지혜가 있고, 총명하고, 박학다문하며, 재예가 있다. 학업이나 시험을 주관하며 교육·문예·학술에 유리하다. 계획을 잘한다는 것을 나타낸다.

② 선비 기질로 체면, 평판, 인기, 청백(淸白)에 신경을 쓴다. 명성과 전파(소문)와 관련이 있다. 명궁에 화과가 있으면, 심리적인 만족이나 스스로 충만하다는 느낌을 가지며 온화하다.

③ 화과가 공겁과 양타가 동궁하거나 협하는 것은 불길하다. 자질은 있으나 성공하지 못하는 경우는 화과가 흉살과 같이 있기 때문이다. 화과가 공겁을 보면 주로 허명을 얻거나, 주로 종교·철학, 신앙 등의 연구와 관련이 있게 된다.

④ 생활에서 바른 풍채와 학식이 있고, 우아함과 고상함을 추구하며, 유머가 있고, 귀인의 도

움이나 이성 인연이 따른다.

⑤ 질병·수명·사망과 관련이 있다. 질병과 관련이 있는 성이나 궁에서 기기과(忌忌科) 조합이 될 때, 만성 질병이나 사망과 관련이 있게 된다. 화과가 살기형과 동회하면, 심리적 만족이 없고 번뇌가 심하게 된다.

⑥ 인연의 연속성(緣續性)이 있다. 인연이 이어짐을 의미하며 완만한 변화를 주도한다. '옛날'의 의미가 있어서, 옛날에 알았던 사람, 옛것, 중복과 관련이 있다. 명궁이나 복덕궁에 화과가 있으면 한번 맺어진 인연과 오래 유지하며, 끊어진 인연에 대해 다시 생각하는 성향이 있다. 옛사람이나 옛일에 대한 기억을 오랫동안 면면히 이어 간다.

⑦ 가업을 이어 가는 사람의 육내궁에 화과가 있다. 타육친궁에 있으면 그 육친이 선대로부터 이어 오는 천직을 잇게 된다. 화기가 동궁하면 가업을 잇지 못하게 된다.

(4) 화기의 기본 의미

① 사화를 계절로 표현하면 화록은 봄으로 시작이고, 화권은 여름으로 확장이며, 화과는 가을로 수확이고, 화기는 겨울과 같이 계절의 끝, 모든 만물이 활동을 마치고 기운을 수렴 저장하는 시기이기에 정지를 뜻한다. 예를 들면, 퇴사 후 실업급여를 받는다면 마지막 실업급여 받는 달이 화기 걸린 달이 되어 이달에 취업을 위해 애쓰며 취업하는 거 같이 결과, 수렴, 저장, 마감의 의미를 가지며 사화 운용상 '흉의'라는 의미 외에 '결과'로 해석한다.

② 실패, 좌절, 장애, 손실, 파재가 발생하며, 실망과 비관, 질투심이 발동하게 한다. 육살성과 같은 살성에 해당하며 아주 큰 파괴력이 있다.

③ 주성의 어두운 면을 유감없이 드러나게 한다. 그릇된 판단을 하게 하며, 집착하고, 불순하며, 갇혀서 움직이지 못하며, 적은 것, 기쁘지 않은 것을 의미한다. 실수나 착오, 좋지 못한 변동을 하는 것도 화기 운에서 발생한다. 각종 흉의인 재난, 질병, 상해, 사망, 곤란, 집착, 불운, 인연 없음 등과 관련되는 일에 등장한다. 명궁에 화기가 있으면 타인이 자기 물건을 사용하는 것을 싫어하는 등, 성격에 까다로움이 있다. 고집이 있으며, 일반적이지 않은 사고나 행동을 하는 경우가 많아 육친 인연이 박하게 된다.

④ 시비·손실이 크다. 순조롭지 못한 의미가 있다. 가려는 길에서 시비나 방해를 만나거나, 해야 할 것을 놓쳐서 손실이 발생하거나, 악인을 만나 좌절과 피해를 보게 된다. 원한, 구설 시비, 보복에도 화기가 발동된다.

⑤ 재물의 획득이 발생한다. 화기는 록·권·과·기의 끝에 좌하는 사화로 '결과·종착지'라는 의미로 나에게 재물이 들어오게 되는데 명·재·복·관·전의 아궁에 입한 경우에 생기는 재물이다. 시비재(財), 쟁취재, 구속재의 의미가 있다. 편하게 들어오는 게 아니라 시비나 다툼을 통해 쟁취한 재물을 의미한다. 원래 계획보다 적은 금액이거나 손실이 큰 상태에서 들어오는 재물이다. 쉽게 들어온 재물은 다시 토해 내야 하거나, 대출금처럼 어떤 특별한 목적으로 얻은 재물이 나를 구속시키는 성질이 있어 부담감을 받게 된다. 화기는 '빚'으로 실질적 채무(債務)의 상황이 있게 된다.

⑥ 연정(緣定)이나 연멸(緣滅)이다. 연정은 연분이 정해지는 것과 완성되는 것이며, 연멸은 인연이 끝나는 것이다. 부처궁 화기 운에 이성 인연이 발동하거나 결혼하는 경우가 많다. 물론 이별도 화기 운에서 하게 된다. 연분이 정해지는 것일지, 인연이 끝나는 것일지는 원국과 대한, 유년의 상황을 고려하여 판단하여야 한다.

⑦ 시선 집중 받는 자리, 독특함, 다름, 차이를 나타낸다. 대체로 궁의 상태가 좋은 곳에 화기가 좌하는 경우, 이 경우는 남들보다 앞서가는 사람, 남과 자신이 다름을 주장하는 것에 해당하나, 때로는 시비를 불러오는 면은 있다.

4) 사화의 종류

(1) 생년사화

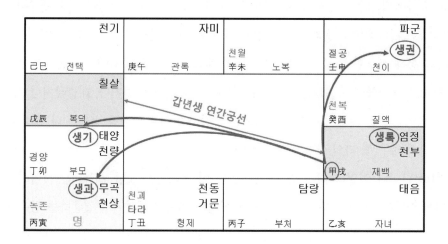

- 자기가 태어난 생년 천간에서 발생된 사화로 선천사화라고도 한다. 선천적으로 타고난 격국과 인생 운로를 본다.
- 생년사화는 상의 체(體)이며 그 질(質)은 불변한다.
- 선천사화가 가장 지배적인 위치에 있다. 이는 연간궁에서 발생된 사화이기 때문에 운명에 절대적인 영향력을 행사하는 사화이다. 인생의 대부분이 생년사화와 연관되어지기 때문에 연간궁을 중시해야 한다.
- 생년사화가 떨어진 궁에는 상이 있다. 가령 관록궁에 생년사화가 있으면 그 사화의 특성에 맞는 직업과 일의 행위가 따른다.
- 사화는 록·권·과·기 4가지가 있으며 생년의 록·권·과·기는 생록(生祿), 생권(生權), 생과(生科), 생기(生忌)로 표기한다.

(2) 비궁사화

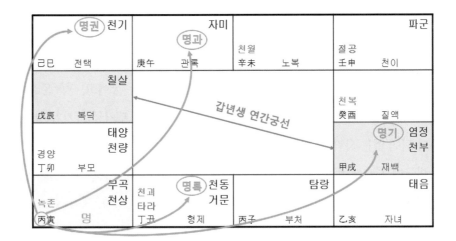

- 12궁 모두에서 사화를 돌리는 것이 비궁사화(飛宮四化)로, '후천적 변수'를 나타낸다.
- 비궁사화는 궁간사화와 자사화로 나눈다.
- 명궁의 사화를 돌려 후천격국을 보고 재백궁의 사화를 돌려서 재백의 상황, 관록궁의 사화를 돌려 관록궁의 상황을 본다.
- 이 비궁사화는 궁과 궁끼리의 상호 교감을 살피는 것이다. 예를 들면, 명궁 화록이 부처궁에 입하고, 부처궁 화기가 명궁에 입하면 나와 이성과의 교감이 발생하게 되는 것인데, 나는 배우자에게 좋은 것을 주는데 배우자는 나에게 나쁜 것을 주는 것이 되니 부처와의 인연에 한계가 발생하게 된다.
- 비궁사화는 대한이나 유년, 유월, 유일, 유시에서 발동하게 된다.

1] 비궁사화 사용방법

- 비출(飛出)한 사화는 한층 위의 궁과 연결 지어 사용을 한다. 유년에서 비출한 사화는 대한 사화와 연결하여 사용하고, 대한의 비출사화는 선천사화와 연결하여 사용을 한다.

2| 궁위

- 궁위(宮位)의 宮은 에너지를 방사하는 것이고 位는 받는 것이다. 궁위 간에는 에너지의 운동이 있다. 궁과 위가 서로 간섭하고 영향을 주면서 여러 가지 변화를 낳으며 길흉화복이 있게 된다. 예를 들면 부처궁 화과가 명궁으로 입하면 부처궁은 궁이고, 명궁은 위가 된다. 이런 경우 배우자가 나를 위해주는 좋은 인연이 온다. 반대로 부처궁 화기가 명궁에 입하면 배우자 덕이 없는 사람이 된다.
- 내궁과 외궁이 서로 사화의 궁위에 해당되는 경우가 상호 사화구조가 된다. 록은 록끼리, 권은 권끼리, 과는 과끼리, 기는 기끼리 상호 주고받는 경우가 있고, 록을 주고 권을 받기도 하고, 록을 주고 과를 받기도 하고, 록을 주었는데 기로 받기도 하는 것도 상호 사화구조로 확장 해석할 수 있다. (다른 권·과·기도 이와 같이 본다.)

3| 궁간사화

- 궁간사화(宮干四化)는 12궁에서 선천사화처럼 각각 사화를 비출하는 것을 말한다.
- 명궁사화를 예로 들면, 명궁에 좌한 천간의 사화로 만약 명궁이 무오궁이라면 무간의 사화인 탐랑화록, 태음화권, 우필화과, 천기화기를 말한다. 이를 다른 사화랑 구별하기 위해서 '탐랑명록, 태음명권, 우필명과, 천기명기'라 표기하며 각 사화가 입한 궁에서의 작용을 살펴본다.
- 나머지 11개 궁의 천간도 명궁사화처럼 궁간사화를 각 궁의 첫 글자를 따서 만들면 된다. 형제궁 사화는 '형록, 형권, 형과, 형기', 부처궁 사화는 '부록, 부권, 부과, 부기'로 또는 '처록, 처권, 처과, 처기'로 표기하며, 나머지 궁도 마찬가지로 첫 글자와 록·권·과·기를 연결시킨다.

4| 자사화

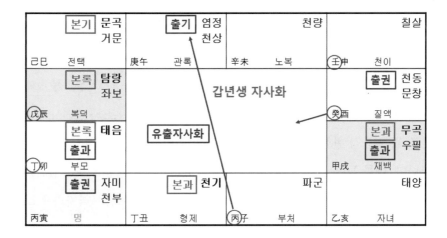

- 생년사화는 정(靜)이고 체(體)이며 선천의 상(象)이고 질(質)이고, 자사화는 동(動)이고 용 (用)이며 후천의 작용(數)이며 시간에 의해서 드러난다.
- **자사화(自四化)는 어느 궁의 궁간사화가 해당 궁에 있거나 대궁에 있는 것을 의미한다.** 본 궁에 있으면 본궁자사화라 하고, 대궁에 있으면 유출자사화라 한다. 예를 들면 무진궁인데 탐랑이 진궁에 있거나 술궁에 있으면 무간의 탐랑자화록이 발생한다. 태음이 있으면 태음 자화권, 우필이 있으면 우필자화과, 천기가 있으면 천기자화기가 좌하는 것이다.
- 자사화는 기(氣, 에너지)이다. 기는 시간 속에서 변화를 일으킨다. 자연적으로 기는 취산 이합(聚散離合)하는 성질이 있다. 사람이 만났다가 헤어지는 것도 이런 본능적인 기의 영 향을 받기 때문이다. 인연이라고 부르는 것은 결국 취산이합의 법칙에 따라 생성, 소멸되 는 것이다. 이미 존재하는 인연이 있어도, 어느 시점에 새로운 에너지의 발생으로 새로운 인연이 생기게 된다. 이러한 기의 변화는 인·사·물에 적용이 된다. **자사화는 자연발생적 인 거라 스스로 다스릴 수 없는 것으로, '아무것도 하지 않아도, 저절로 바뀌는 것'이다.**
- **자사화는 대한이나 유년의 시간 속에서 인·사·물의 형태로 나타났다가 사라지는 변화가 있다.** 자사화가 그 궁에서 발생이 되고 소멸이 되는 거니 대한이나 유년에 도달했을 때, 그 상이 드러나게 되는데, 인생은 12년 주기로 회전을 하니 나이의 변화에 따라 드러나는 상 이 달라 보이나 결과적인 면에서 그 자사화 값은 일정하다. 예를 들면 형노선에 자화권이

있으면 그 궁에서의 주도권은 형제나 지인 또는 동료가 쥐는 것이다. 시기에 따라 인물이 달라질 뿐 유년이 그 궁에 도달했을 때 주도권을 쥐고 흔드는 사람과의 인간관계가 발생한다.

- 자사화는 선천사화의 길흉을 근본적으로 바꾸지는 못하지만, 그 속성에 영향을 미친다.
- **자사화는 후천작용이므로 자화록, 자화권, 자화과, 자화기 모두 나쁜 결과를 초래한다.**
- 화기와 화록이 같은 조이고, 화권과 화과가 같은 조인데, 같은 조의 생년사화와 자사화가 겹치면 질적, 기능적 변화가 나타나고, 다른 조의 생년사화와 자사화가 겹치면 양적 변화가 나타난다. 예를 들면, 경년생이 갑신궁에 무곡생권이 있으면 무곡자화과도 있는 것으로 보아 질적, 기능적 변화가 발생하고, 기묘궁에 무곡생권이 있으면 무곡자화록도 좌하니 양적변화가 있게 된다.
- 아궁의 자사화는 나의 영역의 일이 되고, 타궁의 자사화는 타인 영역의 일이 되는데 자사화가 있는 궁이 6개의 궁을 넘으면 상호 교류나 교감이 되는 것이 아니라 각자 노는 꼴이니 서로 협력하지 않고 개별적으로 분주한 모양새이다.
- 가장 흉한 것은 생년사화가 자사화와 만나는 패턴으로, 원래 있는 것이 변화하여 공(空)이나 무(無)가 되는 것을 나타내며 득보다 실이 많다. 에너지는 역할에 알맞을 만큼 적당해야 하는데 오버(over)가 되어 오히려 과해서 망쳐 버린 것과 같다. 생년화기궁에 자화록이 좌하면 록기충이 되니 자체 내에서 충돌이 발생하여 소멸하는 것과 같다. 예를 들면, 명궁에서 이런 구조이면 남들이 이해할 수 없는 알다가도 모를 행동들을 일삼게 되고, 결국 평범하지 못한 인생을 살게 된다.

[1] 본궁자사화

- 본궁에 자사화가 있는 것을 말하며 본화라고 한다. 본화 표기는 본록(本祿), 본권(本權), 본과(本科), 본기(本忌)로 한다. 예를 들면, 무진궁 무간 탐랑 자화록이 진궁에 있는 것이며 탐랑본록으로 표기한다. 다른 사화가 진궁에 있으면 태음본권, 우필본과, 천기본기로 표기한다.
- 본궁에 있는 자사화는 기(氣)의 소모를 발생시키는 결과를 만드니 '소모되는 것'을 의미한다.

- 본궁자사화는 일종의 이미 있는 물질의 분산이며, 이미 있는 현상이 분열하는 행위로 논한다. 게다가 분산 변화적 기능과 작용의 하나인 것이다.

[2] 유출자사화

- 본궁의 사화가 대궁으로 가는 것을 말하니 출화(出化)라고 한다. 출화 표기는 출록(出祿), 출권(出權), 출과(出科), 출기(出忌)로 한다. 예를 들면, 무진궁 무간 탐랑자화록이 술궁에 있는 것이며 탐랑출록으로 표기하여 탐랑본록과 구별한다. 나머지 사화도 태음출권, 우필출과, 천기출기로 표기한다.
- 유출자사화(流出自四化)는 대궁에 들어가서 세(勢)를 발생시켰다가 다시 돌아오기 때문에 원래의 궁이 좋아지거나 나빠지거나 한다. 기본적으로 출화가 나쁘게 작용하는 경우는 많지 않지만 때로는 자사화나 생년사화보다 더 심각한 결과를 초래하기도 한다.
- 출화는 일종의 새로운 물질이 다시 응집하는 것으로서, 세(勢)가 있으면 반드시 역량을 행한다는 행위론으로 해석할 수 있다. 예를 들면 부처궁 화권이 관록궁으로 출권이 되면 배우자가 들어오면서 직업 변화가 발생할 수 있고, 배우자가 나의 직업적 역량을 키워 주기 위해 노력하는 경우가 된다. 이런 경우 내가 걸맞게 역량을 키울 수 있다면 좋게 지속적인 관계가 되겠지만, 아니라면 갈등의 씨앗이 된다.
- 만약 명궁 화록이 천이궁에 입하여 명을 조하면 화록의 좋은 점이 자기로 향해야 하므로 이기적이고 자아 중심적이라는 표시이다. 현실에서는 이득을 볼 수는 있지만, 대인관계에서 나쁜 영향이 생긴다. 이와 같은 해석을 각 궁에 좌한 자사화에서 할 수 있다.

(3) 자사화의 아타궁

궁을 내궁과 외궁, 아궁과 타궁으로 나누는데, 내가 움직일 수 있는 궁을 통칭하여 아궁이라 하고, 타인이 움직일 수 있는 궁을 타궁이라고 하면, 타궁의 자사화는 내가 움직일 수 없는 사화이다. 특히 육친궁에 좌하는 자사화는 그 궁의 주인은 해당 육친이기 때문에 그 궁에 좌한 자사화를 부리는 존재도 그 육친에 해당된다. 그래서 이익을 놓고 다툼을 해야 할 때 그 육친궁에 자화록, 자화권, 자화과, 자화기가 있으면 내가 이익을 얻기 어렵다. 그래서 자사화는 흉함으로 나타난다.

1] 자사화를 아궁과 타궁으로 나누는 방법

내외궁과 아타궁을 통칭으로 아궁 또는 타궁으로 보는 방법을 말한다.

- 육내궁에서 부처궁은 부처가 존재할 경우 타궁으로 본다.
- 육내궁에서 천이궁은 자립격일 경우 아궁으로 보고, 타립격일 경우 타궁으로 본다. 누구의 영향이 크냐에 따라 바깥 활동의 주도권이 다르기 때문이다.
- 전택궁이 나의 거처로 볼 때는 아궁으로, 형제의 관록궁으로 볼 때는 타궁으로 본다. 집을 스스로 사고팔 수 있을 때는 아궁에 속한다.
- 질액궁을 정서나 나의 건강으로 볼 때는 아궁으로, 형제의 재백궁이나 부모의 천이궁으로 볼 때는 타궁으로 본다.

(4) 쌍상사화

생년사화가 처음부터 한 궁에 쌍상으로 들어가서 쌍상사화가 만들어지는 경우가 있고, 생년과 대한이나 유년의 사화로 인해 만들어지는 경우가 있다.

1] 쌍상사화의 종류

① 생년사화가 쌍상이 되는 경우(동궁하거나 본궁 대 대궁 포함)
② 궁간사화가 쌍상이 되는 경우
③ 생년사화가 궁간사화를 만나 쌍상이 되는 경우
④ 생년사화가 자사화를 만나 쌍상이 되는 경우

⑤ 자사화가 쌍상이 되는 경우

⑥ 궁간사화가 자사화를 만나 쌍상이 되는 경우

2] 쌍상사화 발생의 방법

- 주성에 생년사화가 있는데 그 주성에 다른 사화가 발생하는 것이 가장 작용력이 강력하다. 예를 들면 무곡생권에 무곡화록이 발생하는 식이다.
- 한 궁에 록권, 록과, 록기, 권과, 권기, 과기 등으로 쌍상이 형성이 되는 경우로, 인·사·물에서 겸쌍과 같은 혼잡 양상이 발생하기 쉽다. 길한 경우에는 두 가지 일이 모두 잘되는 것이나, 흉한 경우에는 서로 갈등하게 하는 작용이 있게 된다. 육친궁의 쌍상을 부처궁으로 예를 들면 한 사람을 만나야 하는데 두 사람을 만나게 되는 경우와 같고, 관록궁에서의 쌍상은 한 가지 일이 아닌 두세 가지 일을 해야 하고, 전택궁에서의 쌍상은 가게를 하나 계약하고 싶은데 두 개를 계약하게 되는 것과 같다.

3] 쌍상사화의 함의

쌍상사화 상(象)은 궁의 특성에 맞게 해석해야 한다. 인(人) 궁에 있으면 육친과의 관계에서 발생할 수 있는 상의 형태로 해석을 하고, 사(事) 궁에 있으면 사무적으로 일어날 수 있는 상으로 해석을 하고, 물(物) 궁에 있으면 재물 관련의 상으로 해석을 해야 한다. 지구 인구가 80억 명에 이르고 있다. 다양한 문화와 삶의 형태가 존재하듯이 사화 상의 형태도 다양함을 생각해야 한다. 다음은 쌍상사화를 해석하는 보편적인 방법에 대한 것이다.

[1] 화록이 쌍상이 되는 경우

화록의 길한 작용으로 금전 이득, 시작, 기쁨이 있고, 화록의 흉한 작용으로는 욕심, 욕망, 허록이 있다.

화록에 다른 사화가 와서 쌍상이 되었을 때의 작용력

	화록
화록	• 돈 벌 기회가 하나 더 발생한다. • 재물에 대한 강한 집념을 보이고 노력하지만, 화록이 되는 주성이 재성이 아니면 큰 이득을 보기는 어렵다. • 녹존 포함하여 三祿이 삼합으로 들어오는 대한에는 큰돈을 벌 기회를 얻게 된다. 단, 주성이 재성과 관련이 없고 유약한 주성인 경우는 안일함을 만든다. • 연간궁선에 생년화록이 좌한 경우, 자화록도 발생하니 동류(同類) 작용으로 '소멸화'가 일어난다. 복록의 의미가 퇴색되어 복록을 누리지 못한다. 돈을 버는 능력이 있어 쉽게 벌지만, 이 복이 아까운 줄 모르고 경솔한 행동이나 착오로 인해 손실을 초래한다.
화권	• 재록의 별에 화권이라는 재능과 노력의 별이 붙으니 돈을 키우기 위한 노력을 하는 것으로 돈이 있음에도 더 많은 돈을 벌기 위해 애쓰며 노력을 한다. • 재물과의 인연이 확장 발전한다는 의미이니 능력 발휘가 된다. 일의 확대, 사업이 2~3개로 벌어진다. • 돈을 벌어들일 활동성이 왕성하므로 사업이나 생산적인 장사를 선호한다. • 돈을 쉽게 쓰는 경향이 있으며, 즐기기 위해 돈을 쓸 줄 안다.
화과	• 일을 진행하는 과정에서 명예(지명도, 학위)가 발생하게 되니 명성이 높아지는 효과로 번창하게 된다. • 학업 성취를 통한 전문직이나 교육, 문화사업 등이 적합하다. • 재능과 번창, 이익, 장수의 조합이다. • 관계가 확장된다는 의미가 있다. 만일 아궁에서 이러한 조합이 형성되면 번창하고 좋은 것이고, 타궁에서 록과의 조합은 타궁에 이로운 관계가 늘어난다는 현상이 생긴다.
화기	• 록기가 동궁하면 록기충이라 하여 흉의를 발동시킨다. • 본래 재록은 쉽게 돈을 벌 수 있는 것인데도 실패 자리에 돈이 있는 상이라 심력과 노고를 기울여서 해도 결과는 이득을 보는 것 이상으로 손실이 발생한다. • 기복이 심하고 변화가 많으므로 시기에 따라 변화하는 업종에서 근무하는 것이 유리하다. • 재물과 인연을 발생시키는 과정에서 방해나 실수가 개입하여 시비재(是非財)가 되어 돈을 취하기에도 어려운 상황을 만나게 된다. • 자신에게 주어진 복에 만족하지 못하고 자학이나 자해를 하여 불이익이 발생한다.

[2] 화권이 쌍상이 되는 경우

화권의 길한 작용으로 발전, 책임감, 성장이 있고, 화권의 흉한 작용으로는 고생, 다툼, 수술, 상해가 있다.

화권에 다른 사화가 와서 쌍상이 되었을 때의 작용력

	화권
화록	• 권세와 재능이 있는 궁에 재물의 활성화를 시킬 수 있는 화록이 개입하니 돈과 권력, 능력이 있는 상이다. 세력확장에 유리함이 발생한다. 순종하며 따른다. • 록권으로 활성화된 에너지는 밖에서 사용해야 발전하며, 출외하지 않으면 소용이 없다. 출외하면 사람들이 돕고 경제적 발전을 이룬다. • 아궁에 있으면 능력 발휘가 이루어진다.
화권	• 권위를 내세우니 이기려고만 하여 남들에게는 자신만만함을 보이려 하니 허세가 되어 버린다. • 부담에 부담이 가중되는 것이니 일에 치여 버리게 된다. • 연간궁선에 생년화권이 좌한 경우, 자화권도 발생하니 동류(同類) 작용으로 '소멸화'가 일어난다. 아궁에 있으면 지나친 자신감으로 능력을 과용하다 그릇된 행동을 하게 된다. 자신의 재능을 믿고 남을 무시하며, 지나치게 자신을 높이 평가하는 잘못을 저지르는 불길함이 있다. 강박감으로 스스로 만족하지 못하고 밀어붙이려 한다.
화과	• 기술로 명성을 날리므로 연구소나 의사 등, 학문이나 전문적 업적을 쌓을 수 있는 직종이 좋다. • 권세가 있는 사람에게 상을 수여한 것과 같으니 명예 창달하게 된다. • 화권은 능력이고 화과는 귀인이 따르니 능력을 보고 귀인이 발탁해 주는 상으로 길하다. • 인연의 변질과 인연의 연속성이 공존하는 상이라 번민이 강해질 수 있다. 다툼과 강경의 성질과 온화 인정의 성질이 충돌하는 상이다.
화기	• 내가 힘써가며 하는 일에 방해가 끼어든 것이니 소란, 투쟁, 소송 등의 일이 발생하기 쉽다. • 내가 잡고 있는 권력에 문제가 발생하니 심신이 괴롭다. • 아궁에서 권기가 서로 대립하면 자학적인 강박관념을 가지게 된다. 집착이나 질투심, 호승심이 지나치게 강하며 스스로 자기를 볶아 대는 경향이 있다. 이기적이며 보복하려는 심리가 있다. • 재복선의 권기충 조합은 소송이나 시비가 걸릴 수 있는 재물이니 빚을 지거나 사채와 관련이 있다.

[3] 화과가 쌍상이 되는 경우

화과의 길한 작용으로 학업, 승진, 안전, 발복이 있고, 화과의 흉한 작용으로는 질병, 사망이 있다.

화과에 다른 사화가 와서 쌍상이 되었을 때의 작용력

	화과
화록	• 내가 공부를 해서 딴 수료증을 가지고 일을 벌이니 안정성을 보장받는 길로 가는 셈이다. • 귀인궁에 재록이 발동하니 귀인의 혜택이 발생한다. 귀인에 의해서 돈을 벌 기회가 늘어나거나 공짜 상품권처럼 이득이 발생한다.
화권	• 나의 학문이나 문예, 자격증에 권세가 붙어 인정을 받게 되니 성장, 발전하게 된다. • 화과는 지명도인데 화권으로 확장이 되니 지명도가 하나 더 생기는 셈이다. 관록궁이라면 법인 1개에서 2개가 되는 것과 같은 확장이다. • 꾸준히 이어져 오던 인연에 변화가 발생하게 되었다. • 학창 시절 문과와 이과로 진로 고민을 한다.
화과	• 학업 과정에서 다른 공부를 또 하게 된다. • 화과는 관심이나 동정심이니 타인에 대해 오지랖을 펴는 성향이 있는데 그게 반복되다 보니 신경 쓸 일만 늘었다. • 연간궁선에 생년화과가 좌한 경우, 자화과도 발생하니 동류(同類) 작용으로 '소멸화'가 일어난다. 귀인이 나타난 줄 알았는데, 또 다른 귀인이 나타났다. 어느 귀인의 말을 들어야 할지 모르겠다. 귀한 줄을 모르겠다. 무의미하게 느껴진다.
화기	• 내가 공부한 것에 대해 시비가 붙었다. 오랜 시간 투자해서 얻은 명예에 흠이 생겼다. • 과기충 직업으로는 창작의 고통이 수반되는 정신적인 창작활동이 좋다. • 화과는 명성과 전파의 성질이 있는데 화기로 시비 장애가 발생하니 나쁜 소문이 퍼지게 된다. • 귀인인 줄 알았는데 나쁜 인연으로 끝났다. 나의 동정심과 오지랖이 나쁜 결과를 초래하였고, 심리적 번뇌가 심하다. • 인연의 연속 상에 장애가 발생하는 꼴이라 말려들어 얽히게 된다. 여러 가지 방법으로 해도 잘 안 된다. • 화과는 해액성이라 화기의 흉의를 경감시킨다.

[4] 화기가 쌍상이 되는 경우

화기의 길한 작용으로 마침, 결과가 있고, 화기의 흉한 작용으로는 막힘, 정지, 실패, 사건, 사고, 재난, 사망이 있다. 생년화기에 붙어서 쌍상이 되는 록기, 권기, 과기, 기기조합은 대체로 흉하다. 이런 조합을 록기충, 권기충, 과기충, 기기충이라고 부른다.

화기에 다른 사화가 와서 쌍상이 되었을 때의 작용력

	화기
화록	• 문제가 있는데, 그게 발동이 걸려 버렸다.(사건의 시작) • 과거를 청산하고 새로운 길을 향해 간다. 과거에 없었던 미지의 일에 도전한다. • 좋은 일이 될 줄 알고 시작했더니 이미 그 싹은 나쁜 결과를 초래하는 거여서 결과적으로 나쁘게 끝났다. • 손실궁에서 발생하는 재록이니 재성 작용력이 무력해진다. • 명궁의 록기충 작용은 충돌, 반발을 일으켜서 주변 사람과의 인연이 나빠진다. 변화를 종잡을 수 없이 오락가락하는 성향으로 성격이 예민하며 타인이 이해할 수 없는 이상한 행동을 한다.
화권	• 시비, 다툼이 발생한다. 실패한다. 파재한다. • 나는 안 되고 있는데, 다른 사람은 잘되는 것을 보니 기분이 나쁘다. 나쁜 감정이 점점 더 커진다. 질투난다. 나는 안 되니 불안하다. • 화기가 악당이라면 화권은 경찰관이다. 악당의 흉악을 제압하기 위해 경찰관이 권력을 사용하는 꼴이라 큰 힘을 들여 해기(解忌)하게 된다. • 재복선의 권기충 조합은 부담의 돈이니 빚을 지거나 사채를 한다.
화과	• 하는 일이 나쁜 쪽으로 진행이 된다. 실패한다. • 연분이 없다. 인연이 나쁜 쪽으로 흘러간다. • 내가 힘들다고 하니 관심과 동정심을 보이는 사람이 도와주고 있다. 그래서 약간의 힘든 마음이 누그러졌다. • 나쁜 일에 귀인이 붙어서 화를 없애 주었다. • 생년화기는 자화과보다 강하다. 화과의 힘이 약해서 해기(解忌)할 힘이 없다. 귀인 작용이 미약하다. 어떤 사람이 와서 도와주려 해도 받아들일 생각이 없다.
화기	• 나쁜 일이 생기려니 자꾸 생긴다. 감당 안 된다. 하는 일마다 엎어진다. • 명궁에 있으면 잠재의식 안에 타인을 믿지 않고, 시기심이 과중한 경향이 있고 불안정한 성정으로 인한 자학이나 자해를 할 수 있다. • 퇴직, 이별, 정리, 새로운 시작(끝이 났으니) • 연간궁선에 생년화기가 좌한 경우, 자화기도 발생하니 동류(同類) 작용으로 '소멸화'가 일어난다. 좌절, 장애, 비관, 실패를 주관하는 화기가 생기와 자기로 만나니 불안정한 에너지가 증대되는 상이다. 병이 되고 탈이 나는 곳이다. 고생이 많거나 인생 운로가 재난이 많은 현상이 있다.

(5) 십이궁에서의 사화의 작용력

십이궁에서의 사화는 생년사화만 의미하지 않는다. 비궁사화, 자사화 등 모든 사화의 작용력을 의미한다. 12궁에 12가지의 자미 조가 있어 같은 명반으로 보여도 생년사화와 비궁사화, 자사화에 의해서 인생 스토리가 달라지게 된다. 다음은 일반적인 사화의 작용력에 대해 언급하였으며, 연간궁과 상호 사화 작용에 의해서 의미의 확장이나 변화가 발생할 수 있다.

1] 십이궁에서의 화록성의 작용력

[1] 화록성이 육친궁에 있을 때

육친궁인 명궁, 부모궁, 형제궁, 부처궁, 자녀궁, 노복궁에서 화록이 발생할 때의 특징이니 그 육친궁 인물의 특성에 해당된다. 명궁에 있으면 나의 특성이 되며, 타 육친궁에 있으면 나와 그 인물과의 관계성이 된다.

① 그 육친이 일생 재물에 관한 관심과 집념이 있고, 재물 성취의 환경이나 능력이 있다. 총명하고, 경쟁력이 있으며, 뛰어난 재주가 있다.

② 그 육친이 재록, 식록, 복록을 지니고 태어났다. 해액제화(解厄制化)의 공이 있으며, 건강과 장수의 원천이 된다.

③ 명궁에 생년사화(록·권·과·기)가 있으면 어린 시절에는 재난이 많고 키우기 어렵다. 제1 대한이 지나면 좋아진다. 명궁에 생록이 있으면 총명하고 유쾌한 면이 있지만, 재록에 대한 남다른 욕심을 타고났기에 배려보다 자기에게 이로운 것을 먼저 찾는 사람이니 이기적인 면이 있다.

④ 육친궁의 화록은 인연이 발생하는 곳이다. 그 육친의 힘을 빌려 재록이나 식록을 얻을 수 있다. 그러나 연간궁이 어디에 좌하느냐에 따라서 거꾸로 내가 돈을 해 줘야 하는 대상이 될 수 있다. 예를 들면 재백궁이 연간궁이면서 생록이 형제궁에 입하면 오히려 형제가 내 돈을 바라는 상이다.

[2] 화록성이 재백궁에 있을 때

① 내가 재물을 벌어들이는 능력이 있으며, 돈 버는 데 바쁘다는 것을 뜻한다.

② 생년화록인 경우에는 재물을 잘 관리하지 못하는 편이며, 금전에 대한 통제력이 약한 편이다. 생록이 자화록이 되면 재물을 벌어들이려는 욕망이 강한 것에 비해 관리능력이 떨어지며, 주성이 재성이 아닌 경우에는 돈 버는 재주는 있지만 유지하는 능력이 부족할 수 있다.

[3] 화록성이 질액궁에 있을 때

① 화록은 낙천적인 성이니 정서궁인 질액궁에 있으면 성격이 좋고, 심정이 유쾌하며 걱정이 없다.

② 어린 시절에는 재난이 많고 키워지기 어려운 편이다.

③ 길성이 동회하면 장수하는 팔자이다.

[4] 화록성이 천이궁에 있을 때

① 바깥 활동을 해야 식록, 재록을 얻을 수 있으므로, 바깥 활동으로 고달픈 상황을 벗어나 뜻을 이루고 일어서는 명이다.

② 바깥에서의 인연이 좋고, 기회를 만나는 것이 좋으며, 귀인의 도움과 발탁을 쉽게 얻을 수 있다.

③ 제7 대한이 천이궁에 좌하니 길화되어 있다면 만년운(晚年運)이 좋다.

[5] 화록성이 관록궁에 있을 때

① 사업 또는 직장 생활에서 재록이 발생하니 일로 재물 성과를 얻을 수 있는 직업인연이 발생하며 일이 바쁘다.

② 학업운이 좋아 전문직이나 고수익의 직업군을 갖기 쉽다.

③ 직업 기회를 잘 만나며, 직장인은 쉽게 승진하고, 돈 벌 기회를 잡아서 자립하여 창업에 유리하다.

[6] 화록성이 전택궁에 있을 때

① 집안 식구와 인연이 좋다는 뜻으로서, 가족과 유쾌하게 지낸다.

② 거주하는 집의 환경이 좋으며, 상속을 받을 부동산이 있거나 부동산으로 재물을 늘릴 수 있다.

③ 전택궁은 재물의 창고인데 화록이 있으므로 사업 밑천이 있는 거와 같아서 공장이나 가게를 차릴 사업 자금을 스스로 마련할 수 있다.

[7] 화록성이 복덕궁에 있을 때

① 복덕궁 자체가 타고난 복을 나타내는 궁인데 화록이 좌하니 나에게 누릴 복이 있다는 뜻으로 재록, 식록, 복록이 있으며, 정신향수가 있고, 재물을 늘릴 지혜가 있다.

② 금전에 대한 욕심이 발동하게 되며, 이성의 직업에서 재록이 발생한다.

2] 십이궁에서의 화권성의 작용력

[1] 화권성이 육친궁에 있을 때

육친궁인 명궁, 부모궁, 형제궁, 부처궁, 자녀궁, 노복궁에서 화권이 발생할 때의 특징이니 그 육친궁 인물의 특성에 해당된다. 명궁에 있으면 나의 특성이 되며, 타 육친궁에 있으면 나와 그런 인물과의 관계성이 된다.

① 그 육친이 권세를 좋아하며 지도력을 지닌 실질적 리더가 되길 원한다. 자립심, 책임감이 있으며, 주관 의식이 강하고 강인하다. 환경에 굴복하지 않는 굳게 참고 견디는 힘이 있으며, 임기응변을 잘하며 상황 대처능력이 있다.

② 그 육친이 권력이나 지위를 좋아하고, 전문기술에 재능이 있고, 창업할 수 있는 능력이 있다. 과시욕이 있어 허세를 부릴 수 있다.

③ 명궁이 아닌 육친궁 화권은 그 육친이 '부담'으로 온다. 나를 강압적으로 대할 수 있기에 그 육친과 다툼과 마찰이 일어나기 쉬운 상이다. 타인이 권세를 쥐는 상이라 내가 따라야 하므로 성인이 된 후에는 분가하여 각자 독립하는 것이 좋다. 부처궁 화권인 경우에는 배우

자가 성취하는 게 있다 하더라도 남명은 부인을 두려워하고 여명은 남편을 무서워한다. 그러나 연간궁이 명궁이라면 부처궁 화권은 내가 부처궁에서 권세를 펴는 상이라 오히려 남편을 쥐고 살 수 있다.

④ 육친궁 화권에 살기형이 가미되면 그 육친이 고집을 부리고, 제멋대로 하는 기질과 양보하지 않아 마찰을 일으키며, 반항적이며 난폭하거나 폭력적인 면이 있을 수 있다. 타협을 모르고 평소 자기 식으로 할 잠재성이 있어 성취했어도 고독한 인생을 살 수 있다.

⑤ 명궁에 화권이 있으면 어린아이가 권력자가 되려는 상이니 부모 말을 안 듣고 마음대로 하려 하니 부모가 키우기 어렵게 된다. 어린 시절에 재난이 많아 키우기 어렵다. 넘어져서 다치거나, 뜨거운 물에 화상을 입는 거와 같은 외래의 상해를 당하기 쉽다.

⑥ 화권은 연변의 성질이 있어서 인간관계에서 자연적 변화가 발생하게 된다. 그로 인해서 "내가 그동안 그 사람을 어떻게 대했는데, 어째서 그 사람은 나를 이렇게 대하는가? 속상하다" 하는 심정이 발생한다.

[2] 화권성이 재백궁에 있을 때

① 재물에 대한 욕망이 강하여 돈을 벌려는 생각이 강한 편이다.

② 전문기술을 쓰거나 혹은 사채업과 같은 금전 거래를 통한 돈을 벌며, 용감히 벌어 용감히 쓰는 유형에 속한다.

[3] 화권성이 질액궁에 있을 때

① 부딪혀 다치거나, 넘어져 다치거나, 화상 등 의외의 상해가 있기 쉬우며, 종종 제1 대한에서 일어난다.

② 통증이나 수술을 받아야 하는 질병군에 노출된다.

③ 성격이 강렬한 편이며, 자기만의 견해나 관점이 있으며, 표현하려는 욕망이 강하며, 앞에 나서는 일이 있게 된다.

④ 질액궁은 부모의 천이궁이니 부모와 관련된 외부 문제가 발생할 때 나서서 해결사 역할을 하거나, 부모와의 마찰로 대립할 수 있다.

[4] 화권성이 천이궁에 있을 때

① 밖에 나가면 뛰어난 능력 및 기백으로 활동력이 강하고, 권력을 장악하는 것을 좋아하며, 사람들에게 신임을 얻는다.

② 주성이 강하면서 화권이 있으면 밖에 나가면 허세가 있고 호탕하게 먹고 마시며, 돈을 벌때 과시하려 한다. 사람들과 다툼과 마찰이 잘 일어나는 상이라 분별없이 날뛰지 말아야한다.

[5] 화권성이 관록궁에 있을 때

① 직장이나 사업에서 권력을 장악하고 능력을 발휘하며, 리더십이 있고 관리형 인재에 속한다.

② 일찍부터 일자리 마련을 잘하며, 일복이 많다. 사업을 창설하려는 투지가 있다.

③ 기회나 찬스가 좋으며, 유년에 이르면 쉽게 승진한다.

④ 관록궁에서 질변이 일어나는 상이니 직업 전변이 발생한다.

[6] 화권성이 전택궁에 있을 때

① 집안에서 권력을 장악하고 호령하는 타입이다.

② 나에게 부동산이 있다는 뜻이며, 부동산을 마련하는 것을 좋아하고 게다가 실내 인테리어를 화려하게 차리는 상이다.

[7] 화권성이 복덕궁에 있을 때

① 허세가 있고, 돈의 운용에 과감한 면이 있어 사채업과 같은 직종을 가질 수 있다.

② 직장인이라면 권세를 누리고자 하는 마음이 강해서 승진에 목을 매거나 권력을 잡는 일에 관심을 가지며 마음을 쓰고, 몸을 쓰는 편으로서, 한가롭게 쉬기는 어렵다.

③ 이기고자 하는 성격으로 옳고 그름을 따지며 생각이 강경하다.

3] 십이궁에서의 화과성의 작용력

[1] 화과성이 육친궁에 있을 때

육친궁인 명궁, 부모궁, 형제궁, 부처궁, 자녀궁, 노복궁에서 화과가 발생할 때의 특징이니 그 육친궁 인물의 특성에 해당된다. 명궁에 있으면 나의 특성이 되며, 타 육친궁에 있으면 나와 그런 인물과의 관계성이 된다.

① 그 육친궁의 사람이 총명하고, 박학다식하며, 안목이 빼어나고, 배움이 빠르다. 성향이 명예와 체면을 중시하며 청백하며, 온화하고 우아하고 고상한 멋이 있고, 일을 순조롭게 진행한다.

② 화과는 화목을 주관하니 그 육친궁의 사람이 도리를 따르며 일생을 평온하고 순조롭게 가고자 하는 특성이 있어서 명궁 화과이면 내가 타인과의 관계에서 이런 특성을 가지고 대하고, 타궁에 있으면 그 육친과 나와 사이가 좋고 잘 지낸다. 인간사에서 화목을 유지하기는 쉽지 않기에 화목을 유지하기 위한 다른 사람이 알지 못하는, 말하지 못하는 심리적 고충이 따르게 된다.

③ 화과는 학문과 시험운이 좋고 명예를 얻기에 유리한 운을 만드니 명궁에 있으면 내가 학문적 공명을 이루고, 타인궁에 있으면 그 육친이 그러하다.

④ 명궁에 화과가 있으면 내가 자신의 귀인이며, 만일 인생에서 좌절을 만나면 스스로 해결해야 하는 상황이 많으며, 사람들을 돕는 것을 좋아한다.

⑤ 타 육친궁에 있으면 그 육친이 나의 귀인이 된다. 그 육친으로 인한 명성을 얻게 된다. 자녀궁에 있으면 자녀가 과명을 얻으니 나도 명성을 얻게 되는 식이다.

⑥ 화과는 인연이 연속되게 하는 작용이 있으므로 '회고(回顧)'를 나타낸다. 예전부터 알던 사람, 옛일을 잊지 못함, 중복, 반복 등 옛날을 많이 생각하는 사람이며, 또한 다른 사람을 돕거나 혹은 다른 사람이 도와줌을 나타내므로 도화의 별이기도 하다.

⑦ 그 육친이 선대를 계승, 발전하는 천직(天職)을 잇게 된다.

[2] 화과성이 재백궁에 있을 때

① 화과는 '안정'을 주관하니 재물이 있다는 뜻이지 많다는 의미는 아니다. 다만 평생 재물로 인해서 곤란하지 않으며, 만일 궁핍해지더라도 자연히 길이 트이고, 다만 순조로운 상황에서는 다른 사람을 많이 도와야 한다.

② 재물 관리 능력과 계획성이 있다.

③ 화과는 문성(文星)이니 교육, 문예, 출판, 잡지와 같은 문화사업으로 인한 저작권료, 인세를 받을 수 있다.

[3] 화과성이 질액궁에 있을 때

① 신체 건강에 큰 재난은 없으며, 봉흉화길(逢凶化吉)로 위험한 것을 없앤다. 그러나 기기과 조합이 되면 (만성) 질병이나 사망과 관련이 있다.

② 성격이 좋으며, 유머감이 있다.

[4] 화과성이 천이궁에 있을 때

① 밖에 나가면 평온하고 순탄하다는 뜻이며, 많은 귀인의 발탁이 따르는데, 만약 연간궁이 부처궁이면 밖에서 이성 인연의 발생과 이성 귀인이 많다.

② 밖에 나가면 긍정적인 행동을 하며, 신뢰를 받을 말과 행동을 보이며, 일하는 것이 계획성이 있으며, 이번 생에서 기회가 좋다는 뜻이다.

[5] 화과성이 관록궁에 있을 때

① 직업이나 사업에서 평탄하다는 뜻이며, 계획과 관리에 능하며 귀인의 발탁이 따른다.

② 명예, 승진, 발전하며, 시험을 통한 전문직, 교육, 학술, 문예, 출판, 방송계에 종사하는 경우가 많다.

[6] 화과성이 전택궁에 있을 때

① 부동산이 있고, 인테리어가 고상하며, 비록 주택이 소박할지라도 청결하고 쾌적하며, 이사 가는 것을 좋아하지 않는다는 뜻이다.

② 나와 집안사람들이 화목하게 잘 지내고, 가정교육이 좋고, 책을 좋아하며 공부하기에 좋은 분위기가 있는 집이다.

③ 부동산 관련된 직업을 가지는 것이 적합하다.

[7] 화과성이 복덕궁에 있을 때

① 지혜가 있고, 합당한 사고를 하며, 낙천 긍정적이며, 정신이 유쾌하다는 것을 나타내며, 정신향수가 있고, 베풀기를 좋아하는 사람이다.

② 명성을 좋아하고, 타인의 칭찬이나 아첨 또는 치켜세워 주는 것을 좋아하며, 화과는 명예이니 다른 사람이 비평하는 것을 싫어한다.

4] 십이궁에서의 화기성의 작용력

[1] 화기성이 육친궁에 있을 때

육친궁인 명궁, 부모궁, 형제궁, 부처궁, 자녀궁, 노복궁에서 화기가 발생할 때의 특징이니 그 육친궁 인물의 특성에 해당된다. 명궁에 있으면 나의 특성이 되며, 타 육친궁에 있으면 나와 그런 인물과의 관계성이 된다.

① 명궁에 사화가 있으면 제1 대한 유년기에 그 에너지의 분출로 인해 키우기 어려운 사람이 되는데, 특히 화기가 좌하면 좀 더 어려움이 발생할 확률이 높다.

② 그 육친이 강박과 불안감이 있다. 결핍이 있고, 고집이 세며, 타인이 이해하지 못할 행동을 하며, 어떤 것에 집착하고 수집, 보존하려는 특징이 있다. 삶에 기복이 심하며, 시비가 따르고, 성가신 일에 노출이 되며, 불순한 일을 겪거나 하게 된다.

③ 살기형이 가미되면 그 육친에게 흉사, 흉액, 재액이 따르기 쉽다.

④ 화기가 명궁에 있으면 나의 성격이나 행동문제로 대인관계에 어려움이 따르고, 다른 육친궁에 있으면 그 육친과의 인연이 나빠질 사건, 사고가 발생하여 관계에 문제가 생기기 쉽다. 이는 인정과 의리가 있어도 그 육친과의 관계에 불만과 어려움이 따르고 인연이 한계점이 있게 된다. 봄·여름·가을·겨울이 순환하듯이 사계절처럼 사화도 록·권·과·기도

순환의 과정을 밟기에 화기에는 인연이 끝나는 연멸(緣滅)의 상황이 발생하게 된다.

[2] 화기성이 재백궁에 있을 때

① 재물이 있다는 뜻이지만, 초년고생이 있기 쉽고, 고생스러운 과정을 통해 얻는다.

② 재물을 지키기가 쉽지 않아서 파재를 겪기 쉬우며, 반대로 구두쇠 소리를 들을 만큼 돈에 대한 집착이 강할 수 있다. 현금을 많이 가지고 있는 것은 좋지 않고, 가장 좋은 것은 부동산이나 재물 가치가 있는 물건을 사는 것이며, 그렇지 않으면 재물이 들어와도 바로 나간다.

[3] 화기성이 질액궁에 있을 때

① 살기형과 중첩되면 선천 체질이 약한 편이거나, 어린 시절에 몸이 약하고 병이 많다는 것을 나타낸다. 혹은 드러나지 않는 병이거나 난치병이 있다. (어린 시절에 한정되지 않는다.)

② 성질이 고집스럽고 솔직한 편이며, 마음 내키는 대로 하기 쉽다.

③ 성생활에 대한 문제가 발생할 수 있다. 성병, 문란, 배우자와 성 관련 트러블 등도 포함된다.

[4] 화기성이 천이궁에 있을 때

① 바깥 활동을 즐기지 않는 타입이 많으며, 살기형이 중첩하면 밖에 나가면 나에게 가해지는 모함이나 전염병과 같은 해로운 일이 발생하여 피해당할 수 있다. 길성이 회조하는 천이궁 화기라면 출외의 큰 문제는 없다.

② 생년화기가 천이궁에 좌한 경우, 연간궁이 무슨 궁인지를 봐서 그 궁과의 관계가 나의 사회생활에 문제가 됨을 의미한다. 대한이나 유년에서도 화기를 천이궁으로 비출하는 궁에 의한 피해가 발생한다.

[5] 화기성이 관록궁에 있을 때

① 직업이나 사업에 순탄하지 못하여 변동과 변천이 많게 된다. 한직으로 가기 쉽고, 시비가 따르고, 좋은 기회를 얻기 어렵다.

② 특수한 분야의 일이나 음지 분야의 일이 아니면 파동을 많이 겪게 된다. 직업적으로 정밀 과학기술, 오술(五術), 혹은 참모 직업이 마땅하다. 만약, 장사한다면 일반적인 분야보다

마이너 성향이 있는 인기 없는 분야나 특수한 분야(도박장, 장의사, 화장장, 풍수사, 성관련 업종 등), 현금 장사, 변동성이 빠른 사업 쪽으로 가능하다.

[6] 화기성이 전택궁에 있을 때

① 부동산이 있어도 신경쓰이는 문제가 발생한다. 예를 들면, 부동산 대출로 빚이 많거나, 하자와 같은 문제 있는 집을 매매했거나, 발전에 어려움이 있는 지역의 부동산이거나, 세입자가 속을 썩이거나, 집을 팔고 났더니 집값 폭등으로 손실을 입은 셈이 되는 식의 문제가 발생하기 쉽다.
② 집안에 문제가 있거나, 집에서의 행동이 어수선하거나, 집안 식구와 화목하지 않다. 주거지를 멀리 이동하거나, 이민 가거나, 이사를 잘 다니는 현상이 있다.
③ 가업이 있더라도 그 가업을 이어 나가기 어렵다.

[7] 화기성이 복덕궁에 있을 때

① 정신으로 누릴 만한 복이 적거나 혹은 복이 있어도 누리지 못한다. 남들이 이해하지 못하는 사고와 행동을 하거나 심신이 불안정하다.
② 금전 운용이 이기적이거나 이상한 면이 있고, 금전 집착이 있다. 재물 손실이나 문제가 발생할 수 있으며, 배우자 직업에 문제가 발생한다.
③ 치매, 두통, 기억력 장애와 같이 뇌와 관련된 질병 또는 얼굴 부위에 상해나 질병이 발생하기 쉽다.

(6) 운에서 발생하는 사화

1] 사화의 사용방법

① 사화는 선천, 대한, 유년, 유월의 운세에 적용이 되며, 선천과 대한과의 관계를 우선순위로 살피고, 유년은 대한과 어떤 관련이 있어 어떤 상(象)이 펼쳐지는지를 살피고, 유월은 그해

이슈가 발동되는 달로 본다.

② 생년사화상은 상의 체(體)이니 비궁사화상(대한과 유년, 유월에서 발동)이 입하여 상을 용(用)하게 하여 운세 스토리텔링이 이루어진다. 비궁사화상은 상을 드러내는 작용이니 '현재 어떤 일의 계기가 되거나, 가장 중요한 사항이거나 조건을 형성'하여 현상(現象)을 명료하게 하는 것이다.

③ 상은 유년에서 그 모양새를 드러내게 되는데, 유년이 좌한 궁이 12궁에서 어느 궁에 속하는지를 보고 유년운의 중심 궁으로 여긴다. 예를 들면 유년이 선천 관록궁에 좌하면 대궁의 부처궁과 함께 부관선이 1년 동안 주제 궁으로 직업과 이성 관련된 일이 관심의 초점이 되는데, 대한과 선천 관록궁이 어떤 관계에 있는지, 생년과 대한과 유년 사화가 어떤 관계를 맺는지를 살펴서 추단한다.

④ 선천 대한 유년의 사화가 쌍상으로 록권, 록과, 록기, 권과, 권기, 과기조합을 이루면서 '록록록, 록록권, 록록과, 록록기, 기기록, 기기권, 기기과, 기기기' 삼상(三象)조합이 삼합, 협궁, 동궁, 대궁 중에서 어떤 구조로 형성되어 있는지를 보고, 아궁에 유리한지 타궁에 유리한지를 살핀다. 삼상조합은 선천사화에 대한과 유년의 궁간에서 발생된 사화가 유기적인 관계를 만들면서 일이 발생하는 것으로 쌍록 구조와 쌍기 구조는 사화 읽기의 핵심이다.

2] 사화의 구성 방식

천간	화록	화권	화과	화기
갑간	존귀파	개창파	존귀파	밝음파
을간	밝음파	어둠파	존귀파	어둠파
병간	밝음파	밝음파		존귀파
정간	어둠파	밝음파	밝음파	어둠파
무간	개창파	어둠파		밝음파
기간	존귀파	개창파	어둠파	
경간	밝음파	존귀파	어둠파	밝음파
신간	어둠파	밝음파		
임간	어둠파	존귀파		존귀파
계간	개창파	어둠파	어둠파	개창파

- 육내궁에 존귀파, 수성파, 개창파가 있다면 육외궁에 밝음파와 어둠파가 좌하게 되어 있고, 육내궁에 밝음파와 어둠파가 있다면 육외궁에 존귀파, 수성파, 개창파가 좌하게 되어 있다.

- 갑간, 병간, 무간, 임간은 화록이 육내궁에 있다면, 화기는 육외궁에 좌하게 되고, 화기가 육내궁에 있다면, 화록은 육외궁에 좌하게 된다. 이것은 대한에 의해서 쌍록이 육내궁에서 형성이 된다면 육외궁에 쌍기가 만들어질 수 있고, 쌍기가 육내궁에서 만들어지면 쌍록은 육외궁에서 만들어질 수 있음을 의미한다. 육내궁에 길함이 집중이 된다면 상대적으로 육외궁에는 흉함이 몰린다는 것이다. 예를 들어 육내궁의 길함으로 나의 일이 잘될 때, 육외궁에 속하는 질액궁에 쌍기의 영향으로 건강상 문제가 일어날 수 있고, 타 육친궁(부모, 형제, 노복, 자녀)에 문제가 있으니 육친 간의 갈등이 있거나, 동료의 배신이 어느 시기에 드러나서 잘되고 있는 일에 재 뿌리는 일이 발생할 수 있고, 전택궁은 의외의 재난궁이 되니 사건, 사고를 겪을 수 있다.

- 정간, 경간, 계간은 화록과 화기가 한 칸 건너 앞뒤에 있거나, 삼합에서 만나게 되어 있다. 정간의 태음화록이 명궁이라면 반드시 복덕궁에 거문화기가 있게 되고, 경간의 태양화록이 명궁이라면 천동화기가 부처궁에 있게 되고, 계간의 파군화록이 명궁이라면 탐랑화기는 관록궁에 좌하게 되어 있다. 을간인 경우 천기화록이 명궁이라면 태음화기는 육내궁 중 한 군데에 좌하게 되어 있다. 즉 화록과 화기가 육내궁에 있다면 내가 직접 연루된 문제이고, 타궁에 있다면 타인에 의해서 발생된 일이 나에게 여파가 미치는 상황이 된다. 후자는 마치 뒤통수나 배신을 당하는 일로 여겨진다.

- 창곡은 생시로 만들어지므로 주성의 배치와 상관없이 창곡끼리 동궁, 협궁, 삼합, 대궁으로 회조를 한다. 이는 다른 천간과 다르게 록기의 고정된 방식이 없음을 의미한다. 기간과 신간의 문곡화기와 문창화기가 어느 궁에 좌하느냐에 따라 해석이 달라질 수 있다. 육내궁에 화록이 있으면서 화기가 동회하는 것인지, 육외궁에 화록이 있으면서 화기가 동회하는 것인지, 육내궁에 화록은 없고 화기만 동회하는지, 육내궁에 화록은 있고 화기는 육외궁에 있는지와 같은 여러 상황이 있을 수 있어서 창곡이 위치한 궁의 상태를 잘 살펴보아야 한다. 창곡이 좌하는 궁의 주성의 사화와 함께 많은 격국을 만들어 낼 수 있다. 생년이 기간이나 신간이 아니더라도 대한이나 유년 등에서 문곡화기나 문창화기가 발동이 되면 그 궁선에는 주성도 2개가 좌하므로 주성의 사화와 함께 많은 쌍상사화가 만들어지므로

패착도 커진다. 자미두수 흉격에 창곡이 차지하는 위치가 큰 이유이다.

(7) 사화가 배치되는 중요 구조

선천을 볼 때는 생년사화의 구조를 보며, 대한의 운을 볼 때는 생년과 대한 사화의 구조를 함께 보고, 유년은 유년사화의 발동이 대한과 어떤 관계가 되는지를 보아 운세의 길흉을 판단한다. 생년에 의해서 운명 해석에 큰 영향을 주는 연간궁과 세건궁 이외에 녹존, 경양, 타라, 천괴, 천월, 등의 65개의 소성이 고정 배치되어 있기에 큰 맥락의 길한 궁과 흉한 궁으로 나누어져 있다. 육내궁이 길한 궁에 속하면서 생년사화가 아궁에 유리하게 배치된다면 길한 운명이 되고, 반대이면 살면서 어려운 고난을 겪게 된다.

사화는 20만 가지의 운용방법이 있다. 선천이 좋아도 대한이나 유년에서 흉하게 들어오면 길이 흉으로 바뀌게 되고, 선천이 나빠도 대한이나 유년에서 길하게 들어오면 흉은 사라지고 10년이나 1년이 편안하다. 선천이나 대한이 나쁘지 않은데도 일이 안 풀리는 경우는 비궁사화를 살펴보면 그 이유를 알 수 있다.

1] 선천 명반의 사화 구조

[1] 녹존과 생록의 삼합 구조

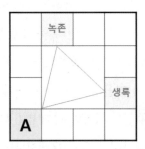

• 녹존과 화록은 재성으로 재록, 복록, 식록을 불러들여서 인생을 안정과 부유하게 하는 힘

이 있는데 삼방에서 만나니 더욱 안정화를 만드는 구조이다.

- 이런 삼합 구조가 명·재·관 삼합궁에 들어가는 것이 가장 좋고, 차순위로는 아궁에 속하면 좋다. 타궁에 속한 경우에는 내가 타인의 혜택을 보는 구조가 아니면 불리할 수 있다.
- 아궁이면서 A궁에 화권이나 화과가 좌하면 유리한 기회나 혜택이 발생하게 되고, 화기가 좌하는 경우 유리한 과정에서 단점이나 문제점이 발생한다.
- 이런 명반인 경우, '선천 쌍록 삼합(A궁)'이라고 표기한다. A궁이 명궁이라면 '선천 쌍록 삼합(명궁)'으로 표기한다.

[2] 녹존과 생록의 내궁 구조

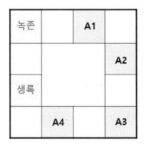

- 녹존과 생록이 이런 구조로 되어 있으면 A1, A2, A3, A4가 쌍록의 내궁이 된다. A1, A2, A3, A4에 권·과·기가 좌할 수 있다. 이 6개의 궁이 명·재·관에 속하면 유리한 운이 된다.
- 타궁에 속하지만 내가 혜택을 받는 경우는 좋으나 명궁 삼합에 살기형이 많으면 유지하기 어렵다.

[3] 녹존과 생록의 협궁 구조

녹존		
A		
생록		

- 녹존과 생록의 협인 A궁이 명궁이 되면 쌍록 협으로 인한 긍정적인 부분이 많으나 경양이나 타라가 명궁에 들어와 있기에 다른 살기형에 의한 영향을 적게 받아야 길하다. 만약 A궁에 생기가 좌하거나 화기가 입하게 되면 흉함이 드러나게 된다.
- 이런 명반인 경우, '선천 쌍록 협(A궁)'이라 표기한다. 만약 A궁이 부처궁이라면 '선천 쌍록 협(부처궁)'이라고 한다.

[4] 녹존과 생록의 내외 구조

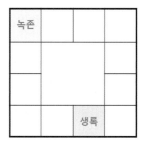

- 녹존궁이 명궁 삼합에 있으면, 생록궁은 육외궁에 좌하고, 생록궁이 명궁 삼합에 있으면 녹존궁은 육외궁에 좌하게 된다.
- 명궁 삼합 중심으로 육길성이 많으면 인생이 안정된다.

[5] 녹존과 사화의 대궁 구조

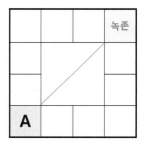

- A궁에 록·권·과·기가 입하는 경우로, 녹존 대궁의 화록은 금전적 이득이 강해지고, 화권은 돈과 권력이 있는 상이고, 화과는 돈과 명예를 쥐는 상이라 길하지만, 화기는 금전 이득을 얻는 과정에서 잡음이 발생할 수 있음을 나타낸다.

- 이 구조가 아궁에 해당되면 길하다.
- 타궁에 해당되는 경우, 그 육친과 명궁과의 관계를 살펴서 명궁에 도움이 되는지, 아니면 그 육친에게만 길한지를 알아야 한다.
- A궁이 재백궁이고 생록이 좌하면, '선천 쌍록 대궁(재백궁)'이라고 표기한다.

[6] 녹존과 사화의 동궁 구조

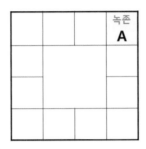

- A궁에 록·권·과·기가 입하면서 녹존과 동궁하는 경우로, 이 궁이 명궁이라면 생록이 동궁하는 경우 돈 버는 능력이 있는 사람이고, 화권이 동궁하면 권세와 금전운이 좋은 사람이고, 화과가 동궁하면 총명함이 배가되니 돈과 명예를 얻는 사람이고, 화기가 동궁하면 안정을 추구하는 심리와 함께 불안함이 있는 사람이니 시비와 함께 변화, 곡절이 발생한다.
- 타궁에 있는 경우, 명·재·관 궁의 비궁사화로 길한 상호작용이 있지 않다면 나에게는 무익하거나 불리함이 발생한다.
- A궁이 관록궁이면서 생권이 좌하면 '선천 녹권 동궁(관록궁)'이라고 표기한다.

* 육내궁에 녹존이나 화록이 없고 외궁에 좌한 경우
① 녹존이나 화록을 육내궁에서 만나지 못하면 아궁이 되는 전택궁을 중심으로 삼방이나 대궁, 동궁으로 만들어져도 나의 재물창고가 튼튼한 격이니 좋다. 단 육내궁으로 살기형이 많으면 유지하기 어렵다. 명궁 삼합으로 살기형이 강하면 내가 손재를 만드는 것이고, 부처궁 삼합으로 살기형이 강하면 배우자가 파재를 만드는 상황이 발생한다.
② 부모궁 삼합으로 길한 구조가 들어가게 되면 부모로 인한 경제적 안정을 가질 수는 있지만, 명궁 삼합에 살기형이 강하게 되면 내가 받을 복이 없는 것과 같아서 쌍록은 허록이 될 수 있다.

③ 형제궁 삼합으로 길한 구조에 들어가고 명궁 삼합에 살기형이 강하면, 모친으로 인해 가정 경제가 안정화될 수 있지만, 성인이 된 후에는 형제에게 좋을 뿐 나와는 상관없는 경우가 될 수 있다. 노복궁에서도 마찬가지이다.

④ 자녀궁 삼합으로 길한 구조가 들어가면 노후에 자녀 덕을 볼 수 있지만, 부모인 내가 힘든 삶을 살았을 경우 자식 양육에 부족함과 소홀함이 있게 되니 자녀궁이 나쁜 것보다는 나을 뿐이지 큰 덕이 직접적으로 오지 못할 수 있다.

2] 록권과 구조

- 사화 중에 록·권·과가 삼합이나 협궁으로 길한 모양새를 갖는 구조가 명재관에 속하게 되면 삼방으로 삼길(三吉)이 비추는 것으로 명예가 빛나고, 부귀가 온전하게 된다. 초년에 학업이 우수하고, 좋은 직장을 얻고, 승진·발전에 이롭다. 이 구조에서 가장 꺼리는 것은 살기형이 충파하는 것이다. 선천에서 록·권·과가 들어와 좋아 보이나 발달하지 못했다면 살기형에 의해서이다.
- 화과는 명궁이 득지궁으로 총명하고 온화한 인품을 갖게 되고, 화록은 재백궁에 득지궁으로 이재에 밝고 금전 운용을 잘하고, 화권은 관록궁이 득지궁으로 일에 있어서 책임감과 리더십이 있다.

[1] 록권과 정격 삼합 구조

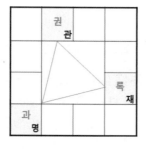

- 명궁에 화과가 있고, 관록궁에 화권, 재백궁에 화록이 있는 구조가 가장 완벽한 구조가 된다. 이 구조에 녹존이나 육길성이 동회하면 더욱 좋은 격이 된다.
- 선천에서 이런 구조가 될 수 있는 생년으로는 존귀파와 개창파에 입하는 갑간의 염정·파

군·무곡이 있고, 밝음파와 어둠파에 입하는 병간의 천동·천기·문창에서 가능하며, 변격으로 정간의 태음·천동·천기, 신간의 거문·태양·문곡에서 발생하는 록권과로 인해서 형성이 되나 화기도 회조하는 구조이다. 그 외의 명반에서는 대한이나 유년에 이런 구조가 명궁 삼합으로 이루어질 때 길한 운이 된다.

[2] 록권과 내궁 구조

- 록권과가 삼합으로 모양을 못 갖추는 경우가 대다수에 속한다. 이런 경우 명천선에 록권, 록과, 권과 조합이 좌하면서 길성이 회조하면 유리하다.
- 명궁에는 화권이 있고, 천이궁에 화과가 있으면 나는 책임감이 있는 사람인데 밖에서 신뢰를 얻게 되는 상이고, 재백궁 화록으로 금전운용을 잘한다.

[3] 록권과 변격 삼합 구조

- 록권과가 어느 궁에 몰려 있는 경우로, 보여 주는 예시 이외에도 록과, 권과, 록권과가 한 궁에 좌하는 경우도 있다.
- 명궁에 화과가 있고, 재백궁에 화록과 화권이 동궁한 구조라면 나는 총명하여 무리하지 않

게 금전 관리와 재물 확장을 하는 능력이 있게 된다.

- 사화는 존귀파와 개창파가 한 세트로, 밝음파와 어둠파가 한 세트로 동회하면서 록·권·과·기를 삼합, 협궁, 대궁, 동궁으로 만나는 시스템이기에 삼방에 골고루 있는 정격보다 못하여 중격이지만 좋은 구조에 해당된다.

[4] 록권과 협궁 구조

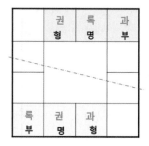

- 명궁에는 화록이, 부모궁에는 화과가, 형제궁에는 화권이 있으면 부모는 나와 연분이 좋고 나의 귀인이 되며, 나는 돈을 버는 능력이 있고, 형제는 권력을 잡고 있으니 가족이 나에게 도움이 된다.
- 명궁에는 화권이, 부모궁에는 화록이, 형제궁에는 화과가 있으면 부모로부터 금전 혜택을 누리며 나는 실권을 잡는 사람이 되고 형제는 나의 귀인이 되니 좋은 격이 된다.
- 이외에도 명궁에 화과, 부모궁에 화권, 형제궁에 화록이 있으면 나의 총명함에 부모의 권세가 더해지고, 형제의 실질적 도움이 나의 명예를 높이는 상이 된다.
- 그러나 육친궁에 살기형이 가해지면 육친 무덕의 형태로 인해서 각자 살기 바쁜 인생이지 협력하지 않는다.

3] 록기 구조

- 화록과 화기는 원인과 결과, 시작과 끝으로 쓰이기에 사화에서 길흉의 판단점이 된다. 록기 구조는 기쁨 자리와 고통 자리가 어디인지, 어떤 관계에 있는지를 나타낸다. 기쁨 자리가 나에게 유리하면 고통 자리는 내가 감쌀 수 있느냐 없느냐이고, 고통 자리가 더 강력하

면 기쁨은 감소되니 인생이 어둡다고 생각한다.

- 생년사화의 록기는 연간궁의 영향을 받으므로 같은 구조라도 해석의 원인과 결과가 다를 수 있다.
- 생년뿐만 아니라 대한이나 유년 천간에 의해서 만들어지는 록기 구조는 운에 큰 영향을 미친다.

[1] 록기 동궁 구조

- 록기가 동궁하는 구조로 생년에서는 을간 인신궁 천기화록과 태음화기, 기간 무곡화록과 문곡화기, 신간 거문화록과 문창화기가 동궁하는 구조가 된다. 그 궁선과 관련하여 추진하는 것이 순조롭지 않게 된다.
- 록은 이득이고 기는 손실이니 전택궁에 록기 동궁하는 경우, 하자 있는 집이라 전월세비 안 올려 주고 살 기회를 얻은 거와 같다.
- 만약 천이궁에서 록기 동궁 구조가 되어 있고 사마지에 속하면, 집에 있기보다 밖으로 나가 돈 벌 궁리를 하나 성패 많은 인생을 산다.
- 만약 부처궁에서 록기가 동궁하면 관록궁도 충하므로 부관선으로 인한 인생의 어려움이 생기게 된다. 직업적 안정이 어렵고, 이성으로 인한 번뇌와 고통이 있게 된다. 이와 같은 논리로 궁선에 맞는 해석을 하면 된다.
- 만약 부처궁에서 록기가 동궁한 경우, '선천 록기충 동궁(부처궁)'이라고 표기한다.

[2] 록기 이웃 구조

- 록기가 서로 이웃하는 구조는 무간 묘유궁과 탐랑화록과 인신궁 천기화기, 인신궁 탐랑화록과 묘유궁 천기화기, 기간 무곡화록과 문곡화기, 신간 거문화록과 문창화기, 임간 묘유궁 천량화록과 인신궁 무곡화기, 인신궁 천량화록과 묘유궁 무곡화기가 이웃하는 구조가 된다. 이 구조는 사이가 좋지 않게 되는 결과를 초래하고 서로에게 부담이 있다.
- 만약 명궁에 화록이 있고 화기가 형제궁에 좌하면, 형제궁이 인생의 고민궁이 된다. 예를 들면, 살면서 형제자매나 친구로부터 손해를 입게 된다. 친구니까, 형제니까 믿고 돈을 빌려줬다가 못 받거나 동업했다가 사기를 당하거나 가까운 이와 다툼이나 배신이 따른다.

[3] 록기 3칸 구조

- 록기가 2칸 떨어져 있는 구조로 을간 묘유궁 천기화록과 축미궁 태음화기, 축미궁 천기화록과 묘유궁 태음화기, 정간 태음화록과 거문화기, 경간 태양화록과 천동화기, 기간 무곡화록과 문곡화기, 신간 거문화록과 문창화기가 이 구조가 된다. 흉조가 있으며, 매사 대개 끝맺음이 없다.
- 만약 격이 좋게 구성되고 명궁에 화록이 있어 나의 재능이 많이 벌게 할 수 있어도 복덕궁 화

기로 금전손실이 발생하는 일이 생기게 되며, 대한이 화기궁에 도달하면 파재 현상이 생긴다.

- 만약 명궁에 화록이 있고 부처궁에 화기가 있으면 배우자 인연이 불안하거나 배우자 덕이 없어서 자립하여야 한다. 일찍 결혼하면 불리하고 늦게 결혼하면서 배우자에 대한 기대를 낮춰야 한다.

[4] 록기 4칸 구조

- 록기가 네 칸 차이가 난다. 화록이 내궁이라면 화기는 외궁에 좌하는 구조로 돈을 벌어도 외부적인 일로 돈이 나가게 된다.
- 병간 천동화록과 염정화기, 무간 진술궁 탐랑화록과 축미궁 천기화기, 축미궁 탐랑화록과 진술궁 천기화기, 기간 무곡화록과 문곡화기, 신간 거문화록과 문창화기가 이 구조가 된다.
- 만약 명궁에 화록이 있다면 자녀궁에 화기가 좌하게 되는 구조이다. 나의 재물 능력은 좋으나 자녀에 대한 고통이 있게 되고, 자녀로 인한 지출이 크게 된다. 자녀궁은 형제의 부관 선이 되므로 내가 돈을 들고 형제 사업에 투자했다면 파재한다.

[5] 록기 삼합 구조

- 록기가 5칸 떨어지면 삼합 구조가 되는데, 길흉이 나타내는 것은 독보적으로 아주 잘나가든가, 공연히 애를 쓰거나 혹은 도움이 없는 상이다. 돈이 생기면 나갈 일도 바로 생기는 구조이다.

- 계간 파군화록과 탐랑화기, 을간 자오궁 천기화록과 진술궁 태음화기, 진술궁 천기화록과 자오궁 태음화기, 기간 무곡화록과 문곡화기, 신간 거문화록과 문창화기에서 록기 삼합 구조가 가능하다.

- 아궁에서 록과 기가 삼합으로 회조하면 원인과 결과을 본인이 만드는 셈이니 일을 만들어 펄펄 날고자 한다. 그러나 돈 버는 재주는 있는데 돈 모으는 재주는 없는 거와 같다. 대한이 좋으면 부자가 될 수 있다. 타궁에서 이러하면 내가 우여곡절을 겪어야 하는 이유가 외부에서 오는 셈이니 환경의 변화가 극변하여 안 되거나, 사기나 배신에 의한 고통이 있거나, 인덕이 부족하다.

- 만약 연간궁이 형제궁인 명반에 관록궁에 생록이 있고 재백궁에 생기가 좌하면 일하여 돈을 벌었더니 지출하게 되는데 이유는 나의 돈이 형제로 인해서 나가기 때문이다.

[6] 록기 6칸 구조

- 록기가 여섯 칸 차이가 난다. 이 구조는 애를 쓰고 노력해도 그들로부터 보답을 받을 수 없다는 것이다.

- 무간 사해궁 탐랑화록과 자오궁 천기화기, 자오궁 탐랑화록과 사해궁 천기화기, 기간 무곡화록과 문곡화기, 신간 거문화록과 문창화기, 임간 사해궁 천량화록과 자오궁 무곡화기, 자오궁 천량화록과 사해궁 무곡화기가 이 구조에 속한다.

- 만약 명궁에 화록이 있고 노복궁에 화기가 좌하게 되는 구조이라면 명주는 돈을 버는 능력

이 뛰어나나 아래 직원이나 형제자매 중에서 문제가 있는 사람이 있다는 의미이다. 돈을 버는 과정에서 동료와 마찰이 빚어지거나, 부족한 형제자매가 있기에 나의 재물이나 능력을 그들에게 베풀어야 함을 의미한다.

- 만약 명궁에 화록이 있고 질액궁에 화기가 좌하게 되는 구조라면 나는 총명하여 돈을 버는 능력이 있지만, 건강상의 문제가 있거나 부모와 문제가 있거나 부모 덕이 부족하다.

[7] 록기 대궁 구조

- 록기가 대충으로 흉상이다. 을간 사해궁 천기화록과 태음화기, 기간 무곡화록과 문곡화기, 신간 거문화록과 문창화기가 이 구조에 속한다.
- 선천 자녀궁에 화록과 전택궁에 화기가 대궁으로 좌하면 자식을 낳아도 부모 노릇을 못 하며 자녀에게 유해한 행동을 하거나, 부동산 관련하여 우여곡절이 발생할 수 있다.
- 선천 관록궁의 화록과 화기가 부질선의 대궁에 입하면 부모가 진로에 개입했을 때 순조롭지 못하고, 상사와 좋은 인연이 안된다.
- 대한 명궁 화록이 대한 관록궁에 입하고, 화기가 대한 부처궁에 입하여 록기충을 형성하면 사업을 잘하려고 해도 추진해 나가는 것이 순조롭지 않고 곤란을 만난다.
- 만약 형노선에서 록기가 대궁으로 보는 경우 '선천 록기충 대궁(형노선)'으로 표기한다.

4] 비궁사화 구조

생년사화 이외에도 11개 궁에서 발생하는 궁간사화인 록·권·과·기가 비궁에 입하여 작용하는 것으로 그 궁에서 영향력을 행사한다. 그 궁간이 대한에 속하면 드러나는 작용력이 크고, 아니면 작은 영향력을 줄 뿐이나 그 궁에 존재하고 있기에 유년에 영향력이 있다.

[1] 삼합 순환 록권과 구조

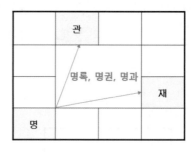

- 명궁 화록이 관록궁과 재백궁에 입하면 나에게 유리하게 되니 길하다.
- 명록이 천이궁에 입하면 출록이 되어 길한 면도 있고 흉한 면도 있다.
- 위의 논리로 재록이 명궁이나 관록궁에 입하면 길하고, 관록이 명궁이나 재백궁에 입하면 길하다.
- 만약 명록이 재백궁에 입하였는데, 2차로 재록이 관록궁이나 명궁이나 천이궁에 입하다면 더욱 길하다. 이런 구조를 삼합 순환 록권과 구조라고 한다.
- 이와 같은 논리는 다른 삼합궁에서도 적용이 된다. 예를 들면 부처궁 화록이 부처 중심 삼합인 복덕궁이나 천이궁에 입하면 길하다.

[2] 삼합 순환 화기 구조

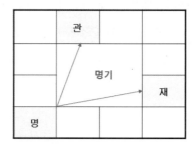

- 명궁 화기가 관록궁과 재백궁에 입하면 나에게 불리하게 되니 흉하다.
- 명기가 천이궁에 입하면 출기가 되어 흉하다.

- 위의 논리로 재기가 명궁이나 관록궁에 입하면 흉하고, 관기가 명궁이나 재백궁에 입하면 흉하다. 삼합 순환 화기 구조가 되면 흉하다. 직업이나 금전 면에 대한 올바른 처세를 못하거나, 기회를 놓치기 쉬워서 흉함이 발생한다.
- 만약 명기가 관록궁에 입하였는데, 2차로 관기가 재백궁이나, 명궁에 입하면 삼합 순환 화기 구조의 중복으로 인해서 더욱 흉하다. 일생 직업에 대한 불만이 발생하며 그로 인한 금전에 대한 불만이 존재한다.
- 이와 같은 논리는 다른 삼합궁에서도 적용이 된다. 부처궁 화기가 부처 중심 삼합인 복덕궁이나 천이궁에 입하면 흉하다.

[3] 명궁과 궁간 록권과와의 관계

- 명궁이나 천이궁의 록권과가 명궁이나 천이궁에 좌하는 것은 자화록, 자화권, 자화과가 되므로 길하다 할 수 없다.
- 명궁 이외의 궁간 록·과가 명궁에 입하는 경우 길하게 작용이 된다. 궁간 화록과 화과는 관계성에서 사이가 좋고 유쾌하며 길한 것을 주는 관계가 되지만, 궁간 화권은 자칫하면 그 궁에서의 강권 작용으로 나를 힘들게 할 수 있는 단점이 있다. 특히 살기형이 가해지면 그 정도가 커서 오히려 흉하다.
- 예를 들면, 부처궁 록권과가 천이궁에 입하여 명궁을 조하면 외국인이나 타향인하고 인연이 있게 되고, 부록은 나에게 재물을 주는 인연이고, 부권은 권세는 있는 사람이나 나를 피곤하게 간섭할 소지가 있고, 부과는 나와 연분이 좋은 이성 인연이 된다.
- 이와 같은 논리는 관록궁, 재백궁, 천이궁에서도 적용이 된다. 즉 삼방사정으로 궁간 록권과가 입하는 것은 길한 작용이 된다.

[4] 명궁과 궁간 화기와의 관계

- 12개의 궁 중에서 명궁이나 천이궁에 화기를 입시키는 궁은 그 궁의 특성에 따라 명궁자를 흉하게 만든다.
- 명궁 자화기가 되면 제1 대한에 어려운 환경에서 자라거나, 신체 질병, 상해에 노출이 되거나, 성격이나 신체가 모가 날 수 있다.
- 복덕궁 화기가 명천선에 입하면 외부활동에 소극적인 사람이 많고, 사고의 독특함이 있게 된다.
- 전택궁 화기가 명천선에 입하면 부동산 복이 많지 않거나 집에서의 생활에 문제점이 있게 된다.
- 관록궁 화기가 명천선에 입하면 일하는 능력에 문제가 있거나, 자신감이 없거나, 직업을 마음에 안 들어 할 수 있다.
- 천이궁 화기가 명궁에 입하면 외부활동에 소극적이거나 본인의 실수나 본인에게 향하는 탓이 발생한다.
- 재백궁 화기가 명천선에 입하면 금전 문제를 가지고 있게 된다.
- 질액궁 화기가 명천선에 입하면 정서나 건강상의 문제가 있다.
- 육친궁 화기가 명천선에 입하면 그 육친과의 인연에 흉함이 있다.

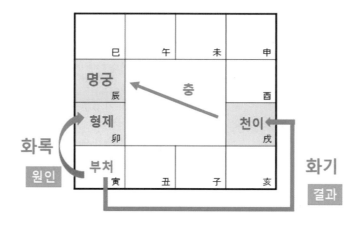

- 예를 들면, 부처궁 화기가 천이궁에 입하여 명궁을 충하면 부처는 외국인이거나 타향인이 되며 결혼을 해도 관계에 문제가 생기게 되어 이별할 수 있다. 그 이별의 원인은 부처궁 화록이 입한 궁에 있다. 이 명반 사례처럼 부록이 형제궁에 입하면 남자의 외도나 집안 식구로 인해서 이별수가 발생하거나, 외국인 이성의 경우에는 비자 문제(형제궁은 부처의 문서궁)로 나를 이용하려는 상이 될 수 있다.
- 이와 같은 논리는 관록궁, 재백궁, 천이궁에서도 적용이 된다. 즉 삼방사정으로 궁간 화기가 입하는 것은 흉한 작용이 된다.

[5] 궁간사화가 입한 궁에서는 궁간사화가 활동한다

- 관록궁 사화를 예로 놓고 설명을 할 것이고, 다른 11궁에서도 같은 원리로 적용이 된다.
- 대한에 속해야 그 작용력이 두드러지며, 대한에 안 속하면 유년에서 작게 사용을 하거나 생각만 하다 지나간다.

* 관록궁의 사화로 보는 명반 해석법

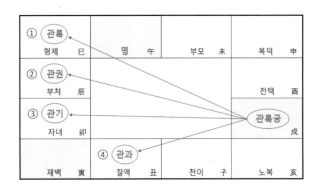

- 사해궁 형노선은 관록 궁선이다.
- 진술궁 부관선은 관권 궁선이다.
- 묘유궁 자전선은 관기 궁선이다.
- 축미궁 부질선은 관과 궁선이다.

→ 관록궁의 사화가 입하는 궁선이 대한이나 유년에 입하면 직업과 관련된 일이 발생한다. 나머지 11개 궁도 이와 같은 논리로 본다.

① 관록궁 화록이 형제궁에 입하면 직업적인 면에서 사람을 상대하는 일을 할 수 있고, 형제궁이 제2 대한에 속하면 그 대한에 학업을 하는 과정에서 직업 분야를 결정하는데 재록과 관련이 있는 분야에 관심을 가진다. 사대한이나 사년, 해대한이나 해년에는 직업과 관련된 새로운 일을 계획한다. 그 일을 시작하게 되는 데에는 형제나 동료의 영향이 크게 된다.

② 관록궁 화권이 부처궁에 입하면 직업적인 면이 배우자에 의해서 변화가 되거나 배우자의 지지를 얻게 된다. 배우자가 내가 일하는 것을 원할 수 있다. 제3 대한이 부처궁이라면 이 대한에 직업적인 면에 변화가 찾아오는데, 제2 대한의 직업 형성이 마음에 들면 발전을 위한 노력을 하는 대한이 되고, 마음에 안 들면 새로운 직종으로 질변을 하게 된다. 진대한이나 진년, 술대한이나 술년에 직업적인 질변이 이루어진다.

③ 관록궁 화기가 자녀궁에 입하면 자녀 출산 이후 자녀의 양육과 나의 직업의 조화가 안 맞아서 많은 갈등을 하게 되며, 직업적 고민이 많은 궁선이 된다. 제4 대한이 자녀궁이라면 이 대한에 이직이 많거나 허송의 세월을 보내기 쉽다. 직업에 가로막힘이 발생하게 되어 직업 전변을 계획할 수 있다. 묘대한이나 묘년, 유대한이나 유년에 직업에 대한 실패나 피치 못한 변화의 기운이 발생한다.

④ 관록궁 화과가 질액궁에 입하면 부질선은 학업궁선이기 때문에 총명하고 학업 능력이 좋다. 제2 대한이 부모궁이라 관과를 만나면 이 대한에 학업에 관심이 많고 성적이 좋게 되

며 대학 진학에 유리함이 있게 된다. 제6 대한에 속하면 50대 중반 이후 직업적인 면에서 명예를 얻게 된다. 미대한이나 미년, 축대한이나 축년에 직업적인 명예가 올라가게 된다.

5] 생년과 대한사화 구조

- 사화에서 가장 운에 많은 영향을 주는 것이 삼합, 협궁, 동궁, 대궁으로 녹존과 대록이 만나는 것과 생록과 대록이 만나는 경우, 생기와 대기가 만나는 경우이다. 이는 유년의 사화와 함께 삼상(三象)조합인 록록록, 록록권, 록록과, 록록기, 기기록, 기기권, 기기과, 기기기로 나눈다. 쌍록과 함께 인동된 유년사화나, 쌍기와 함께 인동된 유년사화가 아궁과 타궁 중 어느 쪽에 해당되느냐에 따라 그 대한의 운세가 결정된다. 명반에 공궁이 있는 경우, 차성 안궁해서 협궁이나 삼합 구조가 되어도 같은 작용력이 있다.

- 운의 판단기준은 먼저 명반이 명궁자에게 유리하게 구성이 된 명반인지 불리하게 구성이 된 명반이지를 구별한 후, 대한에서 발생된 사화의 유불리를 따져야 한다. 아궁이 길하면서 또한 록권과의 길한 사화도 아궁으로 집중되어 있고 타궁에는 살기형이 집중되어 있다면 타궁이 강한 악한 세력을 지닌 것과 같아서 내가 잘나가는 길에 악인을 만나는 상이라 잘될 때 사건, 사고, 시비에 걸려서 문제를 얻기도 한다. 이처럼 운을 해석하는 방법에서 아궁과 타궁의 조화가 중요하다.

- 실제 명반에서는 생년 록·권·과·기 4개와 대한사화가 만나 8개가 되고, 유년과 유월까지 16개가 얽혀 있는 상황이기 때문에 초급자 입장에서는 어디에 초점을 두고 해석해야 할지 어렵게 생각이 들 것이다. 한 궁에 여러 개의 사화가 동궁하기도 하여 록권, 록과, 록기, 권과, 권기, 과기조합을 복수로 이루기도 한다. 이것이 대궁이나 삼방에서도 마찬가지로 일어날 수 있어서 더욱 복잡한 구조를 발생시킨다. 복잡한 만큼 복잡한 일이 일어나지만 일의 발생에는 시간과 관련이 있고 그 일은 유년에서 발동된다.

- 운세를 볼 때 선천, 대한, 유년을 동시에 고려하게 되므로 화기가 3개가 발생하게 되기에 록권과 길상에 화기가 1개만 있다면 그 화기는 결과나 수렴의 길작용으로 사용이 된다. 즉 화기 1개는 화기 작용이 약하다. 그러나 화기가 중첩되어 쌍기나 삼기가 삼합, 협궁, 대궁, 동궁하게 되면 흉작용이 강력해진다. 살성과 화기가 만나면 흉이 가중된다.

- 쌍기가 삼합, 협궁, 대궁, 동궁하며 기기록, 기기권, 기기과, 기기기의 상황이 발생하게 되면 이때 발생하는 궁선에 의해서 그 궁선의 특징에 맞는 관재구설, 변동, 막힘, 정지, 망함, 사건 사고, 사망 등의 일이 일어난다.

다음 표들은 사화의 구조를 간결하게 볼 수 있도록 설명하였다.

[1] 녹쌍록 삼합 구조

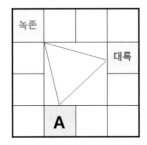

- 대록이 삼방에서 녹존을 만나는 경우, 삼합으로 인해 형성된 A궁에 대한의 권·과·기가 들어가 아궁에 속하면 길한 대한이다.
- 유년의 록·권·과·기가 삼합궁에 들어가거나 유년이 A궁에 이르게 되면 사화나 궁의 특성에 맞는 이벤트가 발생하게 된다.
- 아궁에서 이런 쌍록 삼합 구조를 본다면 이 대한에 돈 벌 기회의 증가나 득재의 이로움이 발생한다.
- 쌍록 삼합은 타궁에서, 쌍기 삼합은 아궁에서 발생하게 되었다면, A궁에 유년 화록이 입하여 록록록이 완성이 되었다면, 고래 싸움에 새우 등 터지는 상황이 발생할 수 있다.
- '녹쌍록 삼합(A궁선)'이라고 표기하며, A궁선이 녹존과 화록과 삼합으로 연결되었다는 의미이다. A궁선이 부관선이라면 '녹쌍록 삼합(부관선)'이라고 표기한다. 만약 A궁에 대권이 있다면 록록권 삼합 구조가 되는데 '녹쌍록 삼합(대권 부관선)'이라 표기하고, 년과가 있다면 록록과 삼합 구조가 되는데 '녹쌍록 삼합(년과 부관선)'라고 표기하며, 년기가 있다면 록록기 삼합 구조가 형성이 되는데 표기로는 '녹쌍록(년기 부관선)'이라고 한다.

[2] 녹쌍록 협궁 구조

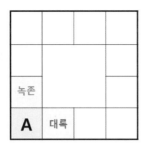

- 녹존과 대록의 협궁 A궁에 유년의 록·권·과·기가 들어가거나 유년이 A궁에 이르게 되면 대한에서의 어떤 중요한 일이 발생하게 된다.
- A궁에 생기나 대기가 좌하며 쌍록의 길함이 드러나는 게 아니라 화기의 흉함이 드러난다.
- A궁이 아궁이라면 경양이나 타라와 동궁하므로 삼방사정에서 다른 살기형을 보지 않아야 유리하다.
- '녹쌍록 협(A궁)'이라고 표기하며, A궁이 녹존과 화록의 협을 받는다는 의미이다. 만약 A궁이 명궁이라면 '녹쌍록 협(명궁)'이 되는데, 년권이 있다면 록록권 협궁 구조가 되고 '녹쌍록 협(년권 명궁)'이라 표기한다.

[3] 녹존과 대한사화의 대궁 구조

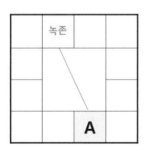

- 녹존의 대궁 A궁에 대록이 좌하여 쌍록 궁선이 아궁에 속한 경우에는 길하다.
- 녹존의 대궁 A궁에 대권이나 대과가 좌하여 아궁에 속하면 길하다.
- 녹존이 대궁 A궁에 대기가 좌하여 록기충이 되면 흉하다.

- 만약 부관선에서 쌍록 대궁 구조가 형성이 되면 사업체를 여러 개 가지고 운영하며 이성 인연으로부터의 금전 이득도 발생한다.
- 만약 A궁에 대록이 좌하고 A궁선이 재복선이라면 '녹쌍록 대궁(재복선)'이라고 표기한다. A궁에 대기가 좌하고 A궁선이 부질선이라면 '녹기충 대궁(부질선)'이라고 한다.

[4] 녹존과 대한사화의 동궁 구조

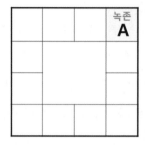

- 녹존궁에 대록, 대권, 대과가 동궁하면서 아궁에 속하면 길하다.
- 녹존궁에 대기가 동궁하면 흉하다.
- 만약 재백궁에 녹존이 있고 대한에서 대록이 입하면 그 대한에 부를 축적한다.
- 만약 A궁에 대과가 좌하고 A궁이 명궁이라면 '녹과 동궁(명궁)'이라고 표기한다. A궁에 대기가 좌하고 A궁이 부처궁이라면 '녹기충 동궁(부처궁)'이라고 한다.

[5] 쌍록 삼합 구조

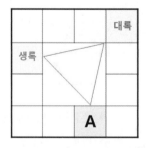

- 대록이 삼방에서 생록을 만나는 경우, 삼합으로 인해 형성된 A궁에 유년의 록·권·과·기가 들어가거나 유년이 A궁에 이르게 되면 대한에서의 어떤 중요한 일이 발생하게 된다.

- 이 구조의 육내궁에 살기형이 좌하게 되면 쌍록의 길작용이 반감되거나 흉으로 변질될 수 있다.
- '쌍록 삼합(A궁선)'이라고 표기하며, A궁선이 생록과 대록이 삼합으로 연결되었다는 의미이다. A궁선이 자전선이라면 '쌍록 삼합(자전선)'이라고 표기한다. 만약 A궁에 대과가 있다면 록록과 삼합 구조가 되는데 '쌍록 삼합(대과 자전선)'이라 표기한다.

[6] 쌍록 협궁 구조

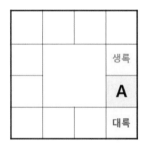

- 생록과 대록의 협궁 A궁에 유년의 록·권·과·기가 들어가거나 유년이 A궁에 이르게 되면 대한에서의 어떤 중요한 일이 발생하게 된다.
- A궁에 생기나 대기가 좌하며 쌍록의 길함이 드러나는 게 아니라 화기의 흉함이 드러난다.
- A궁이 아궁이라면 쌍록은 타궁에서 속하게 되고, A궁이 타궁이라면 쌍록은 아궁에 속하게 된다. A궁이 아궁이면서 길성 회조하면 쌍록협의 도움이 길한 모습으로 나오나, 살성 회조하면 쌍록 협의 도움이 반감이 된다.
- A궁이 복덕궁이면서 살성이 동회하고 유년 화기가 입하면 오히려 정신적 문제가 발생하거나 자살, 자해 등의 시도가 발생할 수 있다.
- '쌍록 협(A궁)'이라고 표기하며, A궁이 생록과 대록의 협을 받는다는 의미이다. A궁이 관록궁이라면 '쌍록 협(관록궁)'이라고 표기한다. 만약 A궁에 대기가 있다면 록록기 협궁 구조가 되는데 '쌍록 협(대기 관록궁)'이라 표기한다.

[7] 생록과 대한사화의 대궁 구조

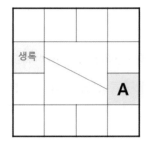

- 생록의 대궁에 대록, 대권, 대과가 좌하면서 아궁에 속하면 길하다.
- 생록의 대궁에서 대기가 충하면 록기충이 되어 길한 작용이 흉하게 변한다.
- 아궁이면서 외궁에 속하는 자전선에 쌍록궁선이 형성되면서 대한에 속하면 거액의 돈을 벌 기회를 얻어도 완전한 아궁이 되지 못하니 명재관에 살기형이 좌하면 재물 분배에 다툼 등의 문제가 생긴다.
- 만약 A궁에 대록이 좌하고 A궁선이 형노선이라면 '쌍록 대궁(형노선)'이라고 표기한다. A 궁에 대기가 좌하고 A궁선이 자전선이라면 '록기충 대궁(자전선)'이라고 한다.

[8] 생록과 대한사화의 동궁 구조

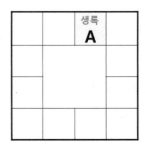

- 생록과 대록, 대권, 대과가 동궁하며 아궁에 속하면 길하다.
- 생록에 대기가 동궁하면 흉하다.
- 이 구조는 생록과 대록이 같은 주성인 경우와 한 궁에 주성 2개가 있어서 생록과 대록으로 각각 발동하는 것과는 다르다.
- 만약 A궁에 대기가 좌하고 A궁이 질액궁이라면 '록기충 동궁(질액궁)'이라고 표기한다.

[9] 쌍기 삼합 구조

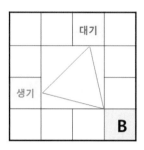

- 대기가 삼방에서 생기를 만나는 경우 쌍기 삼합궁선이 형성이 되며, B궁에 록·권·과가 입하면 록권과의 길함보다 흉함이 나타난다.
- 만약, 명재관에서 쌍기 삼합 구조가 발생하면, 직업이나 금전에 대한 막힘 현상이 생기게 된다.
- 타궁 삼합궁에서 쌍기 삼합이 형성되면 외부로부터 받는 부담이나 고통이 있게 된다. 만약 부질선이나 형노선이 삼합 궁선에 있게 되면, 벌금이나 세금추징, 또는 건강상의 문제, 타인으로 인한 고통과 같은 일이 발생할 수 있다.
- 쌍기 삼합 구조가 자전선을 인동하면 자녀에 대한 아픔이 발생하거나 의외의 재난을 당할 수 있다.
- '쌍기 삼합(B궁선)'이라고 표기하며, B궁선이 생기랑 대기가 삼합으로 연결되었다는 의미이다. B궁선이 명천선이라면 '쌍기 삼합(명천선)'이라고 표기한다. 만약 B궁에 대과가 있다면 기기과 삼합 구조가 되는데 '쌍기 삼합(대과 명천선)'이라 표기한다.

[10] 쌍기 협궁 구조

		대기	**B**
			생기

- 대기와 생기가 한 칸 건너 좌하게 되면 그 중간 궁인 B궁에 록·권·과·기가 입하게 되면 흉함이 발생한다. B궁이 유년 명궁이거나 천이궁에 속해도 마찬가지의 흉작용이 발생한다. 또한 생기궁이나 대기궁에 유년 화기가 입하여 쌍기 협 작용이 발생하여도 흉작용이 발동이 된다.
- 만약 B궁이 명궁이고 쌍기 협을 받으면 부모, 형제의 조력이 없거나 애를 쓰고 노력해도 보답받지 못한다.
- 만약 B궁이 노복궁이라면 관록궁과 천이궁에 화기가 좌하는 거니 형노선, 부관선, 명천선에 모두 문제가 있는 것이라, 나의 바깥 활동에서의 나쁜 행동이 만인에게 노출되어 구설이 생기거나 내가 하는 일에서 동료의 도움이 나쁘게 작용이 되어 내 일에 방해가 되거나, B궁이 대한 자전선에 속한다면 타인으로 인한 재난이 발생할 수 있다.
- B궁이 관록궁이라면 상사나 동료의 실수를 본인이 대신 욕먹는 현상이 발생한다. 상사가 부당한 요구를 할 수 있다.
- '쌍기 협(B궁)'이라고 표기하며, B궁이 생기와 대기의 협을 받는다는 의미이다. B궁이 노복궁이라면 '쌍기 협(노복궁)'이라고 표기한다. 만약 B궁에 대권이 있다면 기기권 협궁 구조가 되는데 '쌍기 협(대권 노복궁)'이라 표기한다.

[11] 생기와 대한사화의 대궁 구조

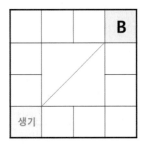

- 생기궁의 대궁 B궁에 대록이 좌하면 록기충, 대권이 좌하면 권기충, 대과가 좌하면 과기충이 형성이 되니 록권과의 길함보다 흉함으로 나타난다.
- B궁에 대기가 좌하면 쌍기충으로 흉하다.
- 이 궁선이 타궁이라면 가족이나 인간관계로 인한 문제로 어려움이 발생하게 된다.

- B궁에 대기가 있고 부관선에 해당한다면, '쌍기충 대궁(부관선)'이라고 표기하고, B궁에 대록이 있고 재복선에 해당한다면, '록기충 대궁(재복선)'이라고 표기한다.

[12] 생기와 대한사화의 동궁 구조

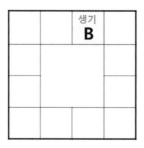

- 생기궁에 대록이 동궁하면 록기충, 대권이 좌하면 권기충, 대과가 좌하면 과기충이 형성이 되니 대체적으로 록권과의 길함보다 흉함으로 나타난다. 명격이 좋아서 길한 경우에는 생기궁의 대록·대권·대과의 동궁은 과거에 없던 새로운 일에 대한 시작으로 모험을 위한 시작이나 변화, 새로운 것에 대한 명성을 얻는 것으로 나오기도 한다.
- 생기궁에 대기가 좌하면 쌍기 작용으로 흉하다.
- 한 궁에 주성이 2개여서 생기와 대기가 동궁하는 경우와 주성이 1개인데 대한이 연간궁 대한이라 발생하는 쌍기가 있다. 만약 연간궁 대한에 쌍기가 발동하면 쌍기가 유년 명궁이 되거나 다시 유년 화기가 쌍기궁에 입하면 문제가 발생하고, 피치 못한 변동상황이 발생하게 되며, 정지하는 일이 있게 된다.
- B궁에 대기가 있고 부모궁에 해당한다면, '쌍기충 동궁(부모궁)'이라고 표기하고, B궁에 대권이 있고 형제궁에 해당한다면, '권기충 동궁(형제궁)'이라고 표기한다.

(8) 대한과 유년을 보는 법

1] 비궁사화는 대한에서 발동한다

- 12궁간의 사화가 비출되어 어느 궁에 좌하게 되면 그 궁위는 비궁사화가 작용되는 궁이 된다. 대한이나 유년에서 그 비궁사화가 인동이 되면 그 궁에서 록·권·과·기(명록, 명권, 명과, 명기, 형록, 형권, 형과, 형기 등등)에 맞는 움직임이 발생한다.

[1] 대한 록·권·과가 명·재·관 삼합궁선에 입하면 길하다

- 대한의 록·권·과가 명천선, 재복선, 부관선에 입하면 실질적인 이득이 발생한다. 특히 대록은 선천 녹존궁이나 생록궁과 연관하여 쌍록 구조가 되는지를 살펴서 그 대한의 재물적 역량을 가늠한다.
- 대한 명궁 이외에 대한 재백궁, 대한 관록궁의 록·권·과가 명천선, 재복선, 부관선에 입하면 길하다.

[2] 동류궁에 록권과가 입하면 길하다

동류궁이란 대한의 명궁이면 선천 명궁이 동류궁이 되고, 대한 형제궁은 선천 형제궁이 동류궁이 되는 것이다.

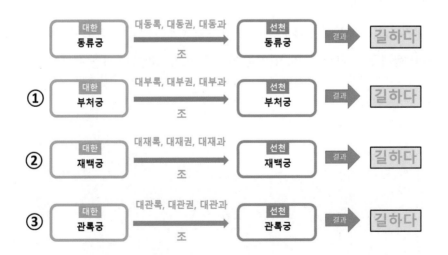

- 대한 부처궁의 록·권·과가 선천 부처궁에 입하거나 조하면 그 대한에 이성 인연이나 배우자와의 관계가 좋다. 단 화권은 지나친 경우 간섭에 따른 시비, 다툼이 발생할 가능성이 있어서 길흉이 반반이다.
- 대한 재백궁의 록·권·과가 선천 재백궁에 입하거나 조하면 그 대한에는 재물적 이득이 발생하기 쉽다.
- 대한 관록궁의 록·권·과가 선천 관록궁에 입하거나 조하면 그 대한에는 직업적 역량이 좋아진다. 승진, 발전, 성장하기 쉽다.

[3] 대한 화기가 명·재·관 삼합궁선에 입하면 흉하다

- 대한의 화기가 명천선, 재복선, 부관선에 입하면 실질적인 손해가 발생한다. 특히 대기는 생기와 연관하여 쌍기 구조가 되는지를 살펴서 손해나 피해, 사건, 사고를 가늠한다.
- 록기, 권기, 관기 조합이 형성이 되면 록권과의 길함이 반감되거나 오히려 시비, 구설에 따른 손해가 발생한다.
- 대한 명궁, 대한 재백궁, 대한 관록궁의 대명기, 대재기, 대관기가 명천선, 재복선, 부관선에 입하면 흉하다.

[4] 동류궁에 화기가 입하면 흉하다

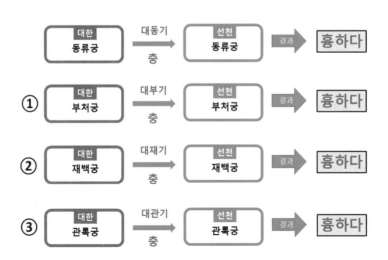

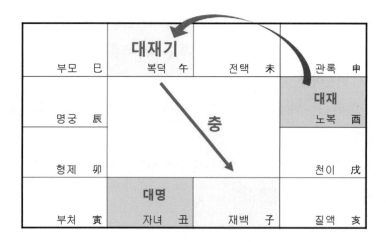

- 대한 재백궁 화기가 선천 재백궁에 입하거나 충하면 그 대한에 파재 현상이 있게 된다. 예를 들어 대한 재백궁은 선천 노복궁이며 노기가 복덕궁에 입하여 재백궁을 충하게 되면 이 대한에 인간관계로 인한 파재가 있게 된다.
- 대한 관록궁 화기가 선천 관록궁에 입하거나 충하면 그 대한에 직업적인 일이 잘 안 풀리거나 이직, 변동이 많게 된다.
- 대한 부처궁 화기가 선천 부처궁에 입하거나 충하면 그 대한에 부처와의 인연에 불미함이 있게 된다.

2| 선천 · 대한 · 유년의 궁선 중첩

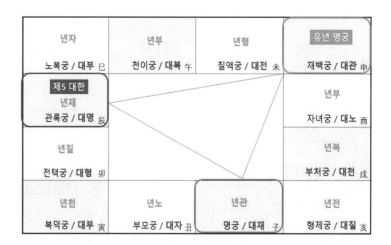

- 유년은 대한의 상을 펼치는 시공간이다. 그 상에는 궁선 중첩에 의한 상을 읽어야 한다. 육궁선으로 선천과 대한과 유년의 관계를 본다. 예를 들면, 대한 부관선을 볼 때 선천 부관선과의 관계를 고려해야 한다.
- 만약 제5 대한에 있고 유년 명궁이 선천 재백궁에 좌하면 대한 관록궁도 된다. 명재관이 동궁한 유년이다. 유년 재백궁은 선천 관록궁이며 대한 명궁이 있게 되고, 유년 관록궁은 선천 명궁과 대한 재백궁에 좌하니 유년에 3개의 명재관이 중첩되는 해가 된다. 이런 궁의 중첩에 선천 대한 유년의 사화의 모습을 보고 그해 운명을 추단한다. 이 궁선에 록권과 길한 사화가 많으면 일과 돈과 사랑이 길한 형태이며, 쌍기 작용이 발동하면 흉한 일이 발생한다.

[1] 궁과 사화의 중첩이 이루어져야 실질적인 일이 발생

- 선천, 대한, 유년의 사화가 인동시키는 궁이 동류궁일 경우에 이벤트가 발생한다.

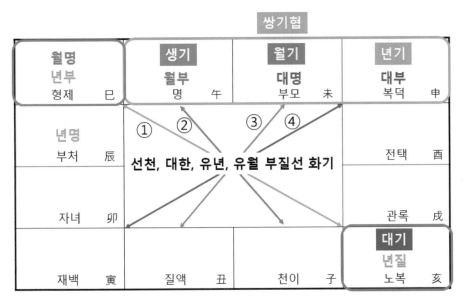

① 유년 부질선 ② 유월 부질선 ③ 선천 부질선 ④ 대한 부질선

- 선천 대한 유년의 동류궁에 화기가 좌하면 실질적인 일이 발생한다. 예를 들면 명궁에 생

기가 있는 명이 제2 대한이 부모궁에 좌하여 대기가 선천 노복궁에 입하고 유년 화기가 대한 부모궁에 입하여 선천 부질선은 쌍기협으로 인동되고, 동류궁선이 되는 대한 부질선에는 년기, 유년 부질선에는 대기가 좌하는 경우에 이 해에 질병이 발병하게 되는데, 그 발병월은 쌍기협궁에 화기가 입하는 월이 된다.

3| 대한과 유년의 천간 중첩

- 대한 명궁 천간이 유년에 투간되면 그해에는 대한의 상이 드러난다. 예를 들면 갑자대한에 속하면 갑간이 투간되는 유년에 대한 상에 맞는 일들이 발생한다. 만약 대기가 선천 형제궁 대한 전택궁에 좌하며 그 유년에 형제궁과 전택궁에 대한 손실이 발생하게 된다. 부동산 문제로 손실수, 형제, 친구, 동료와의 문제, 민원 등의 타인과 시비가 발생할 수 있다.

4| 유년은 대한의 상이 드러나는 해

- 대한 삼합(대명, 대관, 대재)의 록·권·과 삼길은 반드시 본명의 삼합(명재관)에 들어가야 실질적 이득이 있다. 록권과가 좌하는 궁이 유년에 해당되거나 유년 삼방에 속하면 길한 일이 발생한다.
- 대한 삼합의 삼길이 대한의 삼합에 들어가지만, 본명의 삼합이 아닌 경우에는 허상(虛象), 허길(虛吉)이라 이득이 있어도 잃음이 있다. 한편 대한 삼합의 대명기, 대재기, 대관기가 본명 삼합에 들어가지 않고 게다가 삼합을 충하지도 않으면, 그 흉상은 한바탕 헛되이 놀랄 뿐이다.
- 대한 삼합(명재관)의 사화가 유년 삼합에 들어가면서, 게다가 유년 삼합이 다시 본명 삼합과 중첩될 때에는, 해당 대한의 사화의 길흉 역량이 강화된다.
- 대한 재백궁의 화기가 들어가는 궁이 유년 명궁이 되거나 유년 재백궁에 해당되면 손재가 있게 된다.

예를 들면 다음과 같다.

대재 형제　　巳	**대재록** 년재 명　　午	부모　　未	복덕　　申
부처　　辰			**대명** 전택　　酉
자녀　　卯			년명 관록　　戌
년관 재백　　寅	**대관** 질액　　丑	천이　　子	노복　　亥

① 대한 재백궁의 화록이 선천 명궁에 들어가면서 유년의 재백궁이 될 때, 즉 유년 명궁이 선천 관록궁에 있고, 유년 재백궁은 선천 명궁에 있으며, 유년 관록궁은 선천 재백궁에 있어 유년과 본명 삼합이 중첩이면 이때 대재록의 역량은 배로 증가한다.

② 유년이 본명과 서로 중합되면서(명대명, 재대재, 관대관), 대한관록궁 화권이 본명의 관록에 들어갈 때, 이 대관권의 역량은 배가되며, 승진하여 도약하는 현상이 있거나 혹은 사업이 확대된다는 뜻이지만, 반대로 만일 대한 재백궁의 화기가 선천 부처궁에 들어가 관록을 충하면, 해당년도의 사업은 반드시 배로 손해를 보게 된다.

③ 대한 재백궁의 화록이 자녀궁에 들어가고, 유년이 자녀궁에 이르면 대재록을 만나 재물이 늘어나지만, 해당 록은 본명 삼합에 들어간 것이 아니라서 허길이다. 즉 이 재물은 어떤 원인으로 다시 써 버릴 가능성이 아주 크다.

④ 대한 명궁 화기가 선천 명궁을 충하지만, 유년이 이 대한 내에서 선천 명궁의 자리에 오지 않았을 때는, 이 대명기는 발동하지 않는다. 그 원인은 (본 명궁의 자리에 올 때면) 이미 대한이 바뀌었기 때문이다.

⑤ 만일 대한 재백궁 화기가 사궁에 들어가고, 유년 명궁이 유궁에 좌하며 사궁은 유년 재백

궁에 해당되면서 유년의 화기가 사궁에 입하면 그해에는 재물이 순조롭지 못한 상태가 된다. 반드시 유년 화기가 충하는 해궁의 자리를 지나가야 비로소 영향을 받지 않는다. 만일 유년 재백궁의 화기가 묘궁에 들어갈 때에는, 유월이 미궁에 속하면 묘궁은 유월 재백궁에 되면서 유년 재기가 좌하므로 그 유월의 재운은 점점 불리해진다.

쉽게 배우는
내 운명의 별자리

ⓒ 박은영, 2024

초판 1쇄 발행 2024년 2월 16일
    2쇄 발행 2024년 9월 13일

지은이   박은영
펴낸이   이기봉
편집   좋은땅 편집팀
펴낸곳   도서출판 좋은땅
주소   서울특별시 마포구 양화로12길 26 지월드빌딩 (서교동 395-7)
전화   02)374-8616~7
팩스   02)374-8614
이메일   gworldbook@naver.com
홈페이지 www.g-world.co.kr

ISBN   979-11-388-2766-9 (03180)